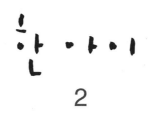

2

TIGER'S CHILD

: What Ever Happened to Sheila?

by Torey Hayden

Copyright © 1995 by Torey Hayden

All rights reserved.

This Korean edition was published by Gilbut Children Publishing Co.,Ltd in 2008 by arrangement with Torey Hayden c/o Curtis Brown Ltd. through KCC(Korea Copyright Center Inc.), Seoul.

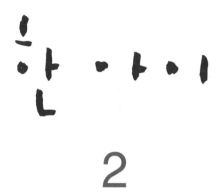

2

토리 헤이든 지음 | 이수정 옮김

아름드리미디어

들어가는 말

그것은 예전에도 한 번 일어났던 일이었다.

몬태나에 있는 어머니 집에 놀러간 나는 어느 일요일 아침 어머니와 내 어린 딸이 수영을 하러 나간 사이에 서둘러 집을 빠져나왔다. 열한 시가 막 지난 때로 나는 쇼핑몰 안을 걸어가고 있었다. 대부분의 가게들이 아직 문을 열지 않아서 쇼핑몰 안의 드넓은 중앙홀은 안전등만 켜진 채 어둑어둑했다.

그때 느닷없이 그 애가 눈에 띄었다. 그 애는 나와 그리 멀리 떨어지지 않은 곳에 놓여 있던 대형 화분의 그늘 속에 서 있었다. 어깨 위로 늘어뜨린 길고 덥수룩한 머리, 눈을 덮을 만큼 긴 앞머리, 새침하게 토라져서 삐죽 내민 두텁고 감각적인 입술. 그 애는 가슴에 팔짱을 끼고 어깨는 끌어올린 채 사납게 반항적인 표정을 얼굴 전체에 드러내면서 서 있었다. 하지만 그 사나움 너머에는 뭔지 모를 신랄함이 있었다. 그 애는 이미 자기가 이길 수 없다는 걸 알고 있는 게 아닐까란 생각이 들었다. 그 애를 보자 나는 당장에 아드레날린이 내 혈관 속을 용솟음치며 흐르는 것을 느꼈다. 쉴라!

내 정신은 2, 3초 뒤에야 돌아왔다. 당연히 그 애는 쉴라가 아니었다. 그 따뜻했던 6월의 오후에 쉴라가 내 반을 떠나는 것을 지켜본 이후로 벌써 20년 이상의 세월이 흘렀다. 나는 이제 더 이상 성난 젊은 교사가 아니다. 내 교사 시절은 적어도 당분간은 과거지사가 된 상태이고, 그다지 내키진 않았지만 내 젊음은 중년으로 바뀌어 있었다. 그럼에도 쇼핑몰에서의 그 짧은 2, 3분 동안에는 그 세월이 사라지고 말았다. 나는 다시 한 번 70년대, 일에 중독된 사람 같았던 내 20대로 되돌아가, 쏜살같이 지나가버린 그 시절의 나 자신과 세상을 다시 한 번 느꼈다.

그러자 한 페이지 위에 투명지를 놓는 것 같은 식으로 그 사건 위에 현실이 내려덮이기 시작했다. 나는 호기심에 끌려 그 여자아이 쪽으로 다가가 채 서너 걸음도 떨어지지 않은 곳에 멈춰 서서는 바로 옆 가게의 진열장 안을 들여다보는 체했다. 그 아이는 예전의 쉴라보다는 나이가 좀 더 되어 보였다. 일곱 살, 아니 여덟 살까지로도 볼 수 있었다. 머리도 금발보다 어두운 갈색에 가까운 쪽이었다.

내가 가까이 있다는 사실이 그 애의 분노를 누그러뜨리지는 못한 것 같았다. 어차피 나는 낯선 사람에 지나지 않았기에 그 애는 나를 무시하고 내 뒤에 있던 백화점의 입구 쪽만 줄곧 노려보고 있었다. 나로서는 누가 그 애를 그토록 화나게 만들었는지 알 수 없었다. 그들은 이미 백화점 안으로 사라져버렸지만, 그 애는 조그만 주먹을 꼭 쥐고 헝클어진 머리를 앞으로 내려뜨린 채 풀 길 없는 분노를 온몸으로 내뿜으면서 계속 그 자리에 서 있었다. 나는 서너 걸음 떨어진 그곳에 익명의 존재로 말없이 서 있으면서 그토록 사소한 만남이 그 많은 세월을 지워버릴 수 있었다는 사실과, 쉴라가 지금도 여전히 내 심장을 두근거리게 하는 존재로 남아 있었다는 사실에 감탄했다.

✍

학생과 교사로서 쉴라와 내가 함께 생활한 기간은 겨우 5개월에 지나지 않는다. 그 짧은 시간 동안에 이루어진 우리 관계는 쉴라의 행동에 극적인 변화를 가져왔으며, 그 애의 삶은 크게 바뀌었다. 그리고 그 당시에는 그다지 명확하지 않았지만, 우리 관계는 나 자신에게도 극적인 변화를 가져와 내 삶의 행로 역시 크게 바꾸어놓았다. 그 조그만 여자아이는 나에게 깊은 영향을 끼쳤다. 그 애의 용기, 그 애의 놀라운 회복력, 우리 모두가 느끼는 사랑받고자 하는 그 강력한 욕구를 태연자약하게 표현하는 그 애의 능력, 다시 말해 그 애의 인간미가 나 자신을 되돌아보게 만들었던 것이다.

쉴라가 내 반에 있었던 그 5개월 동안을 나는 《한 아이 1One Child》에서 시간순으로 기록해두었다. 그것은 처음에는 전혀 출판할 의도 없이 적은, 내 개인적인 저술이었다. 단지 나에게 그토록 큰 영향을 미친 이 관계를 좀 더 충실히 이해하려는 나 자신의 노력에 지나지 않았다. 이 책을 출판하게 된 것은 내가 그 당시 특수교육을 강의하던 대학원에서 만난 한 대학원생 덕분이었다. 그 학생은 학기 마지막 날 나에게 론 존스의 《상수리 사람들The Acorn People》을 선물로 주었다. 책의 앞면지에 그 학생은 이렇게 적어놓았다. "토리에게, 언젠가 당신이 쉴라와 레슬리를 비롯한 아이들에 관해 책을 쓰기를 바라면서."

이제 《한 아이 1》은 22개 국어로 번역되어 전 세계 사람들이 읽고 있다. 덕분에 나는 스웨덴에서 남아프리카 공화국에 이르기까지, 또 뉴욕에서 싱가포르에 이르기까지 온 세상 사람들과 접촉을 가질 수 있었다. 남극의 한 기지에서 보내온 편지도 있었고, 철의 장막이 무너지기 전에 그 장막 너머에 사는 사람들이 보낸 편지도 몇 통 있다. 최근에는 중국 본토에서 온 서신을 받기도 했다. 쉴라가 자라고 변해가는 것을 지켜보고자 하는 사람들의 관심은 한결같이 한 가지 질문, "그러고 나서 어떻게 되었는가?"라는 것으로 모아졌다.

《한 아이 1》은 실제로 있었던 사람들과 실제로 일어난 체험들에 근거해서 쓰어진 실제 이야기이다. 나는 여섯 살짜리 쉴라가 너무나 마음에 들고 우리가 함께 보낸 시간들이 너무나 건설적이었다는 이유만으로 꽤 오랫동안 《한 아이 1》의 후속편을 쓰기를 주저해왔다. 사실 《한 아이 1》의 편집자는 쉴라와 내가 헤어지고 나서 그 사이에 쉴라에게 일어났던 일들을 그 책의 후기에 포함시키지 말자는 제안까지 했다. 실제 삶이란 것은 소설이나 심지어 정교하게 편집된 논픽션만큼도 만족스럽지 못하게 마련이다. 쉴라가 내 반 학생이었던 시절 이후 내가 《한 아이 1》을 쓰기까지, 그 사이에 일어났던 일들은 그렇게 감동적인 이야기의 결말을 무척 우울하게 만드는 것이었다. 그래서 그 책은 다른 자세한 설명 없이 쉴라가 내게 보낸 아름다운 시로 결말을 짓게 되었다.

하지만 수많은 독자들의 요구에 부응해서, 또 그 끔찍한 성장 환경에도 불구하고 이제 정열적이고 세련된 젊은 여성으로 성장한 쉴라 때문에도 나는 마음을 바꾸었다. 우리가 함께 보낸 그 5개월은 쉴라에게 깊은 영향을 미쳤다. 또, 물론 그럴 의도는 아니었지만, 《한 아이 1》은 결국 내가 바라본 입장에 지나지 않았다. 쉴라에게는 그 체험이 전혀 다른 것이었는데, 이 책 《한 아이 2 *The Tiger's Child*》는 그 이야기의 나머지 반쪽이라 할 수 있을 것이다.

 그 마법이 시작되던 순간은 지금도 선명하게 떠올릴 수 있다. 여덟 살짜리 3학년생이던 난 그때 웹 선생님 반이었는데, 별로 뛰어난 점이 없는, 그야말로 평범한 아이였다. 학교 생활엔 그다지 흥미가 없었다. 정말 단 한 번도 그런 적이 없었다. 우리 집 아래로 널따랗게 흐르는 얕은 시내와 내가 기르던 사랑스런 동물들이 그 당시 내 세계의 전부였다. 학교는 이런 즐거움을 방해하는 뭔가에 지나지 않았다.

 어느 날 아침, 우리 분단은 웹 선생님이 다음 분단의 읽기를 듣는 동안, 제자리로 돌아가 자습을 하기로 되어 있었다. 안 그래도 나는 하라는 공부는 안 하고 책상 위에 펼쳐진 자습서 밑에다 종이 한 장을 숨겨 놓고는, 글 쓸 기회만 호시탐탐 노리고 있던 차였다. 그당시 우리 집에는 닥스훈트종 개가 한 마리 있었다. 일곱 살 생일 선물로 엄마가 사주신 개였다. 나는 그 개가, 떼거지로 달려들어 우리 집 늙은 암고양이의 눈을 파먹는 까마귀떼를 용감하게 물리치는 꽤 섬뜩한 이야기를 지어 냈다. 이야기를 만드는 데 푹 빠져 있던 나는 웹 선생님이 다가오는 걸 눈치채지 못했다. 결국 나는 자습을 안 한 여덟 살짜리 여학생이 당해 마땅한 일을 당했다. 웹 선생님은 종이를 낚아챘고, 나는 쉬는 시간까지 자습을 해야 했다.

사건 자체가 별로 대수롭지 않았고, 또 내가 운이 좀 나빴다고 여겼 던 터라, 그 일에 대해서는 금방 잊어버렸다. 그러다가 2주일 후 몸이 아파 학교를 며칠 결석했다. 학교에 다시 나가자, 나는 결석으로 뒤처 진 학과 공부를 메우느라 방과 후까지 교실에 남아 공부를 해야 했다. 웹 선생님은 이 참에 당신의 책상 서랍이나 정리해야겠다고 생각하셨 던 것 같다. 어쨌든 내가 공부를 마치고 일어서자 선생님이 종이 한 장 을 건네주셨다. "여기 있다, 이건 네 것 같구나." 그건 우리 집 개와 까 마귀떼에 관한 바로 그 이야기였다.

집에 가려고 옷과 가방을 챙긴 나는 교실 복도를 걸어가면서 그 이 야기를 읽기 시작했다. 이미 오래전에 아이들 모습이 사려져버린 교실 복도는 쥐죽은 듯 조용하고 어두웠다. 나는 복도 끝의 무거운 이중문 을 밀고 밖으로 나와, 나머지를 마저 읽으려고 콘크리트 계단에 주저 앉았다. 그 순간의 느낌은 지금도 선명하게 기억난다. 치마를 통해 전 해지던 차가운 콘크리트의 선뜩한 감촉과 어둑어둑한 교문을 비스듬 히 비추던 늦가을 햇살, 텅 빈 운동장의 적막, 심지어 너무 늦으면 할 머니께서 걱정하실 테니 집에 빨리 가야 할 거라는 막연한 불안감까지 도. 그렇지만 나는 주술에 걸리기라도 한 듯 그 이야기에 빨려들었다.

거기엔 모든 것이 있었다. 내 개와 그 개의 모험, 그런 감상적인 경 험을 겪을 때면 솟구치곤 하던 흥분. 나는 그 이야기를 읽어가면서 썼을 때와 똑같은 흥분을 느꼈다. 이 사실을 깨달은 나는 깜짝 놀라 종이 쥔 손을 내려뜨렸다. 지금도 내 머릿속에는 종이를 내려뜨리던 순간하며, 종이 저 너머를 멍하니 바라보던 모습, 그리고 운동장 아스팔트 위에 누군가가 분필로 그려놓은 말놀이 자국을 보던 장면과 모든 것을 다 알 것 같은 느낌에 압도되던 순간이 떠오른다. 나는 글쓰기가 '변장하기'와 같다고 느꼈기 때문에 늘 글을 썼다. 그 '변장하기'는 글을 쓰면서 다른 누군가로 변해 그 사람이 되고, 그 사람의 감정을 느끼고, 또 그 사람의 모험을 경험하는 기회였다. 그러나 일단 창조 행위가 끝나고 나면 나는 두 번 다시 내가 썼던 것으로 되돌아가지 않았다. 그런데 2주일이나 지난 지금 여기서, 그것을 쓰던 당시에 경험하던 것과 똑같은 감정을 느끼고 있다! 그것도 아주 똑같이. 그 두 주일이 마치 존재하지도 않았다는 듯이 다시 한 번. 내가 시간을 멈춘 것이다. 학교 계단 위 그곳에서 나는 최고의 마법과 마주쳤다는 사실을 깨달았다. 진짜 마법과! 우와!

그 이후 어린 시절과 청소년기를 거치고 어른이 되어서까지도 나는 글을 쓰지 않을 수 없었다. 글쓰기는 내게 마치 혈액순환이나 소화처럼 그냥 나 자신의 자연스런 일부였고, 내적이고 거의 자동적인 행위였다. 나는 일기, 일화, 이야기 따위의 온갖 글을 써보았다. 나는 다른 사람들을 이해하고, 나 스스로 잠시 그들이 되어볼 기회를 가지며, 다른 관점으로 세상을 보는 게 어떤 느낌을 주는지 알기 위해 글을 쓰곤 했다. 또 아직 내가 부딪쳐보지 못한 감정과 경험을 이해하기 위해서도, 그리고 나 자신을 이해하기 위해서도 썼다. 좀 특이한 사례이긴 하지만 이 방법은 아주 효과 있는 교육이란 게 드러났다. 특히나 그것은 다른 사람의 감정을 객관화시켜 이해하는 능력을 길러주었고, 역으로 이런 능력 덕분에 나는 사람들의 차이를 더 폭넓게 수용할 수 있었다. 또 글쓰기가 나를 예리한 관찰자로 만들어준 건 말할 것도 없다.

⁊

나는 계획에도 없던 박사과정의 마지막 해를 보내고 있었다. 쉴라와 함께 있던 그 해, 나는 그토록 큰 좌절감을 안겨주었던 특수교육철폐법(The Mainstreaming Law, 특수아동을 일반 학급에 참여시키도록 하는 법—옮긴이)이라는 풍파를 겪었다. 그 법의 시행으로 결과된 모든 면이 내게는 여전히 불만이었지만, 그래도 2년 후 나는 교실로 복귀하여 '거점' 자원 교사('centered' resource teacher) 자격으로 다시 특수아동들을 가르치기 시작했다. 거점 자원 교사란, 교사는 항상 같은 교실에 있고 대신에 아이들이 수업을 받으러 왔다 갔다 하는 제도였다. 내 학급을 담당할 때만큼의 성취감은 없었지만, 어쨌든 정기적으로 같은 아이들을 만날 수는 있었다.

그러다 워싱턴 연방정부가 바뀌자, 그와 더불어 특수아동 교육과 관련한 국가의 태도도 백팔십도로 변하고 말았다. 그 이전 10년 동안 그렇게 열심히 따냈던 성과들이 단 한 번의 서명으로 말짱 도루묵이 되고 만 것이다. 절세(節稅)와 공공지출 삭감이 유행어이던 시대였다. 공립학교에서 장애아동을 다루는 일은 워낙 많은 노동력이 요구되었고 그만큼 비용도 많이 들었기 때문에, 특수교육 교사인 우리는 연방정부 정책의 첫째가는 표적이 되었다. 특수아동들을 일반 학급에 배치하자는 값싼 대안이 더더욱 강조되었다. 이제 우리 특수교육 교사들은 반드시 최선이라고는 할 수 없는 방식으로 아이들을 대해야 했다. 이

점은 일반 교사들의 경우도 마찬가지였다. 왜냐하면 대다수의 정규 교육 교사들에게는 장애아동을 다룰 수 있는 기초가 거의 없었기 때문이다. 하지만 이런 철학들만이 정부가 요구하는 비용으로 장애아동들에게 교육제도를 경험하게 해줄 수 있는 유일한 방법이었다. 이제 시장 경제가 교육에도 적용되고 있었다.

이러한 변화에 화가 난 데다 계속 학교에 남아 있다가는 결국 일자리를 잃게 되리라는 걸 너무나 잘 알고 있던 나는 특수교육학 박사과정에 들어가 연구나 해야겠다고 결심했다. 이것은 어리석은 결정이었다. 박사 학위는 특수교육 위계상에서 볼 때 내가 정말 애정을 가지고 있던 유일한 부분인 교직에는 과잉 자격일 뿐이었다. 게다가 그놈의 학위 때문에 나는 애써 피해오던 교육 이론들을 생산해내는 본거지에 제 발로 걸어들어간 꼴이 되고 말았다. 결과적으로 나는 도무지 거기에 애정을 느낄 수 없었다.

나는 흔히 다른 탈출구를 찾는 것으로 문제에 대처해왔다. 이번 경우에는, 그동안 꾸준히 해오던 심인성 언어장애에 관한 연구를 계속하는 것이 탈출구가 되었다. 특수교육학을 전공하던 내 동료들은 이런 연구에 별 관심이 없었다. 그러나 나는 얼마 안 가 캠퍼스를 가로질러 위치한 대학 종합병원에서 그야말로 최적의 환경을 찾아낼 수 있었다. 무엇보다도 아동 및 청소년 정신과 의사들과 전문가들 사이에서 적극적인 협력자들을 찾아낸 것이다. 내 잡다한 경력에도 불구하고 그들은 내 생각을 받아들이고 격려해주었다. 덕분에 내 연구는 활짝 피어날 수 있었다.

언제나 그랬듯이 이 동안에도 나는 시간이 날 때마다 글 쓰는 일을 계속했다. 사실 과거 어느 때보다 이때 더 많은 글을 썼다. 아마 내 연구에 완전히 몰입하지 못했던 데 어느 정도 원인이 있지 않았나 싶다.

쉴라에 대한 내 경험을 써보고 싶다는 소망은 이미 오래전부터 내 마음에 자리잡고 있었다. 나는 그 당시 학급에서 사용했던 많은 교재들을 보관해오고 있었다. 후일 글 쓸 것에 대비해 보충자료로 쓰려는 의도에서가 아니라, 내가 원래 모아두길 좋아하는 성격인데다 그 당시를 그리워하고 있었기 때문이다. 또 그 학급에서 일하는 동안 일기를 날마다 썼던 건 아니지만, 일화를 기록해둔 자료들이 잔뜩 남아 있었고, 비디오 카메라를 아끼지 않고 사용했던 덕분에 쉴라의 모습도 테이프에 상당히 많이 담겨 있었다. 이따금 이것들을 들춰보고 있노라면 내 머릿속에는 쉴라의 음성이 들려왔다. 그 애의 억양, 그 기묘하게 경쾌한 문장들 하나하나가 그야말로 생생하게 들려왔다. 그 다섯 달이 맹렬히 흘러가는 시간 속에 파묻히지 않도록 하기 위해 나는 그것들을 받아적어 놓았다.

그러고 나서 1월의 어느 어둡던 저녁, 간선도로를 타고 일터에서 집으로 돌아오는 도중 마침내 그 시작이 나를 찾아왔다. '나는 알려야 해.' 집으로 돌아온 나는 글을 쓰기 시작했다. 여드레 동안 계속된 그 일은 225페이지를 쓰고 나서야 끝이 났다.

무슨 일이 일어났는지 깨달은 건 그 직후였다. 225페이지. 그건 나만의 위안을 위해서 한 일이라기에는 너무 많은 분량이었다. 그것은 한 권의 책이었다. 그때 나는 쉴라를 찾아야 하고, 일이 더 진행되기 전에 쉴라가 그 책을 읽어야 한다는 걸 깨달았다.

내 시선을 잡아끈 그 구인광고는 메리스빌에서 서쪽으로, 차로 네 시간가량 걸리는 큰 도시의 조그마한 민간 정신과병원에서 낸 것이었다. 동부로 돌아와 여러 해 있다 보니 중서부가 그리웠다. 쉴라를 찾아야겠다는 생각도 있었다. 그 도시의 변두리에는 쉴라가 살고 있다고 알고 있는 브로드뷰가 있었다. 책을 쓴 지 6개월이나 흘렀지만, 쉴라를 찾는 일은 전혀 진전이 없었다. 그 애 가까이 산다는 생각, 어쩌면 연락이 다시 돼서 우리 관계를 새로 시작할 수 있을지도 모른다는 생각에 구미가 당겼다.

이렇게 해서 나는 샌드리 병원에서 심리학 연구원 자리를 얻었다. 선택적 무언증에 대한 연구를 하는 동시에 임직원들 사이의 다양한 연구 프로젝트를 조정하고 분담하는 게 내 업무였다. 임직원은 모두 일곱 명이었다. 원장인 로젠탈 박사를 포함해 다섯 명은 인정받는 소아

정신과 의사들이었다. 그들은 몇 년 전 함께 그 병원을 설립해 우아한 고풍(古風)의 건물이 시설 좋은 사무실들과 진료실들로 개조되는 것을 지켜본 사람들이었다.

나는 샌드리 병원이 아주 마음에 들었다. 동료들은 창조적인 사람들로 하나같이 활기에 넘쳤고, 자신들의 생각을 분명하게 표현하면서도 팀워크가 잘 맞았다. 원장인 로젠탈 박사는 여러 면에서 우리들 가운데 독보적인 위치를 차지했다. 키가 무려 2미터의 거구였던 그는 그런 신체에 뒤지지 않게 지성 면에서도 거인이었다. 그는 아주 힘있는 사람들이나 가질 것 같은 그런 카리스마를 지니고 있었다. 그런 카리스마는 실제 외모와 상관없이 그런 사람들을 멋있어 보이게 하는 면이 있다. 사실 그곳에 근무하던 첫 해에는 그가 좀 두려웠다. 미국에서 태어나 미국에서 자랐는데도 그에게는 유럽식 격식이 배어 있었다. 예를 들어 그는 절대로 우리를 이름으로 부르지 않았다. 다른 사람의 주의를 구할 때 그는 주로 '닥터'라는 호칭을 썼다. 하지만 아직 박사 학위를 취득하지 못했던 나는 어김없이 미스 헤이든으로 불렀고, 허물없이 부를 때는 그냥 헤이든 하고 불렀다. 이것이 범접할 수 없는 그의 지적인 명성과 결합해 다른 사람을 접근하기 어렵게 만드는 꽤 독특한 분위기를 만들어내어, 그가 옆에 있을 때면 나는 늘 수줍기만 했다. 그렇지만 나는 그가 자신에게 치료받는 아이들을 대할 때 그렇듯이, 임직원들에게도 단호하면서도 친절하게, 그리고 정말로 언제나 공평무사하게 대하는 온화한 사람이란 걸 알게 되었다.

공립학교 제도에서 가르치면서 익숙해졌던 환경에 비하면 그 병원에서의 생활은 호사스러웠다. 그 병원은 햇빛이 잘 드는 널따란 치료실과 훌륭한 시설들을 갖추고 있었다. 치료실에는, 특수교육을 하던 당시에는 정말 무슨 짓을 해서라도 손에 넣고 싶었던, 대가족 인형들로 가득한 높이 1.5미터의 인형집과 조랑말 크기의 흔들목마, 실내용 모래놀이 상자와 물놀이통 같은 것들로 가득 차 있었다.

내 업무에도 유사한 사치가 적용되었다. 내게는 언어 장애나 언어 상실을 겪은 아이들을 치료하는 역할이 주어졌지만, 그러고도 연구 프로젝트를 진행시키거나 동료들에게 조언을 얻을 시간은 넉넉히 남았다. 또 50분간의 '정신과 상담'으로 충분히 만족스럽지 않을 때는 전통적인 방식대로 일주일에 한 번만 환자를 보는 것이 아니라, 원하면 일주일에 두세 번도 볼 수 있고, 병원에서가 아니라 환자가 생활하는 환경에서 만날 수 있는 자유도 허용되었다.

내가 볼 때 유일한 옥의 티는 동료들 대다수가 프로이트 맹신자라는 점이었는데, 내 교육학 동료들에게 행태주의가 그랬듯이 이것은 그들의 시야를 가로막는 역할을 했다. 거기에서 난 수도원에 들어간 무신론자였다. 인간의 모든 행동을 설명할 수 있는 단 하나의 틀이란 있을 수 없다는 게 내 입장이었다. 우리는 혼돈에 질서를 부여하는 하나의 방법으로 이론을 창조하지만, 이러한 질서를 창조한 쪽은 어디까지나 우리, 즉 정신과 분야에서 일하는 사람들 자신인 것이다. 그 같은 질서를 필요로 하는 쪽이 어디까지나 우리이기 때문이다. 이름난 산을 오를 때 그 길 말고도 택할 수 있는 코스는 많듯이 어떤 특정 이론이란 그냥 해석에 이르는 하나의 경로를 제공할 뿐이다.

하지만 그 병원에서 근무하는 동안 이 같은 이질성이 큰 문제가 되지는 않았다. 병원의 전반적인 분위기가 내게 자기들 식으로 환자를 보라고 요구했던 것도 아니고, 또 정신과 의사도 아니었던 내게 그들은 그런 기대를 품지도 않았다. 오히려 내 잡다한 관점이 로젠탈 박사의 흥미를 끌지 않았나 하는 생각도 든다. 그렇지만 나는 할 말을 참아야 할 때가 많았다.

나는 정신과 전문의가 아니었기 때문에 건물 앞쪽에 있는 치료실을 배당받을 수 없었다. 그 대신 건물 뒤편에 있는 특대형 사무실을 제프 톰린슨과 함께 썼다.

이미 의사 자격증을 취득하고 있던 제프는 소아정신과의 레지던트 말년차 과정을 밟고 있었다. 그는 워낙 지적 재능이 뛰어나서 본인 스스로 그것을 지극히 당연하게 여기는 그런 인물이었다. 겸손 따윈 떨지 않았다. 그는 똑똑했고 자신도 그걸 알고 있었다. 그리고 다른 사람들도 그걸 안다는 것 또한 알고 있었다. "슈퍼맨은 날잖아요?" 그의 명석함에 깜짝 놀라 내가 감탄을 발할 때면 그는 아무렇지도 않다는 듯 이렇게 대꾸하곤 했다. 그러나 워낙 명석했기 때문에 그가 그런 식으로 말해도 아무도 기분 나빠 하지 않았다. 정말 너무 똑똑했다.

하지만 유감스럽게도 제프는 프로이트의 손자 같았다. 사실 지난 세기의 대가가 한 말을 몽땅 다 인용할 수 있었던 그는 프로이트 자신이라고 해도 과언이 아니었다. 제프는 거의 사진 같은 정밀한 기억력을 가지고 있어서 그의 늙은 두목이 다루었던 수많은 임상 사례들을 그야말로 끝없이 되뇌는 것으로 내 말문을 완전히 막아버릴 수도 있었다. 얼마가 지나자 그것은 우리 사이에서 누가 상대방보다 더 오래 논쟁을 끌어가는가를 다투는 게임이 되었다.

사실 나는 제프를 무척 좋아했다. 우리 두 사람은 몇십 년씩이라고까지 할 수는 없어도 상당한 나이 차가 나는 임직원들 가운데 가장 젊은 축이어서, 흡사 어른들 사이에 낀 오누이 같았다. 다른 정신과 의사들은 하나같이 코니스 장식(천장과 벽 사이에 수평으로 된, 띠 모양의 돌출 장식 부분—옮긴이)이 되어 있고, 벽난로와 카펫과 가죽 소파가 갖춰진, 건물 앞쪽의 격조 높은 진료실을 갖고 있었다. 제프와 나는 건물 뒤편에 있는, 창문도 없는 창고 같은 곳을 치료실로 함께 썼는데, 한때 다른 심리학자가 실험용 동물들을 수용했던 방이라 아직까지도 퀴퀴한 냄새가 났다. 우리는 이 방에다 포스터와 만화, 거기에 어울리는 핑크 팬더 명판 따위를 붙여 벽을 장식했다. 그리고 여기서 우리는 함께 일하고 싸우며 고민을 나누었다.

제프를 맹목적인 프로이트주의의 노예로 전락할 위험에서 구해준 것은 그의 비범한 유머 감각이었다. 그는 우스꽝스런 목소리와 흉내내기에 특별한 재능이 있어서 태연자약하게 1인 익살극을 연기해내곤 했다. 우리 치료실 안의 파일 박스와 책상, 라디에이터 같은 생명 없는 물건들이 뜻하지 않은 순간에 제각기 난쟁이 로빈 윌리엄스 식의 기묘한 목소리를 내며 대화 속으로 끼어들곤 했다. 말할 것도 없이 아이들은 이걸 들으면 좋아서 자지러지곤 했다. 나 역시 예외가 아니었다. 가구들까지 자기 편으로 끌어들이는 이 남자에게 화를 내기란 좀체 쉬운 일이 아니었다.

긴 머리를 묶지 않고 풀어젖혀도 아무도 내 머리칼을 잡아뽑지는 않을 거라는 걸 알면서도 모직 스커트에 장신구를 달고 일하러 가는 자신이 우스꽝스럽게 여겨지긴 했지만, 그래도 나는 특수교육과는 다른 이런 분야에서 경력을 쌓게 된 것이 대체로 만족스러웠다. 사실 처음 두세 달이 지나고는 다시 꺼내 입었지만, 그때는 정말 진바지와 운동화가 너무 그리웠다. 그러나 풍부한 자원과 의욕적인 동료들에 너무나 만족했기 때문에 적어도 당분간 그렇게 하는 것이 적합한 처신이라고 여겨졌다.

03

마침내 쉴라가 사는 곳을 알아냈을 때는 그 애의 열네 살 생일을 석 달가량 남겨놓고 있던 때였다. 쉴라를 못 본 지 7년, 마지막 만났을 때의 그 애 나이만큼 세월이 흘러갔지만 2년 전 그 애가 편지로 써 보낸 시 한 편 말고는 지난 5년 동안 나는 쉴라에게서 아무 소식도 듣지 못했다. 나는 쉴라가 브로드뷰의 한 외진 교외에 살고 있던 아버지에게로 다시 돌아갔다는 걸 알았다. 그 애 아버지에게 전화를 걸어 찾아가도 괜찮은지 물어보았다.

공터마다 자동차 고철과 녹슨 기구들이 어수선하게 널려 있는 퇴락한 동네였다. 그들은 그 동네에서 페인트가 다 벗겨진 갈색의 2세대용 주택에 살고 있었다. 그러나 이주노동자 단지에 있던 예전 집에 비하면 이 집은 오히려 사치스러울 정도였다.

문을 두드렸다. 문 저편에서 아무 소리도 들려오지 않는 채 한참이 흘러갔다. 나는 내가 무릎을 떨고 있는 것을 깨닫고 깜짝 놀랐다. 문간에서 기다리는 동안 과거의 유령들이 내게로 몰려들었고, 난 그들의 소리를 또렷하게 들을 수 있었다. 메아리치는 한 아이의 웃음소리, 고함소리, 비명 소리, 교실의 소음, 그리고 폭풍 전야의 음울한 고요가 이주노동자 단지 안의, 루핑지를 덕지덕지 바른 쉴라네 판자집 문간에 서 있던 그때처럼 되살아났다. 그러다가 퍼뜩 정신이 들었다. 문 쪽으로 다가오는 발자국 소리가 들리더니 문이 열렸다.

쉴라 아버지가 문을 열 거라고 짐작하고 있지 않았더라면, 그를 못 알아봤을 것이다. 7년 사이에 그는 완전히 변했다. 거기에 서 있는 사람은 내가 기억하고 있던 침울한 뚱보 술주정뱅이가 아니었다. 문을 연 남자의 모습은 오히려 늘씬하면서도 건장했고, 무엇보다 나를 놀라게 만든 건 젊다는 점이었다. 그를 마지막으로 봤을 때 이십대 초반이었던 나는 지금껏 그를 우리 부모 세대쯤으로 여겨왔다. 하지만 이 순간 나는 충격을 느끼면서 사실은 그의 나이가 나와 얼마 차이 나지 않는다는 걸 기억해냈다.

"렌스태드 씨?"

내가 주저하면서 묻자, 그는 고개를 끄덕였다.

"저는 토리 헤이든입니다."

그는 진심으로 환영한다는 투로 웃음을 지으며 문을 열었다.

"들어오시오. 쉴라는 지금 집에 없어요. 우유를 사러 가게에 갔는데 금방 돌아올 겁니다."

집 안으로 들어간 나는 그의 안내를 받아 거실로 들어갔다. 자그만 거실에는 텔레비전과 낡은 갈색 소파, 구식 팔걸이 의자 두 개가 놓여 있었다. 사실 방 전체가 거의 갈색조이긴 했으나 편안한 분위기였다.

갑자기 둘 사이에 어색함이 감돌았다. 요 몇 해 동안 나는 이 순간이 오기를 무척 고대해왔다. 그런데 지금 그 순간이 닥쳤는데, 도무지 무슨 말을 해야 좋을지 알 수가 없었다. 그 역시 어쩔 줄을 모르는 듯했다.

잠시 후 그가 텔레비전 위에서 사진 한 장을 황급히 집어들었다. "여기, 이것 좀 보시겠소? 내가 가르치는 녀석들이오."

그것은 열 살이나 열한 살 정도 되어 보이는 남자애들로 이루어진 야구팀 사진이었다. 앞줄 쪽은 무릎을 꿇고 뒷줄은 그 뒤에 서는 식으로 해서 두 줄로 나란히 포즈를 잡고 있었다. 렌스태드 씨는 뒷줄 맨 오른쪽에 있었다.

"1년째 애들 코치 노릇을 하고 있지요." 사진을 같이 보려고 내 옆으로 다가앉으며 그가 말했다. "얘 보이죠? 주마 워싱턴이라는 앤데, 얘 이름을 잘 기억해둬요. 앞으로 유명해질 거요. 행크 아론 같은 애거든요. 내가 이 녀석에게 야구를 가르쳤죠. 처음 들어왔을 때는 할 줄 아는 게 없었는데 말입니다. 거칠고 입만 살아 있는 놈이었는데 이제 좀 있으면 메이저리그에 나가게 될 거요. 두고 보시오. 크게 성공할 테니."

"굉장하군요."

그가 나를 쳐다보았다. "난 이제 손 씻었어요. 쉴라가 말 안 하던가요? 이제 술이나 마약은 일절 안 해요. 끊은 지 벌써 18개월이나 지났소. 그리고 지금은 애들을 도와주고 있구요."

"참 잘됐습니다."

"진담이오. 더 이상 감옥에 가지도 않을 거요. 게다가 지금은 이 녀석들을 맡고 있으니까요. 이번 시즌에서 벌써 네 게임이나 이겼어요.

내가 애들을 맡기 전에는 한 번도 이긴 적이 없었는데 말이오. 거칠고 망둥이처럼 날뛰기만 하던 애들이었죠. 하지만 지금 우린 대성공을 거두고 있소. 주마도 있고 걔 말고도 뛰어난 애가 둘이나 더 있어요. 자, 여기 좀 봐요." 그가 사진을 손가락으로 짚었다. "얘는 샐림이고, 또 얘는 루이스죠. 애들이 경기하는 걸 당신이 봤어야 하는데. 언제 토요일에 한번 오시겠소?"

바로 그때 문이 콰당 열렸고, 거기에 쉴라가 서 있었다.

쉴라?

사춘기의 호리호리한 몸매에다 아무리 봐도 주황색이 틀림없는 머리를 한 애가 거기에 서 있었다. 불그레한 금발도 아니고 빨강머리도 아니었다. 교통 표지판 같은 주황색이었다. 그리고 곱슬곱슬하게 파마를 한 긴 머리에다 시카고컵스 야구 모자를 푹 눌러쓰고 있었다.

길거리에서 우연히 마주쳤더라면 이 아이가 쉴라란 걸 알아볼 수 있었을까? 쉴라는 예상했던 것보다 더 크게 자라 있었다. 내가 담임을 맡고 있을 당시의 쉴라는 영양부족으로 워낙 작았던지라 나는 늘 그 애가 조그맣다고 생각해왔다. 그러나 여기 있는 아이는 겨우 열세 살인데도 키가 족히 160센티미터는 되어 보였다. 그러나 사춘기의 마법이 완전히 펼쳐진 것 같지는 않았다. 여전히 호리호리했고 성숙이 덜된 어린아이의 모습이 몸 전체에 남아 있었다.

그 애가 나를 알아보았는지 아닌지 의문스러워할 건덕지는 없었다. 나를 보자 그 애는 가장 예상치 못했던 광경에 부닥치기라도 한 듯 멈칫 하고 걸음을 멈췄다. 쉴라의 양 볼이 발그레해졌다.

"안녕하세요." 쉴라는 이렇게 말하며 수줍게 웃음을 띠었다. 그 웃음은 그 애의 얼굴을 순식간에 낯익은 모습으로 바꿔주었다.

"안녕."

우리 셋 다는 거북한 어색함에 휩싸였다. 그토록 오랫동안 기다려 온 재회 끝에 할 말을 잃고 서 있는 자신의 모습을 보리라곤 상상도 하지 않았다. 그러나 실제로 일어난 일은 그것이었다. 쉴라 역시 벼락이라도 맞은 듯 꼼짝도 않고 1.9리터짜리 우유를 꽉 쥔 채 나를 뚫어져라 바라보기만 했다. 오직 렌스태드 씨만이 목소리를 되찾을 수 있었던 것 같다. 그는 자기 야구팀에 관한 화제로 되돌아갔다. 하지만 나한테 한 번도 앉으라고 권하지 않았기 때문에, 우리 셋 다는 거기, 거실 한복판에 그냥 그대로 서 있었다.

쉴라 아버지는 그냥 주절주절 말을 늘어놓고 있었다. 그는 몇 번이나 자기가 마약과 술을 끊고 전혀 딴 사람이 됐다고 장담했다. 마치 내가 자기를 조사하러 온 걸로 해석하는 듯해 무척 당황스러웠다. 그는 지난 몇 년간 쉴라와 내가 실제로 접촉했던 것보다 더 많이 만났으리라고 생각하는 눈치였고, 그래서 내가 전혀 모르는 사건들까지 내비치곤 했다. 이런 순간에 더 자세히 물어보는 건 실례인 것 같아 아무 말도 하지 않았지만, 나는 그의 이야기에서 쉴라가 여덟 살과 열 살 사이에, 또 열한 살 때 다시 잠시 위탁 양육되었다는 사실을 알게 되었다. 그들이 함께 살게 된 건 그가 약 18개월 전에 가출옥을 하고 나서였다.

쉴라는 전혀 입을 떼지 않았다. 자기 아버지와 나처럼 쉴라도 줄곧 거실 가운데 그대로 서 있었지만, 우리 대화에 끼어들지는 않았다. 나는 쉴라를, 특히나 그 애의 염색한 머리를 흘낏 훔쳐보았다. 워낙 유별난 색깔이었던 것이다. 그 다음엔 그 애의 차림새로 슬쩍 눈길을 돌렸다. 우리 반에 왔을 때 쉴라는 남자애가 입는 갈색 줄무늬 티셔츠와 멜빵바지 한 벌밖에 가진 옷이 없어서, 3월 청문회가 끝난 후 채드가 사준 드레스를 그 애 아버지가 마침내 받아들일 때까지 날이면 날마다 그것만 입고 다녔다. 쉴라의 차림새는 그때보다 더 나아진 것 같지 않았다. 엄청나게 큰 치수의 하얀 티셔츠 위에 너덜너덜한 소매 없는 진 재킷을 껴입고 있었다. 잘라낸 청바지의 술 장식 같은 끄트머리가 보이는 걸로 봐서, 티셔츠 안에 속옷 말고도 뭔가를 입은 것 같긴 했지만 장담할 수는 없었다. 그런 차림새를 눈여겨보면서 나는 그게 가난해서가 아니라 유행을 따른 것이리라고 짐작했다.

마침내 그 애 아버지가 말을 멈추자 나는 쉴라에게로 얼굴을 돌렸다.

"오다가 보니 '데어리 퀸' 가게가 있던데, 나랑 같이 아이스크림선디 사러 가지 않을래?"

ạ

단둘이만 차 안에 있는데도 쉴라는 여전히 말이 없었다. 적의를 품은 침묵은 아니었지만, 그렇더라도 어색한 건 사실이었다. 처음으로 쉴라를 만나던 날이 떠올랐다. 그때도 쉴라는 지금처럼 침묵을 지켰다. 그것은 사나운 침묵이었다. 그 당시 쉴라는 내가 자기더러 말하게 만들 순 없을 거라며 사납게 으르렁거릴 때만 그 침묵을 깼다. 나는 내가 알던 카리스마적인 어린 여자아이를 계속 머릿속에 떠올리며 이 신경질적인 사춘기 소녀에게서 그 아이의 모습을 되살려보려고 애썼다. 그래 봤자 이 괴상한 차림새의 사슴 같은 이 아이는 내가 전혀 모르는 애라는 사실만 깨닫게 되었지만.

'데어리 퀸' 주차장에 차를 대고 나는 쉴라를 건너다보며 말했다.

"내가 '데어리 퀸'에 모두를 데려가서 딜리 아이스 바를 사주곤 하던 것 기억나니? 또 피터는 언제나 다른 걸 먹겠다고 하던 것도? 그게 뭔지는 상관없었지. 언제나 다른 애들과는 다른 걸 먹는다는 게 중요했으니까."

"피터가 누구예요?"

"기억날 거야, 우리 반에 있던 애 있잖아. 항상 섬뜩한 농담을 하던 애 말이야. 온갖 불평을 달고 살았잖아. 기억나지?"

쉴라는 잠시 말이 없었다.

"예…… 생각나요. 멕시코 애였죠, 그렇죠?"

"아니, 흑인이었어."

🐋

우리는 아이스크림선디를 고른 다음 밖으로 나와 가게 앞에 놓인 간이의자에 앉았다. 쉴라는 아이스크림선디를 감싸듯이 해서 몸을 웅크리고 먹었는데, 그런 자세는 그 애가 우리 교실에 왔던 초기 시절을 기억나게 했다. 그때도 그 애는 점심 쟁반을 몸에 바짝 붙인 채 웅크리고 먹었다. 밥을 다 먹기 전에 누가 그걸 채가기라도 할까봐 한 마리 짐승처럼 경계를 늦추지 않으면서. 쉴라가 선디를 휘젓기 시작했다. 아이스크림과 초콜릿 소스, 휘핑크림이 모두 뒤섞여 끈적거리는 덩어리가 되었다.

"그래 학교는 어떠니?" 내가 물었다.

"대충 괜찮아요."

"무슨 무슨 과목들을 배우니?"

"그냥 다른 아이들과 비슷하죠, 뭐."

"좋아하는 과목은 없어?"

"없어요, 하나도."

"힘든 과목은?"

"전혀요. 지겨워요, 전부 다."

쉴라는 대답하면서 선디를 더 세게 휘저었다.

대화를 시작할 꼬투리를 찾아볼 요량으로 옛날에 교실에서 쓰곤 했던, 아이들에게서 말을 끌어내는 방식을 써보기로 했다.

"그럼 그중에서 제일 싫은 건 뭐니?"

쉴라는 망설이지 않고 즉각 말했다. "반에서 제일 어린 거요. 난 그게 싫어요."

비난일까? 그 애는 자기를 한 학년 월반시킨 것이 내 책임이라는 걸 알고 있었다. 여기에 다른 뜻이 있는 걸까?

"어려서 그렇게 싫은 게 뭘까?"

쉴라는 어깨를 으쓱했다. "그냥 제일 어리다는 거. 그게 다예요. 꼬맹이. 전 항상 다른 애들보다 훨씬 작았어요. 작년까지 계속 그랬어요. 그래서 언제나 어린애 취급을 받았죠. 애들이 전부 나만 놀려댔죠."

"그랬구나, 그게 그렇게 큰 문제가 되었구나. 그렇지만 네게 가장 좋은 게 뭔지 그땐 알기가 힘들었어."

쉴라가 다시 어깨를 으쓱했다. "뭐 불평하자는 건 아니에요. 그냥, 물어보니까 나온 말이에요."

그러고는 말이 없었다. 나는 이 문제를 좀 더 자세히 파고들어 뭔가 깊은 속사정에 부닥쳐봐야 할지─지금은 적합한 때가 아니라는 생각이 들었다─, 아니면 과감하게 새로운 이야깃거리를 찾는 쪽으로 나가야 할지 망설여졌다. 정말 놀랄 만큼 어색했다. 이건 내가 예상했던 쉴라가 전혀 아니었다.

침묵은 계속되었다. 나는 입에 아이스크림선디를 조금 떠 넣으며 그 맛을 느끼는 데 마음을 모았다.

별안간 쉴라가 휘유— 한숨 소리를 내며 머리를 휘젓더니 말을 꺼냈다. "참 이상해요, 전 언제나 선생님을 잘 안다고 생각해왔거든요." 그 애는 내 얼굴을 힐끔 쳐다보더니 말을 계속했다. "그런데 보세요. 우린 낯선 사람이나 매한가지예요."

바로 이 말, 그 고백이 서먹서먹하던 분위기를 깨뜨렸다. 사실이었다. 우리는 낯선 사이였고, 우리 둘 다 이런 상황을 예견하지 못했던 것이다. 일단 이 사실을 시인하자 그 사이 7년의 세월이 끼어 있지 않았던 것처럼 가장했을 때보다 말하기가 훨씬 수월해졌다.

쉴라는 자진해서 학교 생활에 대해 이야기하기 시작했다. 그 애는 학교를 좋아하지 않았다. 쉴라는 이제 막 중학교 3학년 과정을 마쳤고 성적이 좋은 건 확실했지만, 그 애 말을 듣다보니 사실 어느 과목에도 관심이 없다는 걸 알 수 있었다. 교사들은 그 애의 머리칼과 옷차림, 그리고 생활태도와 말투를 꾸짖었고, 그러면 쉴라는 무단 결석으로 대응해왔다는 걸 어렴풋이 알아챌 수 있었다.

그나마 그 애를 몰두하게 만드는 유일한 과목은 엉뚱하게도 라틴어뿐인 것처럼 보였는데, 나는 학교에서 아직도 라틴어를 가르친다는 걸 그제서야 알았다. 담당 교사는 구시대적인 엄격함과 여학생의 학습 능력에 관해 전근대적인 사고방식을 고집하는 나이 많은 남자였다. 그러나 오히려 이러한 구성요소가 쉴라를 어느 정도 자극해 '선생에게 뭔가 보여줄' 만큼은 열심히 공부하게 만들었던 것 같다. 그 결과 쉴라는 라틴어가 정말 싫다고 대놓고 말하면서도 라틴어 수업과 그 교과과정에 대해 신이 나서 떠들어댔다.

나는 지난 7년간 해왔던 일들, 우리가 함께 했던 그 반을 떠나고 나서 맡았던 반의 아이들과 대학원에서 맡았던 역할들, 그리고 그 도시의 병원으로 직장을 옮긴 일들을 이야기해주었다. 또 책을 썼다는 이야기도 했다.

"차 안에 있어. 네가 읽어봤으면 좋겠는데."

"책이요?" 믿을 수 없다는 얼굴을 하고 쉴라가 말했다. "선생님이 책을 썼다고요? 전 선생님이 작가인 줄은 몰랐어요."

나는 어깨를 으쓱했다.

"거기에 제가 나와요? 우리 반이요? 히야! 근사하네요." 그러고는 가볍게 웃었다. "정말 끝내주는군요, 안 그래요?"

"실제로 있었던 일과는 약간 다르게 들릴 수도 있다는 걸 알아둬야할 거야. 관련된 사람들 모두가 어디선가 살고 있는데, 그들의 사생활을 침해한다는 건 안 되는 일이거든. 그래서 이름이나 장소 같은 건 다르게 쓰고 사건 순서도 좀 뒤바꿨어. 그래도 너라면 뭘 이야기하는지 충분히 알 수 있을 거야."

"정말 근사하네요. 책이라고요? 그것도 내 이야기를 다룬?"

"어쨌든 난 네가 그 책을 어떻게 생각할지 알고 싶어. 이건 네 이야기야. 아니 너와 나의 이야기지. 하지만 주인공은 너야. 난 네가 틀렸다고 생각하는 건 아무것도 책에 넣지 않을 거야."

쉴라는 웃어 보였다. "그건 별로 상관없어요. 전 그때 일을 거의 기억하지 못하는걸요."

"아니, 하게 될 거야"라고 말하면서 나도 따라 싱긋 웃음을 지었다.

쉴라는 어깨를 으쓱했지만, 표정은 여전히 호의적이었다.

"선생님은 다 기억하겠지만 전 그때 어린아이였을 뿐이에요. 그건 지금 내 나이 절반도 안 되던 시절에 일어났던 일들이라구요. 읽어보면 재미있을 것 같긴 해요. 하지만 정말 솔직히 말해서, 뭐든지 선생님이 쓰고 싶은 대로 쓰셔도 괜찮아요. 정말 아무것도 기억 못하거든요."

04

"히야, 이런 일들이 진짜로 있었어요?" 쉴라는 신기하고 놀랍다는 투로 내게 물었다.

그 다음 주 토요일이었다. 우리는 쉴라 방에 있었다. 쉴라는 웅크리고 앉아서 자기 주위에 펼쳐놓은 원고들을 들여다보고 있었다.

나는 웃으며 고개를 끄덕였다.

"와, 내가 정말로 이 정도였다면, 날 맡다니 굉장히 용감하셨네요."

"그때는 많은 사람들이 그렇게 생각했어. 나 자신도 어느 정도는 그렇게 생각했고."

"그래도 선생님이 택한 건 아니잖아요, 안 그래요? 그 사람들이 그냥 날…… 맡으라고 시켰던 거니까요." 그 애가 다시 한 다발의 원고 뭉치를 내려다보았다. "이제 안톤이 기억나는 것 같아요. 저번에요, 데어리 퀸에 갔을 때요. 선생님이 처음 그 사람 얘기를 했을 땐 기억이 안 났거든요. 그런데 이걸 읽다보니 기억이 나요."

"안톤이 지금 뭘 하는지 알고 있니? 안톤은 대학원에서 특수교육을 연구하고 있어. 정서장애 아동들의 담임교사로 일한 지는 벌써 3년째고."

쉴라가 나를 올려다보았다. "아, 그분이 정말 자랑스러우신가 봐요, 그죠? 선생님 목소리가 그래요."

"참 대단하다고 생각해. 그가 해낸 일이 말이야. 정말 힘들거든. 그 와중에도 어린 자식들까지 부양하면서. 그는 자기 삶 전체를 이주노동자들과 함께 보냈어."

쉴라가 타이프로 친 원고들을 보느라고 잠시 입을 다물었다.

"기억나는 거라곤 이 키 큰 멕시코 남자애뿐이에요. 그 당시의 나한테는 그 애가 2미터도 넘어 보였거든요. 하지만 걔가 어떻게 했는지는 하나도 생각나지 않아요."

"휘트니는 생각나?"

"아니요. 그러나 토끼 똥 치우던 부삽을 갖고 놀던 건 생각이 나요. 그 작고 동그란 똥들에 물감을 칠하던 것도요. 맙소사, 지금은 생각만 해도 넘어올 것 같아요. 생각해보세요. 진짜 맨손으로 똥을 집었다니까요. 정말 지저분한 애였죠." 쉴라가 웃었다.

나도 웃었다.

쉴라가 덧붙였다. "이상한 건, 그런 일이 자신에게 생길 땐 조금도 지저분하다는 생각이 안 든다는 거예요. 그것들에 색칠하느라고 정신없이 빠져 있던 게 기억나요."

"채드는? 내 남자친구 말이야. 청문회 때 널 변호하던 사람, 그 사람 기억나니?"

하지만 쉴라가 대답하기도 전에 내 입에서는 웃음이 흘러나왔다.

"알아맞춰봐. 지금은 결혼해서 애가 셋이란다. 그런데 큰 딸 이름이 뭔지 알아맞춰볼래?"

멍한 표정.

"모르겠어요."

"쉴라."

"제 이름을 땄다구요?" 쉴라가 깜짝 놀라 되물었다.

"그래, 네 이름을 땄단다. 내 말은 그가 널 아주 예뻐했다는 거야. 청문회가 끝난 그날 밤은 우리에게 정말 최고의 순간이었어."

잠시 침묵이 이어졌다. 쉴라는 또 잠시 손에 든 원고를 내려다보며 맨 앞 페이지를 읽는 듯했다.

"쳇, 정말 이상해. 정말 이해할 수가 없어."

"어떤 게 이상해?"

"몰라요. 여기서 내 이름을 보는 거요. 여기 누가 있는데, 사실은 이 것도 나라는 거요."

"내가 사실대로 썼다고 생각하지 않나 보지?"

"아니, 아니에요. 그것보다는…… 아마 그냥 책 속에 나오는 인물로 자신을 보는 게…… 정말, 굉장히 이상해요."

또 말이 끊어졌다. "선생님은 실제처럼 느껴져요. 제가 기억하고 있던 그대로예요. 이걸 읽으면 선생님하고 앉아서 즐겁게 이야기를 하는 것처럼 느껴져요. 그렇지만…… 그 반이 정말로 이랬어요?"

"넌 어떻게 기억하고 있는데?"

"거의 기억이 안 나요. 지난주에 말한 대로요."

또 침묵이 이어졌다.

그 침묵에 귀를 기울이는 동안 내 머리에 떠오른 것은 쉴라가 우리 반이던 시절에 그 애가 겪었던 몇 가지 끔찍한 사건들이었다. 나는 쉴라의 승락을 얻으려고 이 원고를 여기로 가져오면서도, 그것이 쉴라로 하여금 자신의 과거를 기억 속에서 억지로 끌어내게 만드는 식이 될 수도 있다는 가능성은 한 번도 심각하게 고려해보지 않았다. 그런 반응은 전혀 쉴라답지 않은 듯해서, 그 애가 이런 반응을 보이리란 건 예상도 못했던 것이다. 그런데 이제 별안간 내가 저지른 일에 가슴이 철렁했다. 아름다운 이야기지만 그건 어디까지나 내가 본 관점이었다.

쉴라가 고개를 돌려 침대 옆 창밖을 바라보았다. 이웃집이 가로막고 있어 전망은 시원찮았다. 벗겨진 회녹색 페인트, 옆집의 창문, 삐뚜름하게 내려뜨린 베네치아식 블라인드. 쉴라는 그걸 곰곰 연구라도 하듯 쳐다보고 있었다.

나 역시 그 애를 찬찬히 살펴보았다. 어수선한 주황색 긴 머리, 마르고 발육이 덜 된 몸, 그 몸을 감싸고 있는 찢어진 청재킷과 우리 할머니의 속내의처럼 딱 달라붙는 좀 이상한 회색 윗도리. 이런 깡마른 펑크 패션은 상상도 하지 못했다. 나는 실망을 감추려고 안간힘을 써야 했다.

"내가 기억하는 건 색깔들이에요." 아주 부드러운 목소리로 쉴라가 입을 열었다. 자기 마음을 들여다보는 듯한 어조였다. "그 전까지 내가 살아왔던 날들은 온통 흑백이었어요. 그런데 그 반에 들어가자…… 선명한 총천연색이었죠." 쉴라의 목소리가 약간 높아졌다. "전 그걸 항상 피셔-프라이스(유명한 장난감 제조회사─옮긴이) 색깔이라고 생각했어요. 왜 그 장난감들 있잖아요? 피셔-프라이스 빨강과 파랑과 하양 말이에요. 모두가 원색들이었죠. 선생님이 앉아서 발로 밀어 흔들곤 하던 흔들말 생각나세요? 그게 제가 기억하는 거예요. 흔들말에 칠해진 색깔 하나하나들요. 공부시간에 탁자에 앉아서 그 색들을 쳐다보았죠. 또 '피셔-프라이스'라는 글자가 적혀 있는 곳도요. 전 그 말이 갖고 싶어 정말 미칠 지경이었어요. 전 그 말 꿈을 꾸기도 했어요. 그게 내 것이 되는 꿈요. 선생님이 저더러 집에 가져가라고 해서 제가 갖게 되는 거예요."

아마도 난 그렇게 했을 것이다. 그게 그 애에게 그토록 소중하다는 이야기를 한 번이라도 들었더라면. 그렇지만 그 애는 한 번도 그런 이야기를 하지 않았다.

"그리고 그 장난감 주차장도요. 그거 생각나세요? 입체 교차로의 비탈길을 따라 내려가곤 하던 작은 차들과 사람처럼 보이지도 않던 작은 사람들이 딸려 있던 거요. 그 인형들은 사실 그냥 얼굴만 있는 플라스틱 막대기였어요. 제가 그 인형들을 어떻게 훔치곤 했는지 기억하세요? 전 그 인형들이 너무너무 갖고 싶었거든요. 그것들을 제 잠자리 옆의 바닥에다 주욱— 세워두곤 했지요. 검정색 신사모를 쓴 남자와 카우보이 모자를 쓴 사람, 인디언 추장도 그 줄 안에 들어 있었죠. 제가 그 인형들을 가져갔던 거 생각나세요?"

여러 해 동안 나는 많은 학급을 맡았고 거기엔 수많은 장난감들이 있었다. 주차장 세트들과 흔들말들도 기억이 나긴 하지만, 그런 건 한 다스도 더 있었을 것이다.

"내가 그래도 선생님은 조금도 화내지 않았어요." 쉴라가 내게 얼굴을 돌리며 말했다. 그 애는 가만히 웃었다. "전 그 인형들을 몇 번이나 계속 훔쳤는데도 선생님은 화내지 않았어요."

그 교실의 야단법석 중에 나는 그 애가 그러는 걸 눈치조차 못 챘다는 게 아마 진실이리라.

"그게 이 책에서 저한테 가장 이상했던 점이에요. 선생님은 우리가 항상 싸우고 있는 것처럼 쓰셨어요. 마치 책 속의 선생님이 페이지를 넘길 때마다 저한테 점점 더 화를 내는 것처럼요. 하지만 저한테는 선생님이 그랬던 기억이 전혀 없어요."

나는 놀라서 그 애를 쳐다보았다.

그러자 그 애는 코를 찡긋하며 작당이라도 하듯 씩 웃었다. "그냥 양념으로 이 얘기를 곁들이는 건 어때요? 그럼 그 사람들이 이걸 출판하려고 하지 않을까요?"

나는 입을 딱 벌렸다.

"내 말은 전 전혀 상관없다는 거예요. 이건 정말 멋진 이야기예요. 그리고 그만큼 근사하기도 하구요. 내가 책에 나온다고 생각하면요."

"그렇지만 쉴라, 우린 정말 싸웠어. 항상 싸웠어. 우리 반에 네가 왔을 때부터. 네가—"

그 애가 다시 창밖으로 시선을 돌렸다. 침묵이 이어졌고 그것은 꽤 한참 동안 계속되었다.

"네가 기억하는 건 정확히 어떤 거니?" 마침내 내가 물었다.

"제가 말한 대로요……"

그러고는 아무 말도 하지 않았다. 그 애는 여전히 창밖을 응시하고 있었고, 소리는 그냥 자취를 감춘 듯했다. 1분이나 그 이상이 흘렀다.

나는 차분히 말했다. "우린 정말 싸웠어. 모든 사람이 싸우지. 어떤 관계냐를 막론하고. 그렇지만 그건 나쁜 게 아니야. 그렇지 않으면 관계를 맺는다고 할 수가 없을 거야. 왜냐하면 관계란 건 전혀 다른 두 사람이 함께하는 거니까. 마찰은 관계의 자연스런 측면이지."

반응이 없었다.

"게다가 나는 교사잖니? 넌 뭘 기대했던 거니?" 나는 이렇게 말하면서 싱긋 웃었다.

"네, 어쨌든 저는 정말 생각이 안 나요."

❧

나는 쉴라가 그렇게 많은 걸 잊어버렸다는 사실을 쉽게 받아들일수 없었다. 그날 저녁 간선도로를 타고 집으로 돌아오면서 나는 그 문제를 몇 번이나 곱씹어봤다. 어떻게 안톤과 휘트니를 잊을 수 있단 말인가? 어떻게 그 모든 경험이 자기가 아꼈다는 알록달록한 플라스틱장난감들에 대한 추억만큼도 못한 것이 될 수 있단 말인가? 속이 상했다. 내게는 너무나도 소중한 체험이라서 나는 그 애가 적어도 나만큼은 그것을 중요하게 여기리라고 생각해왔다. 사실 나는 그 애가 나보다 더 중요하게 여기리라고 생각해왔다. 나와 그 반과 그 5개월이 없었더라면 쉴라는 지금쯤 어느 주립병원의 후미진 병동에 들어가 있을지도 모르는 일이다. 내가 그걸 바꿔준 것이다. 적어도 나는 스스로에게 이렇게 말해왔다. 그러나 나의 이런 가정(假定)이 얼마나 오만했는지 깨닫자, 혼자 차 안에 있는데도 양 볼이 화끈거리며 달아오르기 시작했다. 게다가 함께 보낸 그 5개월이 이제 그 애보다 나한테 더 큰 의미가 있었음을 깨닫는 순간, 나는 정말 몸둘 바를 모를 지경이었다.

쉴라는 그 당시 그냥 어린아이에 지나지 않았다. 그 애가 많은 걸 기억하리라고 기대하는 내가 비현실적인가? 그 당시에도 그 애는 너무나도 절묘하게 자기 생각을 표현했기 때문에, 사실은 그렇지 않다는 걸 알면서도 나는 그 애에게 성숙이라는 겉치레를 둘러주곤 했다. 게다가 그 당시의 나는 언어 능력과 뛰어난 기억력을 연관시켜 생각하는 타성에 빠져 있었다.

어둠을 가르고 달려가면서, 나 자신이 여섯 살이던 때를 기억해보려 애썼다. 1학년 때 우리 반 아이들 중 몇 명의 이름을 떠올릴 수는 있었지만, 기억나는 대부분의 사건들은 사소한 것들이었다. 수많은 작은 단편들이 거기에 있었다. 쉬는 시간에 일렬로 줄 서던 것이며, 쓰레기통에 토하던 급우, 그네를 놓고 벌어지던 싸움, 나무를 멋지게 그리고 나서 느끼던 뿌듯함. 아주 완벽한 추억은 아니었으나, 굳이 애를 쓴다면 관련된 사람들의 얼굴과 이름과 장소들까지 떠올릴 수는 있었다. 그래도 그것들은 지금 어른으로서 내 확실한 기억들과는 비슷도 하지 않았다. 그 애가 나보다 더 많이 기억하리라고 기대했던 건 비현실적이라는 게 확실했다.

그런데도 그게 자꾸 내 신경을 건드렸다. 쉴라는 그저 여느 아이가 아니었다. 그 해 교내 심리학자가 쉴라에게 실시했던 아이큐검사들에서 거의 매번 최정상을 기록했던 대단히 재능 있는 아이였다. 게다가 쉴라의 여러 뛰어난 특성 중 가장 두드러졌던 게 그 애의 비상한 기억력이었다. 그 애가 우리 모두에게 사랑과 미움과 거부에 대해서 그토록 신랄하게, 그토록 감동적으로 이야기할 때 그 애는 수정 구슬을 들여다보듯이 그 비상한 기억력을 이용했다.

그래, 사랑과 미움과 거부. 그 애가 더 많이 기억하리라고 가정한 게 순전히 내 오만 때문만은 아닐 것이다. 그 애의 기억상실은 정말 그 애답지 않았지만, 그래도 왜 그렇게 되었는지 미루어 짐작하기는 힘들지 않았다. 우리 교실을 떠난 후 쉴라에게 무슨 일이 있었는지 세세하게 알 도리는 없었지만, 그동안이 수월치 않았다는 정도는 나도 알고 있었다. 쉴라는 여러 위탁 양육 가정을 전전했고, 여기저기 학교를 옮겨 다녔으며, 아버지의 불안정한 상태를 견뎌야 했다. 이 세월 속에 그 애가 우리 교실에 왔을 때 겪어온 악몽 같은 환경의 절반만큼만이라도 들어 있다면, 그건 쉴라에게 잊어버릴 충분한 근거가 됐을 것이다. 그토록 용감한 어린 전사였던 그 애가 마침내 환경의 중압에 굴복해버렸다고 생각하고 싶지는 않았지만, 내 마음 한구석에서는 이미 그걸 받아들여가고 있었다. 하지만…… 어째서 그 애는 우리 반을 그렇게 깡그리 잊어버렸을까? 그 빛나는 한 지점, 그 애가 참으로 사랑받고 존중받았던 그 유일한 안식처를? 어째서 그 애는 우리를 잊어버렸을까?

05

집에 온 나는 그 당시 내가 모아두었던 자료들, 원고를 쓸 때 사용했던 자료들을 샅샅이 뒤졌다. 나는 그중에 다음번에 쉴라를 만나러 갈 때 가져갈 만한 것이 있는지 열심히 찾았다. 자료의 압도적인 다수가 단순한 시험지와 일화 기록장들이라 그런 목적에 딱 맞는다고 볼 수는 없었다. 내가 쉴라에게 정말 보여주고 싶었던 것은 비디오 테이프였지만, 이것은 오픈릴(open reel, 오디오 · 비디오테이프가 바깥으로 노출돼서 감기도록 만들어진 릴. 한 릴에서 다른 릴로 옮기면서 플레이백시킨다—옮긴이)식의 구식 테이프여서 나로서는 기계가 있는 병원에서밖에 이걸 틀어볼 수 없었다. 그래서 그것들은 쉴라가 나를 찾아올 때까지 미뤄둬야 했다. 결국 나는 사진 앨범을 샅샅이 뒤지는 데 매달렸다.

놀랍게도 그 해에 찍은 사진은 몇 장 되지 않았다. 학급 사진이 있었는데 학교 연단 위의 푸른색 커튼을 배경으로 모두들 일렬로 쭉 늘어서 있는 탓에 한 무리의 용의자 사진처럼 보였다. 카메라의 초점은 정확히 쉴라에게 맞춰져 있었지만, 그 애의 창백한 모습 때문에 사진 전체가 빛이 바래고 말았다. 쉴라는 그 당시에 요구하던 대로 웃으려 하지 않았다. 그냥 무표정하게 쳐다보고 있었다. 불행하게도 다른 몇몇 애들도 똑같이 비협조적이어서 그 때문에 잘 알아볼 수 없는 아이들이 많았다. 그것을 제외하면 쉴라의 사진은 전부 해서 딱 석 장뿐이었다. 학급 단체 사진을 찍던 날, 같이 찍은 개인 사진도 이 안에 들어갔다. 그 애 아버지가 이 사진을 구입하지 않았기 때문에 내가 지니고 있을 수 있었던 것이다. 그 애의 웃는 모습이 찍힌 사진은 이것뿐이었다. 보통 때 같았으면 당연히 웃는 얼굴로 사진 찍길 거부했을 쉴라지만, 이때는 사진사가 꾀를 내서 쉴라가 그의 펜을 잡으려고 애쓰는 사이에 사진을 찍었던 것이다. 그 애가 우리 반에 들어오고 나서 얼마 안 됐을 때 찍은 사진이라 그 사진에는 그 애의 구질구질한 모습이 적나라하게 담겨 있었다. 나는 이 사진이 감탄스러웠다.

다른 두 장의 사진은 내가 찍은 것이었다. 하나는 내가 그 애를 처음으로 깨끗이 씻긴 날을 기념해서 찍은 것으로, 사진 속의 그 애는 꽉 쥔 양 손을 무릎 위에 올려놓은 채 학교 계단에 아주 엄숙한 모습으로 앉아 있었다. 매끄럽게 빗은 머리칼은 양 옆으로 땋아 내렸고 새로 빤 옷을 입고 얼굴도 깨끗이 씻어서, 사실 전혀 쉴라 같아 보이지 않았다. 이 사진 속의 쉴라는 학교 사진에 나와 있는 저 지저분한 인물보다 훨씬 덜 매력적이었다. 그리고 또 한 장의 사진은 수업 마지막 날 반 전체가 종강 기념으로 공원에 나갔을 때 찍었던 것이다. 그날 나는 꽤 여러 장의 사진을 찍었는데, 안타깝게도 쉴라가 나온 사진은 단 한 장뿐이었다. 쉴라는 오리 연못가에서 우리 반의 다른 여자아이 둘과 같이

서 있었다. 그 애들은 둘 다 단정하고 깔끔했으며 밝게 웃고 있었지만 쉴라는 둘 사이에서 경계하는, 아니 거의 의심적은 눈초리로 카메라 쪽을 빤히 쳐다보고 있었다. 그 애 아버지가 그날을 위해 사준 주황색 반바지를 입긴 했지만, 그래도 쉴라는 그날 빗질도 하지 않은 헝클어진 긴 머리와 세수도 안 한 아주 구질구질한 차림새로 학교에 왔다. 사진 속의 쉴라는 다른 친구 둘과 뚜렷한 대조를 이루며 서 있었다. 그렇지만 그 사진에는 뭔가 끌어당기는 면이 있었다. 그 애의 섬세한 표정 때문이었다. 그 표정은 그 애를 사나우면서도 의외로 쉽게 상처받을 아이로 보이게 해주었다.

결국 나는 그 사진을 가져가기로 마음먹었다. 다른 아이들과 안톤과 휘트니가 나와 있는 그날 찍은 다른 사진들과 함께.

그 다음 주 토요일, 쉴라와 나는 그 애 아버지가 이끄는 야구팀의 경기를 보러 갔다. 그들은 불량스러워 보이는, 그렇고 그런 애들이었다. 열 살에서 열한 살 또래로 짝이 맞지 않는 지저분한 유니폼들을 입고 있었다. 온갖 유색 인종들이 다 섞여 있어서 그들을 묶어주는 유일한 끈은 가난밖에 없는 게 아닐까라는 생각이 들 정도였다. 그러나 그들은 어린이들이라면 누구나 그렇듯이 떠들썩하고 쾌활했다. 그 애들은 쉴라 아버지가 내야 쪽으로 달려오자 그가 귀향한 챔피언이라도 되는 듯 환호로 맞았다.

내가 보고 들을 수 있었던 온갖 정황으로 보아 렌스테드 씨는 잘해 나가고 있는 듯 보였다. 그는 그들이 사는 작은 2세대용 주택을 아주 자랑스러워했다. 그 집은 크지도 않았고, 마을에서 특히 살기 좋은 동네에 있는 것도 아니었으며, 물론 그가 그 집 주인도 아니었지만, 그래도 어쨌든 그 집은 사회복지 기관이 떠넘긴 집이 아니라 자신이 직접 고른 집이었다. 게다가 그는 현재 공원 담당과에서 잡역부로 일하면서 받고 있는 일정한 봉급으로 자기 힘으로 꼬박꼬박 월세를 내고 있었다. 그는 그 집 안 곳곳을 데리고 다니면서 자기가 산 침대들과 소파와 텔레비전과 식탁 따위를 일일이 내게 보여주었다. 지난번에 우리가 만났던 환경을 그가 염두에 두고 있는 게 분명했다. 그는 열의를 다해서 자신이 그동안 얼마나 많이 달라졌는지 보여주고자 했다. 이것들은 그의 것이었고 그런 것들을 장만한 게 그에게는 큰 의미가 있다는 걸 알 수 있었다.

그렇지만 그가 정말로 애정을 갖고 있었던 건 그의 야구팀, "그놈들"이었다. 그 애들 때문에 나쁜 일에서 확실히 손을 씻었다는 이야기를 그는 몇 번이나 되풀이했다. 그는 그 애들에겐 자신이 필요하다고 말했다. 그가 맡기 전까지 그 팀은 코치가 없어서 거의 해체 직전이었다. 더 중요한 사실은 그가 마약으로 다시 엉망이 되면 그들을 잃게 된다는 걸 그도 알고 있다는 점이었다. 여전히 그는 가석방 담당관의 감시를 받고 있었다.

야구 경기는 재미있었다. 이기지는 못했지만 그들은 썩 잘 싸웠다. 확실히 그들에게는 이기는 게 그다지 중요하지 않아 보였다. 그들은 말 그대로 진정한 한 팀이었다. 나는 한눈에 그걸 알아볼 수 있었다. 과거야 어떻든 렌스태드 씨는 잘해내고 있었다.

나는 시합이 끝나면 쉴라를 데리고 나갈 작정이었다. 지난번에는 두 번 다 쉴라의 집을 찾아갔기 때문에 이번에는 어디 다른 데로 가는 게 좋을 것 같았다. 하지만 쉴라는 어디에 가고 싶은지 끝내 정하지 못했다.

내가 피자를 먹으러 가자고 제안했다. 도시로 데려가면 분위기를 바꿔볼 수도 있고, 또 그곳에는 괜찮은 식당들이 있었기 때문이다. 그래서 시합이 끝나자 우리는 차를 타고 북쪽으로 향했다.

그런데 처음 가던 8킬로미터쯤 어딘가에서 길을 잘못 들고 말았다. 아직 낯선 이 지역 주변 지리를 다 익히지 못했던 나로서는 그리 특이한 일은 아니었다. 하지만 나는 집이 띄엄띄엄 나타나 도시 쪽으로 가고 있는 게 아니라는 의심이 들 때까지는 길을 잘못 든 걸 깨닫지 못하고 있었다. 나는 방향감각이 뛰어난 편이어서 길을 잘못 든 경우에도 옳은 방향으로 가고 있는지 아닌지 정도는 대략 구별할 수 있었다. 하지만 이번 경우에는 방향을 완전히 잘못 든 게 틀림없었다. 계속 도시 쪽으로 가고 있다고 여겼는데 창밖 풍경은 그렇지 않았기 때문이다. 나는 쉴라에게 내 걱정을 말했다.

"아니에요, 길은 맞아요. 전 우리가 어디 있는지 정확히 알고 있어요. 이 길을 그냥 계속 가세요."

그 애가 워낙 자신 있게 말하길래 나는 그 말을 따랐다.

15분을 더 가자 우리는 탁 트인 전원을 만났다. 나는 우리가 구제불능으로 길을 잃었고, 아마도 차를 세우고 지도를 찾아보는 따위의 과감한 조처를 취하지 않고서는 도저히 길을 찾아내지 못하리란 걸 알았다. 나는 들판 입구에 차를 댔다.

"뭐 하시는 거예요?" 쉴라가 놀라서 물었다.

나는 뒷자리로 손을 뻗어 더듬거리며 도로 지도책을 찾았다.

"지도를 찾는 거야. 길을 잃었어."

"아니, 그렇지 않아요."

"우린 길을 잃었어."

"길을 잃은 게 아니에요. 전 이곳에 수천 번도 더 와봤어요."

나는 눈썹을 치켜올렸다.

"정말이에요. 전 이 근처 어린이집(부모의 질병이나 수감, 사망, 아이 자신의 행동 문제로 아이를 돌볼 수 없을 때 전문 간호인이 돌봐주는 기관―옮긴이)에 있었던 적이 있어요. 바로 저 길 너머요. 전 우리가 어디 있는지 확실히 알아요."

"그래, 그럼 우리가 어디 있는데?"

"음, 여기죠, 물론."

"그럼 여기는 어디지?"

쉴라가 차창 밖을 내다보았다.

"말해봐, 우리가 있는 곳이 어디지?"

"그렇게 안달하지 마세요."

"너도 모르는구나, 그렇지? 우린 길을 잃은 거야."

뜻밖에도 쉴라는 웃고 있었다. 재미있다는 듯한 웃음이었다. "저는 늘 길을 잃어요. 전 그러는 데 익숙해 있어요." 그 애의 목소리는 쾌활했다.

나는 지도책을 앞자리로 끌어당겨서 펼쳐보았다. 지도에서 우리가 있는 곳을 찾아보니, 내가 어디서 길을 잘못 들었는지 찾을 수 있었다. 그리고 결국 브로드뷰까지 되돌아가야 한다는 것도 알게 되었다.

"됐다. 이제 알았어."

나는 책을 덮고는 차의 시동을 걸었다.

"선생님은 정말 통제광이시네요. 예전에는 선생님이 그런 줄 전혀 몰랐는데요."

"꼭 그런 건 아니야. 길을 잃으면 그냥 좀 거북하거든."

"아, 통제광인데다가 방어적 통제광이시군요."

쉴라가 이 방향으로 가길 바란다면, 좋아, 그리로 가보자는 생각이 들었다. 그래서 우리는 작은 간선도로를 타고 내가 한 번도 가본 적이 없는 방향으로 차를 몰았다. 아름다운 시골길을 따라 한 시간쯤 달렸을까.

유쾌한 드라이브였다. 쉴라는 율리우스 카이사르를 화제로 꺼내 아주 놀랄 만한 이야기를 들려주었다. 그 애는 라틴어 수업 시간에 카이사르의 《갈리아 전기》를 아주 흥미롭게 읽었는데, 특히 갈리아 지역(지금의 프랑스를 중심으로 북이탈리아와 벨기에 일대를 일컬음—옮긴이)의 원주민인 켈트족에 대한 카이사르의 묘사가 그 애를 사로잡았다. 고등학교 때 라틴어를 선택했던 나도 카이사르를 잡긴 했지만, 그때의 나는 그 책이 실제로 무슨 이야기를 하는지 알아내는 것보다는 어떻게 하면 그 과제물을 읽지 않고도 좋은 점수를 받을 수 있을까에 더 관심이 있었다. 결과적으로 나는 학교 다닐 때 공부를 잘했지만 교양 면에서는 아는 게 별로 없어, 어른이 되어서 이를 만회하느라 많은 시간을 들여야 했다. 카이사르에 관해서는 라틴어로든 영어로든 읽은 게 별로 없는 나는 그냥 이야기를 듣고만 있었는데, 그것도 그리 나쁘지 않았다.

조그만 상가 마을을 지날 때 쉴라가 볼링장 하나를 찾아냈다.

"아, 저기 보세요! 저기 내려서 한 게임 하면 안 될까요? 전 볼링을 좋아하거든요."

그래서, 우리는 그곳에 들어가 세 게임을 했다. 그런 다음 나는 매점에서 콜라를 샀다.

"피자는 어때요?" 쉴라가 물었다. "피자를 사주신다고 그러셨죠."

"내 생각엔 이제 브로드뷰로 돌아가는 게 좋겠어. 우린 지금 워낙 멀리 나와 있어서 돌아가려면 한 시간 반은 족히 걸릴 거야. 그나마 어둡지 않아야 길을 찾을 수 있을 것 같아."

"맙소사, 선생님은 길을 잃은 적이 그렇게 많아요? 선생님은 너무 안달이세요."

"내가 운전하잖니? 그러니까 그런 거지."

"자, 마음을 편하게 가지세요. 괜찮아요. 그리고 이 근처에서 뭣 좀 먹어요. 식사 때가 지나서 배가 고파요."

"피자가게는 못 봤어."

"그럼, 계속 가보지요, 뭐."

나 역시 배가 고팠고 기분이 썩 좋지도 않았다. 그날 하루는 전혀 내가 계획한 대로 풀리지 않았다. 우리는 이 일 저 일로 옮겨다녔지만, 어느 것도 별로 특별한 것은 아니었다. 나는 자신이 쉴라를 감동시키고 싶어한다는 걸 깨달았다. 쉴라를 설득하고 싶었던 것이다.

"저기요! 저기!" 쉴라가 소리치는 바람에 내 생각은 중단되었다. "저기 피자집이 있어요."

확실히 거기에는 피자집이 있었다. 그리고 그날의 다른 일들처럼 별로 특별한 것도 아니었다. 옛날 일이 떠올랐다. 내 남자친구 채드와 나는, 쉴라가 주립병원에 들어가지 않아도 좋다는 결정이 내린 청문회가 끝나고 나서 쉴라로서는 난생 처음 가보는 피자집에 쉴라를 데려갔다. 우리가 이번에 들어간 집은 그때의 피자집처럼 재즈 피아노가 있는 분위기 있는 집이 아니었다. 그냥 어디서나 눈에 띄는 특색 없는 피자 체인점의 한 분점에 지나지 않았다.

하지만 그런 걸 가리기엔 너무 배가 고팠던 우리는 그곳에 차를 세

우고 안으로 들어갔다. 우리는 카운터에서 주문을 한 후 구석진 곳의
조용한 자리로 가서 앉았다. 쉴라가 야구 모자를 벗어 물결치는 긴 주
황색 머리를 어깨 위로 늘어뜨렸다.

내가 핸드백을 열며 말했다. "네가 옛날 우리 반 사진들을 보면 좋
아할 것 같아서 몇 장 찾아냈어."

"우와, 근사해요. 한번 봐요."

"이건 마지막으로 소풍 갔을 때 찍은 사진들이야. 우린 공원에 갔었
어. 그 공원 생각나니? 오리 연못과 작은 시내가 있던 곳 말이야."

사진을 건네받은 쉴라가 그것들을 들여다보았다. 쉴라는 사진 속의
얼굴들을 찬찬히 살펴보고 있었다.

"얘는 누구예요?"

"에밀리오야."

"얜 어디가 아픈가요? 불구인가요?"

"걘 맹인이야."

"아 그래요, 장님이군요. 책에선 얘 이름이 뭐였죠?"

"길러모."

"아, 그렇군요, 이제 누군지 알겠어요."

쉴라는 입술 사이로 혀를 살짝 내민 채 사진들에 빠져 있었다.

"그 공원, 생각날 것 같아요." 천천히 쉴라가 입을 열었다. "꽃 같은
게 핀 나무들이 있었죠? 아주 달콤한 향기가 나던 나무들요. 그런 게
떠오르는 것 같거든요."

"그랬단다. 쥐엄나무들이었지."

"이 여자애들은 누구예요?" 쉴라가 사진 한 장을 보여주며 물었다.

"얘가 누군지 모르겠다고? 가운데 있는 애를? 바로 너야. 그리고 애

는 사라고 얘는 타일러지. 하지만 여기 있는 건 너야."

"정말요? 맙소사, 이게 저라구요? 윽!" 쉴라는 고개를 앞으로 쑥 내밀고는 약해지는 저녁빛 속에서 그 사진을 자세히 들여다봤다.

"윽! 정말 제가 이런 모습이었어요?"

그 애는 어처구니가 없다는 듯 내 얼굴을 쳐다보았다. "아빠가 제 어릴 때 사진을 한 장도 갖고 있지 않아서……"

나는 가슴이 아팠다. 그 애는 자신조차 기억하지 못하고 있었다. 그 애가 사진들 위로 다시 몸을 구부리는 걸 지켜보며 나는 정말 쓸쓸했다. 나는 이 펑크 스타일의 청소년과 여기서 뭘 하고 있는 걸까? 이 애는 쉴라가 아냐. 이 애는 그냥 어떤 아이야.

때맞춰 피자가 나왔다. 우리는 유명 상표의 부엌 싱크대만 빼고 얹을 수 있는 모든 걸 얹은 대형 피자를 주문해두었던 참이었다. 둘 다 게걸스럽게 먹기 시작했다. 한참 동안 우리는 먹는 것에만 집중했다.

쉴라가 솜씨 좋게 커다란 피자 한 조각을 입 안에 통째로 집어넣으며 말했다.

"오늘 전 정말 재미있었어요. 있잖아요, 선생님이 이제 이렇게 가까이 산다는 게 너무 멋져요."

"잘됐구나. 나도 기쁘단다."

"옛날하고 똑같아요. 그렇지 않아요?"

"그래." 하지만 내 대답은 그다지 수긍하는 투로 들리지 않았을 것이다.

쉴라의 말투에는 점점 기운이 빠졌다. "제가 선생님 반이었을 때를 많이 기억하지 못해 죄송해요."

"아니야, 넌 어렸으니까."

"네, 그렇지만 제가 선생님을 굉장히 실망시켰다는 거 알아요."

"그렇지 않아! 우리가 함께 있던 당시의 너는 너무 어렸어. 그 나이 때 일을 많이 기억할 수 있는 사람은 아무도 없어." 내 말에는 좀 너무 열을 내는 것 같은 기색이 있었다.

"그렇지만 선생님은 제가 그러길 바라셨잖아요?"

"그래, 솔직히 말하면 그랬던 것 같다. 하지만 그건 단지 내게 의미 있는 시간이었고, 그렇게 만든 사람이 너였기 때문이야."

이 말이 그 애의 마음을 풀어지게 했다. 쉴라가 웃으면서 반문했다.

"정말이세요?"

"그럼, 정말이야."

"선생님은 어린애들하고 일하는 걸 좋아하셨죠?"

나는 고개를 끄덕였다.

"지금도 그래."

"그렇게 보였어요."

그리고는 대화가 끊어졌고 우리는 다시 음식을 먹기 시작했다. 그러다가 쉴라가 쳐다보았다.

"뭣 좀 물어봐도 돼요, 토리? 책에 있는 것 중에서요."

"뭔데?"

"왜 채드 그 사람과 결혼하지 않았어요?"

"난 그때 어렸어. 준비가 안 됐던 거야. 그렇지 않았더라면 그런 식으로 되지 않았겠지."

자기 앞에 놓인 피자를 물끄러미 바라보던 쉴라가 피자에서 올리브들을 골라내 손가락으로 집어먹었다.

"정말 안됐어요. 그랬더라면 선생님 책도 훌륭하게 마무리가 됐을 텐데요."

"아마 그랬겠지. 그러나 이런 게 현실 아니겠니?"

"현실은 절대로 각본대로 되지 않는다, 그게 문제죠. 선생님과 그 사람이 결혼해서 그 어린 소녀를 입양하는 것. 그 책을 읽는 사람이면 누구나 바라는 게 그런 거죠."

"그래, 알아. 하지만 그건 실제로 일어난 일이 아니야."

쉴라가 희미하게 웃었다.

"네, 저도 알아요. 그런데 있잖아요, 그 사람 큰딸 말예요? 쉴라라고 부른다고 했죠? 그래요, 그게 맞아요. 그 애는 쉴라로 불려야 해요. 하지만 정식대로 했다면 그 애는 나여야 하는 거죠."

06

병원의 여름 프로그램은 내 아이디어였다. 일주일에 한두 시간씩 하는 치료보다는 날마다 다양한 시간을 아이와 같이 보낼 수 있다면 변화를 가져올 가능성이 더 클 것이라는 게 내 생각이었다. 또 원래 내가 심리학보다 교직을 택했던 것도 사실 이 때문이었다. 나는 이 문제를 병원에서 일하면서 다시 절실히 느끼게 됐는데, 그곳은 나로서는 처음 경험하는, 50분간의 '정신과 상담시간'을 철저하게 지키는 그런 직장이었다. 나는 뭔가 다른 방식을 찾아야겠다고 생각했다.

사무실 동료인 제프가 진료실이 아닌 다른 환경에서 아이들을 치료한다는 내 아이디어에 관심을 보였다. 그래서 우리는 함께 6월과 7월의 8주 동안 운영되는 오전 여름학교 프로그램이란 아이디어를 짜냈다. 우리는 여름방학 동안에 비어 있는 인근 학교를 사용하기로 하고, 병원의 환자 명단에서 치료 효과를 가장 크게 봄직한 아이들을 고르기 시작했다. 아직 실험적인 성격의 프로그램이었기 때문에 인원수는 적정선을 유지하기로 했다. 아이들을 통제할 사람이 제프와 나밖에 없었기 때문에, 통제할 수 있는 수준에서 시작하는 게 좋다고 생각했던 것이다. 그래서 우리는 여덟 명으로 인원을 제한하기로 결정했다.

그중 세 명은 장애 정도가 심했다. 다섯 살인 조슈아와 여섯 살인 제시는 둘 다 자폐증에다 말을 못했고, 여덟 살인 바이올렛에게는 소아정신분열증이란 병명이 붙어 있었다. 나머지 다섯 명 중 여자 애는 두 명이었다. 다른 사람들이 있는 곳에서는 절대 말을 하지 않으려는 다섯 살짜리 케일리와, 까무잡잡한 이국적인 외모가 눈에 번쩍 띌 만큼 예쁘지만 우울증을 앓고 있어서 발작적으로 자해를 하곤 하는 여덟 살배기 타마라가 그들이었다. 그리고 세 명의 남자애들 가운데는 영리하고 재미있는 여섯 살짜리 방화광(放火狂) 데이비드와 네 살 때 미국인 부모에게 입양된 일곱 살 난 콜롬비아 소년 알레조, 그리고 공포의 회오리바람 토네이도 같은 여섯 살짜리 마이키가 있었다.

오랜 경험을 통해 알게 된 것은 교사 대 아이의 비율이 높을수록 대체로 프로그램의 효과도 더 크다는 사실이었다. 나는 집단활동에서 얻는 장점을 손상시킬 수도 있다고 생각하기 때문에 일대일 환경을 원하지는 않았지만, 어쩌다 완전한 혼란 상태에 빠질 가능성을 최소화하기 위해서는 충분한 수의 어른이 필요하다고 생각했다.

제프는 우리 둘이서 아이 여덟을 다룰 수 없을 거란 내 견해를 불쾌하게 여겼다. 그는 무엇보다도 자신이 소아정신과 최종 전문의 자격시험을 당장이라도 치를 준비가 되어 있는, 그래서 정신과 전문의 자격취득을 목전에 두고 있는, 충분히 자격 있는 의사라는 점을 강조했다. 하지만 이런 환경에서는 다소 다른 능력이 필요하다는 게 내 의견이었다. 날마다 세 시간 이상을 함께 지내는 동안 아이들은 치료만이 아니라 오락과 운동을 필요로 했고 싸움을 말리고 돌봐주기도 해야 했다. 반창고 붙여주기나 음료수와 과자 먹이기, 화장실 데려가기 같은 건 말할 것도 없고 우리가 그냥 애들 돌봐주기 이상의 일을 하려 든다면, 그건 어른 둘로는 아무래도 벅찬 일이었다.

우리 두 사람은 로젠탈 박사에게 이 계획에 사람을 더 쓸 수 있도록 재정 지원을 해달라는 이야기를 꺼냈다. 그는 최선을 다해 도와주겠다며 승낙했다. 그래서 우리는 전직 교사인 미리엄을 얻을 수 있었다. 미리엄은 은발에다 샘이 날 정도로 아름다운 중년 여성으로 활력 있고 결단성 있는 사람이었다. 나는 한눈에 그녀가 마음에 들었다. 분별 있고 현실적이면서도 내게는 없는, 찬탄할 만한 기품까지 흘렀다. 하지만 나는 미리엄이 우리 팀에 들어오고 나서도 일손이 좀 더 있기를 바랐다. 기실 어리고 장애 있는 아동들을 보살피는 데 굳이 비용이 많이 드는 고도로 훈련받은 전문가가 여러 명 필요한 건 아니었다. 우리는 그냥 일손, 평범한 진짜 일손이 필요했다.

제프와 둘이서 여름학교 프로그램을 짜던 기간 동안 나는 내 책《한 아이》를 편집하고 있었는데, 현재 일하고 있는 곳의 호사스러움에 비하면 쉴라와 함께 했던 그 당시의 교육 환경이 얼마나 대조적인지가 새삼 충격으로 다가왔다. 그때도 아이들은 여덟 명이었다. 하나하나가 다 심한 장애를 앓고 있었는데도, 우리에게 있는 사람이라곤 경험 하나 없는 햇병아리 교사와 고등학교 졸업장도 없는 전직 이민 노동자와 중학생 한 명이 전부였다. 중학생…… 그래! 중학생이다!

쉴라! 바로 그거야.

이것은 아주 좋은 해결책으로 보였다. 자신을 책임질 만큼 성숙했지만 아직은 어려서 유연하고 협조적일 수 있는 연령인 쉴라라면 이런 환경에서 큰 도움이 될 수 있으리라. 대신에 쉴라에겐 이번 여름이 호의적인 어른들과 함께 자극적이고 잘 짜여진 환경에서 보낼 수 있는 기회가 될 테고. 무엇보다 좋은 점은 우리 둘이 자연스럽게 함께 지낼 시간을 가질 수 있다는 점이었다. 나는 다시 한 번 쉴라를 이해하고 싶었다. 그 비쩍 마른 사춘기 소녀의 어디쯤엔가에 내가 그토록 사랑하던 아이가 있어야 했다. 나는 그 애를 찾아낼 기회를 갖고 싶었다. 이 제안을 받자 쉴라는 매우 기뻐했다. 그 애는 여름 동안 할 만한 특별한 아르바이트가 없었기 때문에, 사실 보수는 겨우 차비와 점심값밖에 안될 정도로 몇 푼 안 된다고 설명해주었는데도 대단한 열의를 보였다.

여름 프로그램을 시작하기 전까지 제프는 쉴라를 만나볼 기회를 잡지 못했다. 별도의 일손이 더 필요하다는 얘기를 이미 나누었던 터라, 제프는 내가 그렇게 쉽게 자원봉사자를 찾아낸 것을 기뻐했다. 나는 그에게 쉴라가 자라온 환경과 나와 쉴라의 이전 관계에 대해 간략하게 설명해주었다. 하지만 자세한 이야기는 하지 않았다. 그렇게까지 할 필요는 없을 것 같았다. 지난 몇 주 사이에 명확해진 게 있다면 쉴라는 옛날의 쉴라가 아니라는 점이었다. 그래서 내가 여섯 살일 때 뭘 했는지 고용주가 참작해주기를 기대하지 않듯이, 그 애가 자라온 환경을 이야기할 필요가 있다고는 생각하지 않았다.

나는 내심 쉴라를 제프에게 소개하는 순간을 기다리고 있었다. 여름학교 프로그램에서 쉴라는 지적인 면에서 모두 자신을 능가하는 어른들에게 둘러싸이게 되겠지만, 아마 우리 중 제프만이 유일하게 쉴라의 맞상대가 될 수 있으리라고 보았던 것이다. 그 애가 과연 이전에 자신과 비슷한 재능을 지닌 사람을 한 번이라도 만난 적이 있는지 의심스럽던 터라, 나는 그 두 사람을 소개시켜주고 싶어 몸이 달았다. 둘 다 익살스럽고 쉽게 예측할 수 없는 일을 저지른다는 면에서 성격이 비슷했다. 또 두 사람 다 뛰어난 재능을 타고난 사람들에게 흔히 공통되는 외따로 떨어진 분위기를 풍겼다. 그들이 만나서 벌어질 일들을 생각만 해도 웃음이 나왔다.

　　　　　　　　　　　🐚

　첫날 쉴라는 45분 일찍 도착했다. 그 애가 입은 옷은 솔직히 말해서 얇고 기다란 흰 내복처럼 보였다. 그 위에다가는 자잘한 꽃무늬가 박힌 헐렁한 엷은 색 치마를 껴입고, 벌채 노동자에게 더 잘 어울릴, 군화 같은 작업용 검정 부츠로 마무리를 했다. 그리고 물론 머리에는 늘 쓰고 다니는 시카고컵스 야구 모자가 얹혀 있었다.

　입이 딱 벌어졌다. 아무리 기괴한 행동도 무시할 만큼 단련된 나로서도 그런 차림새를 인정하기는 적잖이 당황스러웠다. 한번 벌어진 내 입은 잘 다물어지지가 않았다.

　"어때요?" 그 애가 소탈하게 물었다.

　맙소사, 내가 너무 늙었나? 요새 청소년들은 이런 옷을 입는다는 걸 내가 모르는 건가? 나는 리바이스 바지에 작업 셔츠를 입고서도 병원에서 전위파로 자처하던 참인데.

　"글쎄, 독특한데." 나는 얼결에 이렇게 말했다.

　"아빠는 내가 좋아하는 옷을 못 입게 해요."

　"어디서 산 옷이야?"

　"여기저기서요. 이 드레스는 재고 대처분 때 산 거고, 이건 굿윌(자

선단체가 운영하는 가게-옮긴이)에서 샀어요."

그 긴 내복 같은 걸 가리키며 하는 말이었다.

"그래서 얼마 안 들었어요. 제일 돈이 많이 든 건 부츠예요."

나는 경악하고 있는 자신을 발견했다. 날 따라다니는 유령은 여전히 남루한 갈색 티셔츠와 짤룩한 멜빵바지를 입고 다니던 여섯 살짜리 여자아이였다. 청소년들의 이런 유행 스타일에 난 아무런 마음의 준비도 되어 있지 않았다.

"신경 쓰이세요?" 그 애의 말투로 보아 내가 놀라는 걸 알아챈 것 같았다.

나는 고개를 흔들었다. "아니, 괜찮아."

그리고 정말로 상관없다고 생각하기로 했다. 사실 그 긴 내복과 작은 꽃무늬 드레스는 놀랄 정도로 그 애에게 잘 어울려 보였다. 솔직히 좀 괴상하긴 했지만 그래도 매력적이었다. 개인의 기호를 잠시 접어두고 그냥 바라본다면 말이다. 게다가 자신감이 넘쳤다. 정말로 내 마음을 잡은 건 바로 이 점이었다. 어쨌든 그 순간 쉴라가 자신의 모습에 대단히 흡족해한다는 건 틀림없는 사실이었다.

곧바로 제프가 들어왔다. 그는 커다란 팸퍼스 기저귀 상자를 들고 왔다.

"자, 받아요. 헤이든!"

제프는 이렇게 소리치며 상자를 내게 던졌다. 내가 그걸 받으려고 달려들자 쉴라는 깜짝 놀라 뒤로 펄쩍 물러났다. 나는 상자를 바닥에 내려놓았다.

"이건 뭣에 쓰는 거예요?" 그 애가 물었다.

"살려줘요, 살려줘요! 날 꺼내줘요." 상자 쪽에서 작은 목소리가 들려왔다.

섬뜩해하는 쉴라의 표정을 보고 나는 제프의 팔을 쿡 찔렀다.

"이게 톰린슨 선생님의 유머 감각이란다."

"제프라고 해, 귀여운 아가씨. 옷이 멋진데." 제프가 이렇게 말하면서 쉴라의 턱 밑을 살짝 쳤다.

쉴라는 그의 손길이 닿자 뒤로 움찔 물러났다.

내가 방 한 켠에 설치된 붙박이 책장으로 팸퍼스 상자를 가져가자, 쉴라가 따라왔다.

"저 사람이 선생님이 항상 말하던 사무실 동료예요? 저 이가 제프예요?"

나는 고개를 끄덕이며 상자를 선반 위로 밀어올려 놓았다.

"웃기지도 않는군요."

"아냐, 좋은 사람이야. 유머 감각이 좀 괴상하긴 하지만 굉장히 재미있는 사람이야. 너도 좋아하게 될 거야."

"기대하지 마세요." 그 애는 벽에 등을 기댔다. "이 기저귀는 왜 필요해요?"

"어린 남자애 하나가 아직 용변을 못 가리거든."

"설마요. 그러면 바지에다 똥을 눈단 말예요?"

나는 웃었다.

"아유, 기막혀. 그런 말은 안 하셨잖아요? 난 걔 기저귀 안 갈아줘도 되죠, 그렇죠?"

"어디 두고 보자."

"못 보게 될 거예요. 눈을 감아버릴 거니까요."

나는 깔깔대며 웃었다.

제일 먼저 도착한 아이는 바이올렛이었다. 뚱뚱하다고까지 할 수는 없었지만 또래보다 덩치가 크고 핼쑥한 얼굴에 헝클어진 엷은 색 머리를 가진 아이였다. 그 애의 진단명은 소아 정신분열증으로 유령과 뱀파이어에 강박증적인 관심을 보였다. 그 애는 자기 주변 사람들 모두가 뱀파이어거나 뱀파이어의 희생자인 유령일 거라고 믿었고, 자기에게 말을 걸거나 괴롭히거나 끔찍한 이야기를 하는, 보이지 않는 유령들 때문에 고생이 무척 심했다.

엄마가 교실 안으로 데려다주자 바이올렛이 말했다.

"쉿! 복도에서 그 사람을 봤어요. 무지개 색깔의 머리를 한 남자요. 유령 고양이를 데리고 있었어요."

"쉴라, 바이올렛한테 어디 앉을지 가르쳐줄래?"

내가 쉴라에게 부탁하자 바이올렛은 쉿소리를 냈다.

"저 여자하고는 안 갈래요! 독이빨이 있다구요!"

눈을 동그랗게 뜬 쉴라가 나를 쳐다보았다.

"이리 와, 내가 데려다주마."

제프였다. 그 애는 제프의 환자여서 아는 얼굴을 보자 안심하는 빛이 역력했다.

바로 그때 휘익― 하는 소리와 함께 마이키가 나타났다. 여섯 살 난 마이키는 억세고 땅딸막했는데, 가히 빛의 속도로 움직일 수 있는 아이였다. 그래서 그 애의 모습은 어린애라기보다는 오히려 공, 그것도 핀볼 게임에서 쓰는 그런 공 같았다. 핑! 쾅! 윙! 그 애가 교실을 뛰어다니기 시작하자 우리는 모두 혼이 쑥 빠지는 느낌이었다. 마이키 엄마는 한나절이나마 애한테서 해방돼서 정말 한시름 놓았다는 얼굴이었다.

다음에는 카일리가 왔는데 선택적 무언증(無言症)인 그 애는 내 담당이었다. 바이올렛과 달리 카일리는 그 또래 아이들보다 작았는데, 그나마 길고 숱 많은 앞머리와 한 짐은 되어 보이는 머리카락 때문에 안 그래도 작은 체구가 더 짓눌리는 느낌을 주었다. 나는 속으로 카일리라면 쉴라가 직접 상대해볼 수 있을 거라고 생각했다. 쉴라 자신이 여섯 살 때 우리 반에 왔을 때 선택적으로 말을 안 했기 때문이다. 게다가 카일리는 상냥하고 다정한 성격이라 금방 정이 갔고 상대하기도 즐거웠다. 나는 진심으로 쉴라가 우리와 함께 일해볼 만하다고 생각해주길 바랐고, 이런 아이들에 대한 내 애착을 이해해주길 바랐다. 그 점에서 카일리는 이상적인 선택으로 보였다.

"쉴라야, 카일리를 저쪽 탁자로 데려가서 장난감들 좀 보여줄래?"

하지만 쉴라는 카일리를 그냥 쳐다보고만 있었다.

"카일리는 같이 퍼즐하는 걸 좋아해. 다른 애들이 다 올 때까지 퍼즐 하나 정도는 할 수 있을 것 같은데."

쉴라가 어정쩡하게 손을 잡자, 카일리는 기쁜 듯 웃음을 지었다.

조슈아와 데이비드는 조슈아 아버지가 운전하는 차를 타고 함께 도착했다. 오기로 되어 있는 아이들 중에서 조슈아가 가장 장애가 심했다. 기저귀는 조슈아를 위해 준비한 것이었다. 태어난 지 18개월 만에 자폐증으로 진단받은 조슈아는 말도 하지 않았고, 어떤 식으로도 사람들과 관계를 맺지 못했다.

데이비드는 그 면에서 완전히 정반대였다. 잘 웃고 사교적이어서 아무리 냉정한 사람에게도 붙임성 있게 다가갈 줄 알았다. 게다가 커다란 푸른 눈과 곱슬거리는 금발을 한 정말 잘생긴 아이였다. 사실 그 애는 내가 만난 아이들 중에서 가장 매력적인 용모를 한 아이 중 한 명으로 꼽을 만했다. 하지만 가장 장애가 심한 아이 중 하나이기도 했다.

알레조가 다음으로 왔다. 4월 초부터 그 병원에 다니기 시작했으니 그 애는 병원으로서도 새로운 환자였다. 프리먼 박사가 담당하고 있는 아이여서 나 개인적으로는 그 애를 전혀 몰랐다. 그 애의 부모는 둘 다 전문직을 가진 부유한 사람들로 결혼한 지 16년이 지날 동안 아이를 갖지 못했다. 마침내 이제는 도저히 자신들의 아이를 가질 수 없다는 게 명백해지자, 그 부부는 제3세계에서 고아를 입양하기로 결정했다. 콜롬비아를 여행할 때 그들은 당시 네 살이던 알레조를 발견했다. 그 애는 몇 명의 시골 수녀들이 운영하는 어느 고아원에 있었다. 하지만 입양이 되어 미국에 건너와 지금의 가족과 같이 살기 시작한 지 이제 3년이 다 되어가는데도, 그 애는 새로운 도시 근교 중산층 환경에 전혀 적응을 못했다. 침착하지 못하고 공격적인 데다가, 영어를 배웠는데도 어쩌다 한두 번 써먹을까, 언제나 말보다 주먹이 먼저 나가는 아이였다. 학교 성적은 골고루 바닥을 헤매고 있어서, 지금은 불우했던 어린 시절이 회복 불능의 뇌 손상을 일으킨 게 아닌지 의심받고 있었다. 알레조는 조그마한 몸집에 두꺼운 검은 테 안경을 끼고 있어서 호감이 안 가는 소년이었다. 남아메리카 인디언 태생이라 얼굴은 납작했고 검은 머리는 제멋대로 뻗쳐서 얼굴 앞까지 흘러내렸다. 그 애는 갑자기 여러 낯선 사람들 사이에 있으려니 수줍은 것 같았다. 제프가 옆으로 다가가 무릎을 꿇고 앉기 전까지는 자기 아버지의 손을 꼭 잡고 놓지 않았다.

알레조에 뒤이어 제시가 왔다. 머리카락을 가닥가닥 가늘게 땋아

내린 조그만 흑인 소녀로 조슈아처럼 자폐증이었다. 하지만 조슈아처럼 심하지는 않아서 이럭저럭 대화는 됐다. 이곳을 학교라고 생각했는지 우리 모두를 지나쳐 탁자로 달려가더니, 의자에 앉아 알파벳 노래를 악을 쓰고 부르면서 두 손으로 쾅쾅 탁자를 두드리기 시작했다.

마지막으로 온 아이는 타마라였다. 지중해 쪽 혈통인 그 애는 기다란 검은 머리에다 정열적인 커다란 검은 눈을 하고 있어서인지, 이상하게도 나는 그 애를 보면 오페라 가수인 마리아 칼라스가 떠올랐다. 이 때문에 여름학교 기간 내내 나는 그 애 이름을 정확하게 부르느라 꽤 애를 먹어야 했다. 이제 여덟 살인 타마라는 그 애 부모가 타마라의 두 팔에 무수히 많은 작은 상처들이 나 있는 것을 처음 알아채고 나서부터 지금까지 2년 넘게 계속 병원에 다니고 있었다. 집중적인 치료에도 불구하고 타마라는 여전히 자해하려는 강박관념에서 벗어나지 못하고 있었다. 그 때문에 그 애는 이 더운 여름날 아침에, 팔다리에 무수히 나 있는 상처와 딱지도 감추고 더 이상 자해도 못하도록 입혀놓은 긴 팔 티셔츠와 운동복 바지 차림으로 왔다.

그날 아침은 이렇게 시작되었다. 모든 첫날이 으레 그렇듯이 약간 혼란스럽긴 했지만, 준비를 잘해둔 덕분인지 그날 오전은 바쁘면서도 순탄하게 흘러갔다. 그래서인지 별 탈도 없었다.

쉴라는 카일리와 친해졌다. 아마 카일리 쪽에서 쉴라를 친구로 삼았을 것이다. 어느 쪽이든 간에 쉴라는 그 애의 활동을 도와주고 화장실에 데려가고 간식 시간에는 맛있는 과자를 골라주기도 하면서 오전 시간의 대부분을 그 작은 소녀와 보냈다. 나는 치료의 연장으로 처음부터 카일리에게 쉴라와 말을 해보도록 시켰는데, 그냥 한두 마디 권했을 뿐인데도 카일리는 내 말을 들었다.

둘이 한 탁자에 앉아 머리를 숙이고 뭔가를 하고 있는 모습을 지켜보며 나는 잘됐다고 생각했다. 쉴라는 잠깐잠깐씩 머리를 들어 카일리를 쳐다보기도 하면서 계속 그 애와 얘기를 나누었다. 7년 전 쉴라도 그렇게 작은 아이였다. 그 애가 세월을 한 바퀴 빙 돌아 그 자리로 돌아온 걸 보고 있노라니 웬지 가슴이 뭉클했다.

사실 거기 서서 거기 모인 사람들을 둘러보면서 나는 그 순간 내가 얼마나 행복해하고 있는지 깨달았다. 그날 아침은 순조롭게 지나갔고 프로그램은 좋은 출발을 보여주었다. 아이들은, 힘은 들었지만 마음에 들었다. 또 제프는 세상에 둘도 없을 만큼 마음에 드는 동료였다. 서로 죽이 잘 맞을 때면 우리 둘은 완전히 한 마음이 되어 일할 수 있었다. 사실 너무나 수월하게 서로의 생각을 자극하고 북돋워주고 구체화시킬 수 있었기 때문에 제프하고 함께라면 무슨 일이든 다 가능할 것 같았다. 미리엄 선생은 이번에 처음 알게 되었지만 대단히 정력적으로 일을 추진해나갔고 제프나 나보다 조직적인 감각이 훨씬 뛰어났다. 덕분에 휴식 시간에 종이컵을 찾는 것 같은 온갖 자잘한 일들도 번거롭지 않게 제대로 착착 해나갈 수 있었다. 거기다가 무엇보다 좋은 건 쉴라가 나와 함께 있으면서 프로그램을 도와준다는 점이었다. 그날은 첫날이니 우리 앞에는 아직도 함께할 수 있는 미래가 통째로 남아 있는 셈이었다. 나는 그 애를 가만히 쳐다보았다. 거기 쉴라가 있었다. 다시 만나고 나서 처음으로 나는 그 사실을 실감할 수 있었다.

07

그날 오전 프로그램이 끝나고 아이들도 모두 집으로 돌아가고 나서 우리 넷은 점심을 먹으러 나갔다. 그 근처에 사는 미리엄 선생이 호숫가에 있는 자연식(自然食) 식당으로 가자고 제안했다. 실내장식이 근사한 그 식당으로 들어간 우리는 두툼한 나무 탁자를 사이에 놓고 둘러앉았다.

우리는 그날 아침에 있었던 일들을 이야기하면서 활동들의 진행 방식을 평가하고 필요에 따라 그것들을 조정할 계획을 세웠다. 쉴라는 그다지 말이 없었다. 쉴라의 이런 태도는 우리가 카일리를 화제로 삼았을 때에도 마찬가지였다. 그 애는 탁자 옆 창문에 매달린 자주달기 씨개비 꽃바구니에 넋이 빠져, 길게 뻗어내려온 덩굴 가지들을 만지작거리고 있었다.

점심을 먹고 난 나는 8킬로미터쯤 떨어진 펜톤 불리바드까지 쉴라를 내 차로 데려다주겠노라고 나섰다. 쉴라가 브로드뷰로 돌아가는 직행버스를 탈 수 있는 곳이었다.

"그래, 어땠어?" 단둘이 차에 있게 되자 내가 물었다.

쉴라는 잠시 말이 없었다.

"저는 선생님 동료가 그다지 마음에 안 들어요. 신경증을 유발하는 퇴행이라는 둥, 그딴 얘기는 다 뭐예요?"

"제프는 프로이트 신봉자야. 그 점을 이해해줘야 해."

"개똥 같은 소리예요. 그 사람은 왜 그냥 쉽게 말을 못 하죠?"

"프로이트의 개념은 적용 범위가 아주 광범위해. 많은 사람들이 이제 더 이상 그의 모든 개념들에 동의하지는 않지만, 인간의 마음이 어떻게 작용하는지 이해하는 데 있어 아직도 큰 도움을 주고 있는 게 사실이야. 또 사람들은 제프를 좋아해. 제프는 그 이론들을 실제로 연구했고 멋지게 적용하고 있거든."

쉴라는 메스껍다는 듯 입술을 삐죽였다.

우리는 잠시 생각에 잠겼고, 그러다가 다시 내가 그 애를 쳐다보며 물었다.

"그래, 제프 말고 다른 것들은 어땠어? 마음에 들어? 카일리하고는 재미있었어?"

"네, 굉장히요. 그런데 걔는 왜 말을 안 해요?" 창밖을 내다보려고 내게서 고개를 돌리며 쉴라가 물었다. "또 제프가 하는 식의 해석 말고요. 항문고착이라는 둥의 원인은 빼고요."

"나도 잘 모르겠어."

"그 애한테 내가 자기만 했을 때, 나도 말을 안 했다는 얘기를 해주었어요."

"무슨 반응이 있디?"

"모르겠어요. 그냥 색칠만 계속했어요." 쉴라가 잠깐 말을 멈추었다가 다시 입을 열었다. "다른 애에 대해서 물어볼 게 있어요. 스페인 이름인 애 말이에요."

"알레조?"

"네. 걘 어디가 잘못됐나요?"

"학교 생활에 전혀 적응을 못해. 늘상 다른 애들과 다투고 싸우는 악동이야. 학교 성적도 아주 나빠. 우리는 그게 심리적인 문제인지 아니면 신경장애 때문인지 알아보고 있는 중이야."

"제프 말로는 그 애가 입양이라고 하던데요."

"응. 콜롬비아에서 왔어."

"그 애 진짜 부모는 어디에 있죠?"

"모르겠어. 아는 사람이 없을 거야. 버려졌던 애거든. 내가 읽은 기록에 의하면 쓰레기통 속에서 사는 그 아이를 누가 발견해서 수녀들이 운영하는 그 고아원에 데려다주었대."

이마를 찡그리며 쉴라가 쳐다보았다. "정말이에요?"

"남아메리카의 일부 도시들에서는 수많은 고아들이 거리를 떠돌고 있다는 건 널리 알려진 사실이야. 어떤 곳에선 아주 심각할 정도래."

"그 애 가족들이 그 앨 쓰레기통에 내버렸나요?"

"아마 잘 데가 없어서 그냥 거기서 잤을 거야. 잘 모르겠어. 보고서가 워낙 엉성했거든. 대여섯 사람은 거친 다음에 작성됐나봐."

쉴라가 다시 아까 이야기를 꺼낸 건 오랫동안 생각에 잠겨 있고 난 다음이었다.

"아까 선생님들이 지금 그 애를 데리고 있는 부모가 그 애를 다시 고향으로 되돌려보내려고 한다는 이야기를 하셨죠?"

"모르겠어. 그런 이야기가 있긴 해. 그 사람들은 나이가 많고 둘 다 전문직인 데다가 아이들을 보살피는 데 아주 서툴거든. 게다가 그 앤 다루기가 워낙 힘드니까."

"그 사람들이 정말 그렇게 할까요? 그대로 콜롬비아로 되돌려보내는 거 말예요. 마치 흠 있는 상품이나 되듯이."

"어쩌면."

그러고는 아무 말이 없었다. 빨간 불에 자주 걸리고 도로 공사를 하는 곳도 있어서 펜톤 불리바드 쪽으로 속도를 높일 수가 없었다. 쉴라는 창문에 머리를 기대고 바깥을 응시했다. 피곤해 보였다. 오늘 오전이 충격적이었나? 아니면 힘에 부쳤던가? 갑자기 쉴라가 안정된 가정에서 생활하는 것으로 내가 착각하고 있다는 생각이 불쑥 떠올랐다. 그 애를 훔쳐보면서 그 애 얼굴을 유심히 살폈다. 맙소사, 저 주황색 머리하고는!

"제 생각에는요…… 뭣 때문에 선생님이 이런 일에 끌리는지 이제 알 것 같아요." 약간 먼 데서 들려오는 듯한 나직한 목소리였다. "선생님은 사람들에게 이런 일이 생긴다는 것을 알기 때문이죠. 또 그런 일들은 너무 불공평해서 선생님이 뭔가를 해야겠다고 느끼게 만들고요. 어쨌든 이게 제 소감이에요." 그 애는 잠시 말을 끊었다. "글쎄요, 한가지 소감이겠죠."

"그럼 다른 소감은 뭐지?"

내가 물었다.

"난 그냥 손으로 눈 가리고 귀 막아서 아무것도 보고 듣지 않았으면 싶어요. 제 말은, 난 세상이 나쁘다는 걸 이미 알고 있다는 거예요. 세상이 사실은 그보다 더 사악하다는 걸 알게 돼도 견딜 수 있을지 자신이 없어요."

✑

첫 번째 '사고'는 그 다음 날 일어났다. 학교와 길을 사이에 두고 건너편에 공원이 있었다. 그 공원은 공들여 만든 곳은 아니었지만, 그네 몇 개와 기어오를 수 있는 커다란 목조 정글짐이 있었고 뛰어놀 넓은 공간이 있었다. 무더운 여름 아침에 그 공원이 특히 시원해 보인 것은 나무들 덕분이었다. 그 공원에는 한 아름도 넘는 줄기에다 사방으로 긴 가지를 늘어뜨린 나무가 열 그루도 넘게 있었다. 그리고 공원 관리부에 유달리 선견지명이 있는 사람이 있었던지, 놀이시설 가장 가까이 있는 나무 세 그루 주위에는 앙증맞은 나무 의자들까지 놓여 있었다.

주스와 과자를 밖에서 먹기로 한 우리는 쉬는 시간 동안 아이들을 그네와 정글짐에서 놀리기로 마음먹었다. 하지만 이곳이 근사하다고 생각한 데이비드와 마이키가 어찌나 마구 뛰어다녔던지, 제프는 애들이 거리로 뛰어들지 못하게 막느라고 이리 뛰고 저리 뛰며 그 애들 뒤를 쫓아다녀야 했다.

제프가 쉬는 시간에 아이들을 건너편 공원으로 데리고 가자고 제안했을 때만 해도 나도 흔쾌히 그러자고 했지만, 막상 데이비드와 마이키가 뛰어가는 걸 본 순간 나는 실수했다는 걸 깨달았다. 아직은 서로를 모르는 상황이었다. 그러나 그때쯤에는 우리는 벌써 길을 건너고 있었다.

아이들은 감탄했지만 어른들은 질색하는 식의 소규모 혼란이 곧바로 일어났다. 조슈아는 그네에 앉아서 자기 자극적인 열광 상태에 빠졌고, 제시는 그냥 풀밭에 서서 팔을 쭉 뻗어 빙글빙글 돌기만 했다. 데이비드와 마이키, 알레조는 순식간에 끔찍히 시끄러운 전쟁놀이에 빠져들어 여기저기 정신없이 뛰어다니며 대형 화기를 발사하는 것 같은 요란한 소리들을 질러댔다. 이 때문에 바이올렛은 상당히 흥분한 듯했다. 이 놀이에 끼고 싶은데도 그 애들 사이에 끼어들 적절한 사회적 기술이 없는 건지, 아니면 진짜로 이런 것들이 그 아이에게 어떤 성적인 자극을 준 건지는 알 수 없었지만, 어쨌든 간에 그 애는 사람들 앞에서 자위 행위를 시작했다. 그 애는 자기 가까이로 뛰어오는 남자애들을 향해 환호성을 지르고 총 쏘는 소리를 내면서 자위 행위에 푹 빠졌다.

말할 것도 없이 쉬는 시간은 순식간에 귀청이 터질 듯한 난장판으로 변했다. 카일리와 타마라만이 이 난리통에 끼지 않았다. 카일리는 미리엄 선생의 손에 꼭 매달린 채 다른 아이들을 걱정스러운 듯 쳐다보고 있었다. 한편 타마라는 그런 난장판에 특별히 놀란 것 같지는 않았지만, 우리와 떨어져 저쪽으로 걸어갔다. 그 애는 자기 몫의 주스가 든 종이컵과 과자를 들고 정글짐 아래쪽에 타이어로 만들어놓은 아늑한 구멍 속으로 들어가버렸다.

15분 뒤, 제프와 나는 아이들을 다시 모으고 있었고 미리엄 선생은 벤치 하나에 앉아 우리가 붙잡은 아이들이 다른 데로 못 가게 잡고 있었다. 쉴라는 아무 도움도 되지 않았다. 시끄러운 소리 때문인지 갑작스럽게 자기 주위에서 벌어진 난리통 때문인지는 모르겠지만, 그 애는 그냥 이 모든 소란 한가운데에서 얼어붙고 말았다. 내가 애나 쟤를 붙잡으라고 소리치면 칠수록, 쉴라는 자기가 서 있는 곳에 뿌리라도 내린 듯 더 완강하게 버티고 서 있을 뿐이었다.

아이들을 쫓아다니면서 한 명 한 명 붙잡아 온 덕분에 이제 남은 건 데이비드와 마이키와 타마라뿐이었다. 내가 데이비드의 뒤를 쫓고 있을 때 제프가 외치는 소리가 들렸다.

"하느님, 맙소사!"

우리 모두가 동작을 멈추고 그쪽을 쳐다보았다. 그는 타이어 있는 곳에서 타마라를 끌어내고 있었는데, 일어서는 그 애의 온몸이 피로 범벅되어 있었다. 우리가 딴 데 정신을 팔고 있는 동안 타마라는 정글 짐에서 떨어질 때 완충 작용을 하도록 깔아놓은, 대팻밥처럼 작은 나뭇조각들 사이에서 주운 날카로운 조각 하나로 턱을 따라 살갗에 기다랗게 그어댈 기회를 포착했던 것이다. 깊은 상처는 아니었지만 피가 끔찍하게 많이 흘러내렸다.

그때 별안간 미리엄 선생이 데리고 있던 아이 가운데 한 명이 찢어지는 듯한 비명을 지르기 시작했다. 직감적으로 바이올렛이라 여기고 몸을 돌렸다. 그러나 아니었다. 알레조였다. 그 애는 타마라의 피를 보자 얼굴을 양손으로 가리고 미친 듯이 비명을 질러댔다. 내가 그 애에게 달려갔지만 그게 오히려 사태를 더 악화시켰다. 알레조는 끊어졌다 이어졌다 소리를 지르며 풀밭을 가로질러 도망쳤다. 그 애는 아름드리 나무들이 있는 곳까지 달아나더니 작은 원숭이처럼 눈 깜짝할 사이에 나뭇가지를 타고 기어올라갔다.

우리 모두는 멍한 얼굴로 그 모습을 바라보고 있었다. 제프가 손수건으로 얼굴을 눌러주고 있던 타마라까지도 깜짝 놀라 그 광경을 쳐다보았다. 알레조는 나뭇가지를 타고 계속 기어올라가 땅에서 족히 15미터는 될 곳까지 올라갔다.

"하느님, 맙소사. 이제 어떡하지?" 제프가 중얼거렸다.

나는 주위를 한번 둘러본 후 다시 나무 위를 쳐다보았다. "알레조? 괜찮니?"

그 애는 이제 더 이상 소리지르지 않았다. 그냥 꼼짝도 않고 가지 위에 서서 우리를 내려다보고만 있었다.

"이제 괜찮아. 별일 아니었어. 타마라는 괜찮아. 타마라 자기가 긁은 것일 뿐이야. 그렇지만 심하지는 않아. 이제 내려오지 않을래?" 내가 소리쳤다.

"알레조? 이제 내려와야지." 이번에는 제프가 말했다.

하지만 그 애는 요동도 하지 않았다.

"내가 올라갈 수 있을까요?" 내가 제프에게 물어보았다.

"말도 안 되는 소리예요, 헤이든."

미리엄 선생도 우리들 옆으로 와 있었다. 그녀는 팔로 카일리를 껴안고 있었다. "소방차를 부르는 건 어떨까요? 이런 일도 해주지 않아요?"

나는 다른 아이들을 둘러보다가 어슬렁거리며 찻길로 걸어가는 조슈아를 제때 발견했다. "아, 저런. 조쉬? 이리로 와, 조쉬." 쫓아 뛰어간 나는 그 애 티셔츠를 낚아채 아이들 있는 곳으로 끌고 왔다. 땅바닥에 앉아 있는 쉴라를 본 건 그때였다. 그 애는 작업용 부츠의 끈을 풀고 있었다.

"제가 데려올게요."

이 말과 함께 쉴라는 누가 막을 새도 없이 나뭇가지들 사이로 뛰어들더니 나무를 타고 올라가기 시작했다.

"아이고, 맙소사. 애들이 둘씩이나 올라가다니. 헤이든, 그냥 올라가게 내버려두면 어떻게 해요?" 제프가 소리쳤다.

"그래도 어쨌든 의사는 가까이 한 명 있잖아요."

그러고는 우리 모두 말없이 쳐다보고만 있었다.

"소송을 당할 게 불 보듯 뻔해요……"

제프가 숨을 죽이고 중얼거리는 소리가 들렸다.

쉴라는 전혀 힘들이지 않고 나무를 올라갔다. 알레조처럼 가지 사이를 숙숙 헤치며 올라가더니 알레조가 서 있는 바로 아래 가지에 도달했다. 쉴라가 알레조에게 말하는 소리가 들렸지만 무슨 말을 하는지는 알 수 없었다.

몇 분이 흘렀다. 그동안 나는 최선의 해결책을 모색하느라 머리를 쥐어짜고 있었는데, 제프 역시 마찬가지였던 건 말할 필요도 없으리라. 소방차를 불러야 하나? 경찰을? 로젠탈 박사나 알레조 부모는? 아니면 내려올 때까지 그냥 기다려야 하나? 다른 아이들은 어떻게 하지? 이제 겨우 열 시 사십오 분이니 프로그램이 끝나려면 앞으로 한 시간 사십오 분은 더 남아 있다. 미리엄 선생과 나는 나머지 애들을 데리고 들어가 아무 일도 없는 척하고 있어야 하나?

그때, 구조를 요청하는 전화를 걸자고 말하려는 바로 그 순간, 쉴라가 내려오는 모습이 보였다. 그리고 얼마 안 돼 알레조도 쉴라를 따라 내려오기 시작했다. 제프와 미리엄 선생과 나는 모두 약속이나 한 듯 하나같이 안도의 한숨을 내쉬었다.

"이야, 넌 영웅이야. 아까는 참 대단했어. 자신을 자랑스럽게 여길 자격이 있어."

마침내 모두가 학교 쪽으로 발걸음을 떼기 시작할 때, 제프가 쉴라에게 말을 건넸다. 그는 팔을 뻗어 쉴라의 어깨에 가볍게 걸쳤다.

"아깐 참 대단했어. 너도 자신이 자랑스럽겠구나."

고개를 끄덕이며 쉴라는 그의 손길을 피하려고 몸을 움츠렸다.

❦

"난 네가 자신을 자랑스럽게 여기길 바래. 네가 한 일은 아주 용기 있는 행동이었어." 점심을 먹고 펜튼 불리바드로 쉴라를 데려다주며 나는 말했다.

"네, 어쩌면요." 그 애는 어깨를 으쓱하더니, 두 손을 목 뒤로 넣어 머리칼을 어깨 위로 들어올렸다. "하지만 그런 건 생각 안 해봤어요."

"거기 올라가서 알레조에게 무슨 말을 했니? 어떻게 해서 내려오게 만든 거야?"

"그 애한테 스페인어로 말했죠. 특별한 말은 안 했어요. 그냥, 있잖 아요, 난 네가 무서워하는 걸 알고 있다. 그리고 내가 내려가게 도와주 겠노라고요. 하지만 스페인어로 말했어요."

내 눈이 커졌다.

"네가 스페인어를 하는 줄은 몰랐는데."

"선생님이 나에 대해 모든 걸 아는 건 아니에요."

"아니지."

"제 말은요, 선생님은 몇 년 동안 저하고 떨어져 있었다는 거예요."

"그래, 네 말이 맞아."

잠시 침묵이 따랐고 쉴라는 얼굴을 돌려 창밖을 내다보았다. 그러 더니 조그만 소리로 중얼거렸다. "이민자 단지에 몇 년을 있었는데 스 페인말을 할 줄 모른다고? 젠장, 내가 이야기할 사람이 한 명도 없었던 것 같은가 보지?"

나는 아무 대꾸도 하지 않았다. 쉴라에게는 내가 기분 좋을 때면 더 잘 드러나는 톡톡 튀는 기류가 흐르고 있었다. 그 애는 나와 같이 있고 싶어하는 만큼이나 나랑 있으면 또 쉽게 짜증이 나는 것 같았다. 사춘기 때라 그러려니 했다. 내게 청소년을 잘 다루는 재능이 있는 것도 아니라서 둘 다에게 도움이 안 되었다. 어쨌든 난 약간 당혹스러웠다.

쉴라도 그걸 느꼈는지 화해를 청하는 듯한 말투로 되돌아왔다. "스페인어로 말하면 그 애 기분을 달래줄 거라고 생각했어요. 말하자면 더 안심시킬 수 있을 거라고요. 그냥 그런 생각이 들었어요."

"좋은 생각이었어. 그런데 걔가 네 말을 알아듣디?"

"난 유창하게 말해요."

"아니, 내 말은, 알레조가 스페인말을 들은 지가 오래됐을 거란 이야기야. 게다가 그때도 사투리였을 텐데."

"그럼요, 그 앤 제 말을 이해했어요. 그러니까 내려왔죠, 안 그래요?"

침묵. 나는 간선도로상에 있는 주간(州間) 교차로 쪽으로 가고 있었다. 대규모 도로 공사 중인 데다가 교통체증도 극심해서 한동안 나는 운전에만 몰두했다. 정체가 풀리고 긴장도 풀리고 나자 나는 우리 사이의 침묵에 귀를 기울였다.

"있잖니, 쉴라야, 나는 네가 나한테 화내고 있다는 느낌을 지울 수가 없어."

"제가요?" 그 애는 무슨 뚱딴지 같은 소리냐는 듯 반문했다.

"내가 어떤 물건이나 사람을 좋아한다고 그러면, 넌 일부러 그걸 싫어한다는 걸 보여주려고 하는 것 같아. 그리고 내가 뭐라고 하면, 내가 틀렸다는 걸 증명하려는 것 같고. 또 네가 말하는 말투도 대체로 그래."

"쳇, 선생님은 그냥 듣고만 있잖아요. 제가 말하는 사소한 것 하나까지도요. 그렇지 않아요? 그러고 나서는 판단을 내리죠."

"일부러 그렇게 하는 건 아니야."

"뭐, 난 선생님이 그렇게 훌륭하다고는 생각하지 않으니까요. 선생님이 쓴 그 책에서 선생님은 자신이 모든 걸 훌륭히 참아내는 것처럼 써놓았죠. 사실은 그렇지도 않으면서 말이에요."

나는 쉴라를 건너다 보았다. "무슨 소리야?"

"선생님은 모든 것에 화를 내고 있어요. 여기 운전자들 모두에게 욕을 하는 것처럼요."

"난 욕하고 있지 않아."

"그러는 거나 마찬가지예요. '아줌마, 어서 지나가요!' '아저씨, 어서 서둘러서 빠져나가라구요' 하는 것도 욕하는 거나 매한가지예요. 아까 차에 탈 때도 내가 손잡이를 붙잡고 있어서 문이 열리지 않는다고 나한테 화를 냈잖아요."

"난 너한테 화내지 않았어."

"냈어요! 진짜 짜증난 목소리로 '그거 놔' 라고 했잖아요. 책에 적어놓은 선생님과는 전혀 딴판이죠. 거기서 선생님은 아주 참을성 많고 자상해요. 책에서는 끝까지 기다리고 짜증스런 말투로 이야기하지도 않죠. 그렇지만 이제 난 선생님의 진짜 모습이 어떤지 알아요. 1분마다 화를 내고 있다는 것도 알고요."

"1분마다는 아니다, 정말로."

"저한테는 그런 거나 마찬가지예요."

"쉴라야, 나도 사람이야. 가끔 화가 날 때도 있고 짜증이 날 때도 있어."

"그건 《한 아이》에 나오는 선생님하고 다르죠."

"다르지, 아마 다를 거야. 그건 책 속의 인물이니까. 사람은 너무 복잡해서 글로 그 사람 전체를 묘사하기는 힘들어. 또 어떤 면에선 너무 지루하기도 하고."

쉴라는 코웃음을 쳤다. "그러니까, 선생님은 지금 그게 선생님이 아니라고 말하는 거네요."

"그 인물은 나의 핵심이겠지. 그렇지만 나는 아니야, 그럼. 나는 나야. 지금 여기 있는."

쉴라는 다시 코웃음을 쳤다. "끝내주네."

08

쉴라를 펜톤 불리바드에 있는 버스 정류장에 내려주고 나서 나는 병원으로 돌아왔다. 차 안에서의 대화는 이미 직감으로 느끼고 있던 것이 사실임을 확인해주어 내 마음을 뒤숭숭하게 만들었다. 그 애는 나한테 화를 내고 있었다. 왜일까? 그 애는 내가 책 속의 인물이길 기대했는데, 곤혹스럽게도 나도 똑같이 인간일 뿐이라서? 하지만 나는 그것만 가지고 그 애가 나한테 그렇게 강한 감정을 품고 있다고는 생각되지 않았다.

내 책상 위의 사무실 벽에는 그 애가 열두 살 때 내게 써 보낸 시가 걸려 있었다. 나는 의자에 앉아 그것을 올려다보았다.

······그때 선생님이 왔습니다.

선생님은 별났습니다.

사람 같지가 않았습니다……

그 애가 내게 바라는 게 무엇이든지 간에 그건 그 애가 지금 얻고 있는 것과는 달랐다.

제프가 문을 열고 우리의 공용 사무실로 들어왔다. 그는 놀이치료를 끝내고 오는 길이었는데 환자랑 씨름을 하다 온 게 뻔했다. 머리가 헝클어지고 한쪽 뺨에는 파란 템페라 물감이 묻어 있었다.

"내 기분처럼 얼굴이 엉망이네요."

그는 책상 위에 메모 수첩을 내려놓으며 툴툴거렸다. "난 절대로 아동 정신과에는 안 갈 겁니다. 정말이에요. 로젠탈 박사 혼자 다 하라고 해요. 난 손가락 물감이 필요 없는 사람들만 상대할 거니까요."

"난 청소년을 좋아하게 될 것 같지 않아요." 나는 이렇게 대꾸했다.

제프의 눈이 휘둥그레졌다. "누가 말썽이죠? 당신의 꼬마 오랑우탄?"

고개를 끄덕이며 나는 아까 차 안에서 쉴라와 나눈 이야기를 전해주었다.

제프에게 쉴라의 과거를 대충 이야기해준 적은 있지만, 그건 어디까지나 쉴라가 예전에 내 학생이었다는 정도의 이야기에 지나지 않았다. 그 애가 내 책의 주인공이라는 사실을 포함해 쉴라에 대한 자세한 이야기는 한 적이 없었다. 책 출판은 시간이 오래 걸리는 일이라,《한 아이》는 앞으로도 몇 달은 더 있어야 나올 예정이었다. 게다가 대중용 논픽션을 쓰는 이런 모험이 전문가 집단 사이에서 어떻게 받아들여질지 조심스러웠기 때문에 지금까지 나는 어느 동료에게도 자세한 이야기를 한 적이 없다. 그런데 이제 나는 제프에게 쉴라의 어두운 과거뿐 아니라 우리의 복잡한 관계까지도 설명하고 있었다.

"후유, 좀 고민스럽겠군요, 헤이든." 내가 말을 끝내자 제프가 말했다.

"그래, 당신 생각은 어때요? 내가 그 애한테 뭘 잘못했을까요? 무심코 뭔가를 건드린 것 같아요."

그가 다정하게 웃었다. "내가 여기서 진짜 문제가 뭐라고 생각하는지 알겠어요? 당신과 쉴라는 둘 다 똑같은 병에 걸려 있다는 거예요. 그 애가 기억하는 거라곤 자신한테 절대로 화를 안 내는 훌륭한 선생님이었는데, 이제 당신이 그냥 평범한 인간일 뿐이라는 걸 깨닫자 당황한 거예요. 그렇지만 헤이든, 당신도 똑같아요. 당신이 기억하는 쉴라도 쉴라가 아니라 책 속의 여섯 살짜리 어린애죠. 그게 지금 그 애에 대한 당신의 행동을 지배하는 거구요."

"그렇지 않아요."

"누구나 다 그래요. 기억이란 건 언제나 경험에 대한 우리의 해석일 뿐이죠. 여기에서 유일한 차이는 다만 대부분의 사람들은 그걸 두고 책을 펴내지는 않는다는 거죠."

❧

"엄마에 대해 얼마나 기억하고 있어?" 다음날 오후 버스역으로 데려다주며 쉴라에게 물었다.

"무슨 뜻이에요?" 쉴라가 눈살을 찌푸렸다.

"그냥 말 그대로야. 엄마에 대해 얼마나 기억하냐고?"

쉴라는 대답하지 않고, 고개를 돌려 창밖을 내다보았다.

나는 침묵에 귀를 기울이며 그 애의 감정이 어떤지 알아내려고 애썼다. 오늘 오전은 꽤 순탄했다. 전날 극적인 사건이 벌어진 뒤라서 그런지 모두들 평온한 상황에 만족하는 눈치였다. 제프와 미리엄과 나는 각자의 일하는 스타일에 익숙해지기 시작해서, 이제는 상대방에게 발목이 걸려 넘어지는 식의 일은 별로 일어나지 않았다. 하지만 쉴라는 여전히 국외자로 남아 있었다. 그 애는 아이들과도, 혹은 우리 어른 셋과도 그다지 어울리지 않았고 쉽사리 참여하려 들지 않았다. 그보다는 오히려 우리 주변을 맴도는 쪽을 더 좋아했다. 마음속으로 나는 그래도 괜찮다고 생각했는데, 이게 그 애에게 특히 익숙한 분야도 아닌 데다가 아직은 초기였기 때문이다. 대체로 그날 오전은 모든 일이 잘 풀려 우리는 기분 좋게 점심을 먹으러 나갔다. 쉴라도 함께였다.

"엄마를 다시 본 적이 있니? 우리가 헤어진 후에 말이야." 내가 물었다.

쉴라는 고개를 흔들었다.

"엄마가 어디 있는지는 알아?"

"아니요." 쉴라가 나지막하게 대답했다.

침묵.

"엄마가 기억이 나긴 하니?"

다시 쉴라는 대답이 없었다. 초침이 똑딱거리며 몇 바퀴나 돌았을까. 내가 그 애를 건너다보았다.

"아니요. 기억 못 해요." 그 애의 목소리는 여전히 차분했다.

"그럼 지미는 기억나니?"

"지미…… ? 남동생 말이에요?" 잠시 말이 없었다. "기억나는 것 같아요. 어쩌면요. 내 머릿속에…… 갈색 머리를 한 누군가의 모습이 떠올라요. 그건 오래전부터 지니고 있던 거예요. 내가 기억을 되살리려고 할 때면요…… 아마 그 애가 지미겠죠."

그 애가 나를 쳐다보았다.

"왜요? 그런데 왜 물어보세요?"

"그냥 궁금해서. 엄마가 보고 싶지 않니?"

쉴라는 놀라서 눈이 동그래졌다. "보고 싶을 게 뭐가 있어요? 난 엄마를 몰라요. 기억조차 안 나는데, 어떻게 보고 싶을 수가 있어요?"

"그냥 궁금해서 물어본 거야."

"궁금한 것도 많네요."

도로 공사를 하는 곳까지 가자 또 차가 막혔다. 쉴라가 전날 다른 운전자들에 대한 내 태도를 지적한 게 의식되어 나는 아무 말도 않고 앉아 있었다.

"엄마를 보고 싶어할 이유 같은 건 전혀 없어요. 엄마는 부모라고 하기엔 비열한 사람이에요. 나한테 모든 걸 해준 사람은 아빠예요." 쉴라의 목소리는 여전히 차분했다.

"그래, 그냥 궁금해서 해본 말이야. 옛날에 우리가 함께 있을 때는 그게 네게 큰 문제였으니까."

"그때 난 어린애에 불과했어요. 여섯 살이었을 때는 그게 중요한 문제였겠죠."

다음 날 우리는 아이들을 세 개의 소집단으로 나누었다. 처음에 그 생각을 한 사람이 가장 손이 많이 가는 아이들인 제시와 조슈아를 맡고, 그리고 나머지 여섯 아이들을 나이에 따라 나눠, 한 사람이 나이가 어린 카일리와 데이비드와 마이키를 맡고, 다른 한 사람이 나이가 많은 알레조와 타마라와 바이올렛을 맡자는 것이었다. 그렇지만 타마라의 행동에 알레조가 극단적인 반응을 보인 뒤라, 지금으로서는 그 둘을 함께 넣는 게 현명하지 않을 것 같았다. 그래서 타마라 대신 데이비드로 바꾸었다.

나는 데이비드와 알레조, 바이올렛 그룹을 맡았는데, 내가 곧잘 '안내받아 그리기'라고 부르는 놀이인, 머릿속에서 잠시 모습을 그려보고 나서 실제로 그림을 그리는 놀이를 할 작정이었다. 나는 이 놀이가 아이들의 감정을 잘 드러낼 수 있으며, 소집단 활동으로 효과가 크다는 것을 알고 있었다. 우리는 탁자 하나에 둘러앉았다. 나는 커다란 도화지 한 장씩을 아이들에게 나누어주고 가느다란 펠트펜에서 두꺼운 펠트펜과 크레용, 색연필, 연필, 색분필 같은 여러 가지 다양한 도구들을 골라 쓸 수 있게 탁자 위에 올려놓았다.

쉴라가 와서 우리와 함께 앉았다. 나는 그 애가 조슈아와 제시를 맡은 미리엄 선생을 도와주길 바랐다. 사실 그 애들 한 명 한 명이 어른 한 사람 몫의 주의를 필요로 했기 때문이다. 그러나 쉴라는 그 아이들과 있는 게 거북한 듯했다. 자기 나름의 속도로 열의를 가져가는 게 더 나을 거라고 느꼈기에, 나는 아무 말도 하지 않고 그 애가 탁자 끝 쪽의 의자를 꺼내도록 내버려두었다.

나는 맞은편에 앉아 있는 세 아이 하나하나를 큰 기대를 걸고 쳐다보았다.

"좋아, 오늘 우리가 뭘 하려는지 아니? 우주로 드라이브하러 갈 거란다."

"이야, 멋지다!" 데이비드가 말했다.

"아니야, 데이비드. 연필 내려놓으렴. 아직 연필은 필요 없어. 대신에 모두들 눈을 감아봐. 감았니? 알레조? 눈 감으라니까. 그래 됐어. 자, 이제 시작한다." 아이들을 격려하려고 나도 눈을 감았다.

"우주선이 보일 때까지 계속 눈을 감고 있어. 보이지? 마음속에 그림을 그려봐. 이건 너희 우주선이야. 너희를 우주로 실어다 줄 우주선이다. 모두들 보이지?"

나는 아이들이 끄덕이는 걸 보려고 아이들을 둘러봤다. "좋아, 이제 가는 거야. 너희는 우주선 안의 자리에 앉아 안전벨트를 묶었다. 우주선에 시동이 걸렸어. 우릉우릉하는 게 느껴져? 그래서 의자가 좀 흔들려."

데이비드는 환상 속으로 깊이 빠져들었다. 상상 속의 우주선이 움직이는 데 따라 그 애의 작은 몸이 흔들리는 게 보였다. 나는 또 탁자 끝 쪽에 앉은 쉴라가 탁자에다 팔꿈치를 붙인 채 내가 보지 못하도록 한 손으로 비스듬히 눈을 가리고 있는 것도 보았다. 그 애는 자기가 이 놀이에 참여하고 있으면서도 한 명의 어린이로 참여하고 있다는 걸 내게 보여주고 싶지 않은 듯했다.

"자, 드디어 이륙했어. 이제 너희는 위로, 위로, 자꾸 위로 올라가고 있어. 파란 하늘이 휙휙 지나가. 이제 하늘이 점점 엷어져. 보이지? 창 밖을 내다보렴. 점점 지구에서 멀어지고 우주로 빨려들어가는 게 느껴지지? 우우웅, 자 이제 너희는 우주로 나왔다."

"너희는 안전벨트를 풀고 일어섰어. 그런데 옥! 이게 웬일이야?"

"무중력 상태가 됐어요." 쉴라가 망설이지 않고 즉각 말했다.

"맞았어. 너희는 이제 무중력 상태에 있어. 둥둥 떠다니고 있어. 기

분이 어때? 좋니? 어디로 가고 있지? 한번 주위를 둘러볼까. 너희가
탄 우주선은 무슨 종류의 우주선이니? 커다란 거니? 작은 거니? 어떤
색들이 칠해져 있지? 우주선 안에 방은 많니? 또 너희는 어디로 가고
있지? 우주선은 어디를 향해 가고 있니? 창밖을 보렴. 뭐가 보이지?
별들? 행성들? 지구가 보이니? 아니면 이미 멀리 와버렸니? 밖에는
뭐가 많이 있니? 아니면 휑— 하니 비어 있니? 바깥에 다른 우주선들
은 없니? 너희 우주선을 다시 둘러보자. 혼자 있니? 아니면 너희랑 같
이 여행하는 다른 사람이 있니? 너희가 좋아하는 사람이야? 너희는 지
금 우주선 안에서 뭘 하고 있지?"

말을 멈추고 아이들을 바라보았다. 모두들 환상 속에 푹 빠져 있었
다.

"좋아, 이제 준비가 되면 눈을 떠도 좋아. 그러고는 너희 우주선을
그려서 선생님께 보여줬으면 좋겠구나."

이런 종류의 놀이를 할 때면 거의 항상 그랬듯이, 아이들은 흥분한
채 상상에서 깨어나 너도 나도 앞다투어 그림 재료들을 집어들었다.

"토리, 난 드라큘라를 봤어요." 바이올렛이 기운차게 말했다. "드라
큘라는 이빨에서 이렇게 굵은 핏방울을 뚝뚝 떨어뜨리고 있었어요."

"무시무시하군." 데이비드가 대꾸하며 펠트펜을 집으려고 바이올렛
을 가로질러 손을 뻗었다.

나는 그로부터 얼마 안 가 바이올렛더러 뭔가를 만들어보라고 할
때마다 십자가를 만들어낸다는 걸 알게 되었는데, 이것은 흡혈귀로부
터 그 애를 안전하게 지켜주는 상징이었다. 이번 경우, 그 애는 커다란
검은 십자가 하나를 그린 다음, 계속해서 그보다 작은 몇 개의 십자가
들과 점처럼 작은 동그란 얼굴들을 그 주위에 그렸다. 하나같이 뾰족

한 이를 하고 낄낄거리고 웃는 모습이었다.

데이비드도 바삐 그림을 그리고 있었다. 그 애는 빨강과 하양 줄무늬를 하고 앞쪽에는 밝은 노랑색 불이 반짝이는 커다란 우주선을 그렸다. 지금은 우주선 둘레를 색색깔의 별들로 둘러싸고 있는 중이었다.

알레조는 재빨리 펠트펜을 집어들긴 했지만, 펜을 잡은 후에는 텅 빈 백지를 앞에 놓고 한참을 머뭇거리고 나서야 천천히 그려가기 시작했다. 그 애의 우주선은 광활하고 시커먼 우주 속의 아주 작은 한 점에 불과했다.

결국은 이 암흑이 문제를 일으켰다. 종이 위에 어둡게 칠해야 할 부분이 너무 많아 그 애가 쓰던 작은 펠트펜으로는 감당하기 힘들다는 게 금방 분명해졌다. 쓰던 펜을 내려놓은 후 쓸 만한 색칠 도구가 뭐가 있나 살펴보던 그 애는 탁자 저 끝 쪽에 놓인 검은색 매직을 발견했다. 그 애는 벌떡 일어서더니 데이비드 옆으로 손을 뻗어 그걸 집으려고 했다. 그러다가 그만 데이비드의 손을 탁 치고 말았다.

"이 병신!" 데이비드는 소리치며 화가 나 손을 마구 휘둘렀다.

눈 깜짝할 사이에 알레조는 데이비드의 셔츠를 움켜쥐었다. 정말 그 일은 너무 순식간에 벌어져서, 나는 그 애가 그러리라고 아직 예상도 못하던 상태였기에, 내가 채 자리에서 일어서기도 전에 알레조가 데이비드를 의자에서 끌어내 바닥으로 넘어뜨린 걸 보고는 소스라치게 놀랐다. 알레조는 데이비드의 머리칼을 움켜쥐고 데이비드의 머리를 리놀륨 바닥에다 쾅쾅 박았다.

내가 서둘러 뛰어갔지만 채 닿기도 전에 알레조는 달아나고 말았다. 알레조는 맹목적인 공포에 사로잡혀 탁자를 돌아 뛰어갔다. 그 학교에서 우리가 고른 방은 일반 교실 두 배는 될 만큼 넓었다. 우리가 그 방을 택했던 것도 그 크기 때문이었다. 하지만 아이들 수가 몇 명 되지 않는 우리한테는 정상 아동들이 쓸 때만큼 많은 수의 책상과 의자가 필요하지 않았다 그래서 우리는 교사용 대형 금속 책상을 한쪽 구석으로 밀어놓은 다음, 다른 탁자들을 모두 포개 그 금속 책상 주변에 쌓아올렸다. 그리고 그 위에 다시 의자들을 쌓아올렸다. 알레조가 달아난 곳이 여기였다. 그 애는 얽혀 있는 탁자 다리 사이를 지나 교사용 책상 밑으로 들어가고 말았다. 덕분에 사실상 그것들 모두를 치우지 않고서는 그 애를 붙잡을 수 없게 되었다.

우선은 데이비드가 걱정스러웠다. 바닥에 심하게 부딪혔던 데이비드는 고래고래 소리를 지르며 울고 있었다. 나는 무릎을 꿇고 앉아 그 애를 달랬다. 제프와 미리엄 선생이 도와주러 달려왔다. 우리는 알레조가 숨어 있는 곳을 바라보며 서 있었다. 그 애도 커다란 검은 눈으로 우리를 살펴보고 있었다.

"어떻게 하죠?" 내가 제프에게 물었다. 거기서 그 애를 끌어내서 '생각의자'에 앉아 있도록 하는 게 적절한 조치인지, 아니면 애가 너무 겁에 질려 있어서 그렇게 하는 게 효과를 보기 힘들지조차 가늠이 안 됐다.

"제가 말해볼까요?"

쉴라였다.

"저번에 했던 것처럼 저 애랑 얘기할 수 있을 거예요. 아마 저기서 나오게 할 수 있을지도 몰라요."

"그래, 좋은 생각인 것 같다." 제프가 말했다. "쉴라, 네가 알레조를 책임져라. 이야기를 잘해서 나오게 만들면, 네가 계속해서 저 애를 따로 맡는 거다."

이 말은 쉴라를 놀라게 만든 것 같았다. "제가 재한테 어떻게 해야 하는데요?"

제프는 걱정 말라는 듯 웃었다. "옳다고 여겨지는 것. 때가 되면 알게 될 거야."

그 때는 오지 않았다. 알레조는 그날 오후 내내 탁자 밑에 있었다.

🐌

차를 타고 펜톤 불리바드의 버스역으로 가는 동안 쉴라는 생각에 푹 빠져 입을 다물고 있었다.

"우주선 활동의 목적이 뭐예요?" 오랫동안 생각에 잠겨 있던 쉴라가 물었다.

"아이들이 스스로 체험해보게 도와주는 거라고 해야겠지. 창의성이라는 게 본래 그런 거니까."

"그럼 그건 그냥 창의성 연습이에요?"

"표현을 통해서. 이 그룹의 아이들 대부분이 자기 내면의 감정을 표현하는 데 어려움을 겪고 있어. 난 이런 종류의 활동이 좋은 출발점이 되는 걸 자주 봐왔거든."

쉴라는 다시 침묵에 잠겼다. 말없이 다시 5, 6분이 지나갔다.

"토리?"

"응?"

"선생님이 그걸 하던 거 생각나요."

"뭘 하던 거?"

"우리 반에서요. 선생님이 우리를 데려갔던 그런 상상여행 중에 하나가 생각나요. 우리는 바다 밑으로 갔죠." 그 애의 얼굴이 갑자기 환해졌다. "우리는 모두들 바닥에 둥그렇게 둘러앉아 있었어요. 무릎을 꿇고요. 난 무릎을 꿇고 있었어요. 선생님은 잡지에 나오는 열대어 사진들을 보여주고 나서, 우리보고 눈을 감으라며 우리는 바다 밑으로 가고 있다고 말했어요. 물고기를 보러 바다 밑으로요. 그리고 전 이런 물고기들이 내 주위에서 헤엄치던 것도 기억이 나요. 노란색 줄무늬와 터키색, 그야말로 온갖 색깔이 다 있었어요." 쉴라는 웃고 있었다.

나도 따라 웃으며 고개를 끄덕였다.

"갑자기 그게 기억이 났어요. 아주 선명하게요. 방금 일어난 일처럼. 저기 바닥에 둥그렇게 둘러앉아 있는 우리가 보여요. 선생님 뒤에 있는 칠판도 보이고요."

"그래, 우린 그 활동을 참 많이 했었지. 다들 좋아하는 활동이었어."

쉴라는 이제 활짝 웃었다. "이제서야 그게 기억이 나요. 진짜로 기억이 나요."

09

알레조는 우리가 함께 하기에 너무 위험한 집단이라고 느낀 게 확실했다. 다음 날 학교에 도착했을 때 그 애는 택시 안에서 나오려 들지를 않았다. 제프가 밖으로 나가 학교 안으로 들어오도록 달랬지만 그 애는 들은 척도 하지 않았다. 알레조는 택시 뒷좌석의 좁은 바닥에 웅크리고 앉아 있었다. 자신의 환자가 그렇게 격렬하게 자기를 거부하는 상황에 익숙하지 않은 제프는 알레조를 다시 집으로 돌려보내려고 했다. 그는 알레조가 이 문제를 풀어나가려면 시간이 더 필요하고, 그 애의 보조에 맞추어 진행해야 긍정적인 치료 효과가 있을 거라고 생각했다. 나는 제프의 그런 생각에 반대했다. 알레조가 지금 집에 간다면 다시는 돌아오지 않을 거라고 느꼈던 것이다. 앞으로 계속 양부모와 살 수 있을지 여부가 그 애가 이번 여름 코스 동안 적절한 행동 방식을 배우는가에 달렸다고 느끼고 있던 나로서는 그런 사치스런 치료 방법이 우리에게 허용될 수 있을지 의심스러웠다. 그래서 제프의 염려와 알레조의 요란한 저항에도 불구하고 나는 그 애를 택시 뒷자리에서 끌어내 교실 안으로 데리고 들어왔다.

그 애는 진짜 악동이었다. 내가 물리적인 힘으로 다뤄야 할 때 대부분의 아이들은 합리적으로 예상 가능한 '정당한' 방식으로 저항하기 때문에, 나는 서로 다치지 않게 하면서 애들을 붙잡아 데려갈 수 있었다. 간혹 우연찮게 정강이를 걷어채이기도 하지만, 그 정도가 전부였다. 하지만 알레조는 전혀 그렇지 않았다. 싸울 때는 사생결단이라도 낼 듯이 맹렬해서, 어찌나 격렬하게 물고 할퀴고 발버둥을 쳐대는지 붙잡고 있기가 거의 불가능했다.

제프와 미리엄 선생이 그 녀석을 계단으로 해서 학교 안으로 끌고 들어가려는 나를 도와주려고 애썼지만, 자기를 붙잡는 손이 늘어날 때마다 알레조의 저항은 훨씬 더 심해졌다. 결국 나는 두 사람더러 그냥 놔두고 우리가 교실 안으로 들어가기 전에 실수로 애를 놓칠 경우를 대비해서 도망갈 구멍이나 확실히 지켜달라고 부탁했다.

나는 교실 문에 들어서자마자 알레조를 놔주었다. 그랬더니 그 애는 전날의 구원처였던 바로 그 구석 쪽으로 번개같이 달아났다. 그 애는 납작 엎드리더니 순식간에 겹겹이 쌓아놓은 의자와 탁자 사이를 지나 교사용 책상 밑으로 들어가고 말았다.

"아이구, 잘한다." 제프가 투덜거리며 나를 쳐다보았다. "이런 일에 전문가잖아요? 이제 어떻게 하죠?"

내가 처음으로 장애가 심한 아이와 만나던 때의 일이 머리에 떠올랐다. 당시 열여덟 살이던 나는 취학 전 아동을 대상으로 한 프로그램에서 자원봉사를 하고 있었다. 그 당시 날이면 날마다 온종일 피아노 밑에 숨어서 지내던 조그만 여자아이가 있었다. 그 프로그램을 이끈 사람은 그 후 오랫동안 나의 정신적 지주가 된, 대단히 혁신적이고 놀라운 인물이었다. 그는 그때 지금과 똑같은 과제를 나에게 맡겼다. 그 애와 같이 시간을 보내면서 거기서 나오게 만들라는 것이었다. 어떻게 하라거나 뭘 하라는 등의 이야기는 한마디도 하지 않고, 그냥 이 일은 내 과제이고 자신은 나를 믿는다는 말만 했다. 그는 내가 어떻게 하는 쪽을 선택하든지 간에 그 아이의 인생을 지금보다는 낫게 만들 거라고 했다. 그에 뒤이은 몇 개월의 경험이 내 인생을 돌이킬 수 없게 바꿨다는 걸 그가 알았는지 어쨌는지는 알 수 없지만, 특수교육 분야에서 쌓은 내 모든 경력은 거슬러 올라가다 보면 결국 그 작은 소녀와 만나곤 했다.

이 만남에서 내게 지워지지 않는 흔적을 남긴 것은 그 선생의 믿음이었다. 다소 뻣뻣하고 자의식 강한 십대였던 나를 놓고, 스스로 생각할 능력이 있고 해야 할 일과 그러기 위해서 필요한 일이 무엇인지 판별할 능력이 있다고 믿어주었던 것이다. 나는 쉴라를 바라보며 나 자신이 그 애에게 같은 선물을 무척 주고 싶어한다는 걸 깨달았다.

내가 쉴라에게 말했다. "넌 쟤랑 있어라."

그 애는 못마땅한 듯했다. "그리곤 뭘 하죠?"

"저 앤 심하게 놀란 게 틀림없어. 쟤한테 말을 붙여봐. 나오고 싶어하면 아주 좋고. 하지만 그렇지 않으면 그냥 네 판단대로 해."

한참 동안 쉴라는 나를 바라보았다. 그 애의 표정은 당황과 불확실 사이를 오가고 있었다. 그러더니 바리케이드 뒤편의 알레조를 건너다보았다.

"네가 우리 반에 처음 왔을 때 어떤 기분이었는지 기억나니? 쟤를 그 당시의 너로 생각하고 말을 붙여봐."

"기억이 안 나요. 그러니 그렇게 할 수 있을 것 같지 않아요."

"난 네가 할 수 있다고 믿어."

결국 쉴라는 의자와 탁자 다리들이 뒤엉켜 있는 아래쪽을 잘 볼 수 있게 배를 깔고 바닥에 엎드린 채, 그날 오전 내내 부드러운 목소리로 알레조에게 스페인어로 말을 걸었다. 스페인어를 잘 모르는 나로서는 쉴라가 무슨 말을 하는지 거의 알아들을 수 없었지만, 그 애의 목소리는 갈수록 상냥하면서 격려하는 투로 바뀌어갔다.

알레조는 나오지 않았다. 알레조는 금속 다리로 된 자신의 안전한 바리케이드 뒤에서 몸을 웅크린 채 쉴라의 유혹에 저항했다. 사실 나는 그 애가 그 첫날 쉴라에게 말을 했다는 사실조차 믿지 않고 있었다. 그러나 끈덕지기는 쉴라도 마찬가지였다. 그 애는 두 번 정도 일어나서 내게로 와 그날 아침 내가 맡았던 아이들과 함께 놀아주었지만, 언제나 다시 알레조의 굴 옆 바닥으로 돌아가 엎드리곤 했다. 나는 쉴라의 집중력에 감탄했다. 우리 팀이 그 애를 완전히 몰두하도록 만든 건 그때가 처음이었을 것이다.

※

다음 2주 동안에도 알레조는 계속 탁자 다리 사이에서 피난처를 구했다. 아침마다 학교에 도착한 그 애를 택시에서 끌어내면, 그 애는 교실을 총알같이 가로질러 탁자 밑에 숨었다. 그러고는 점심 시간이 되어 집에 보내려고 다시 빼낼 때까지 그곳에 들어가 있었다. 제프와 나는 그 애를 교실 안으로 데려왔을 때 은신처로 도망가지 못하게 계속 붙잡고 있는 게 더 낫지 않을까 논의해봤지만, 결국 이런 식의 안정감이라도 허용하는 게 아마 더 나을 것이라고 판단했다. 그래서 날마다 똑같은 일이 벌어지게 되었다.

쉴라는 알레조를 설득해 밖으로 나오게 만드는 장기적인 과제를 자신의 것으로 받아들였다. 쉴라는 날마다 배를 깔고 바닥에 엎드려 알레조에게 말을 걸었다. 때로는 스페인어로, 때로는 영어로. 그 애는 이런 일방적인 대화를 놀라울 정도로 잘 끌어나갔다. 나는 한 번도 쉴라가 특별히 말을 많이 한다거나 수다스럽다고 생각한 적이 없다. 게다가 그 애가 그런 상황에 그런 식으로 달라붙으리라고 기대한 적도 없었다. 하지만 쉴라는 그렇게 했다. 알레조가 좋아할 것 같은 음식이며 운동이며 놀이들이며, 여기 오지 않을 때 하는 일들, 동물이나 학과목이나 그 밖의 많은 분야들에서 마음에 들어할 것 같은 것들에 대해서 온갖 질문들을 다 퍼부으며 유쾌한 수다를 끌어나갔다.

이따금 알레조는 말을 많이는 안 해도 이야기에 끌려들어 대답을 했다. 그 애는 스페인어로 말하는 쉴라의 노력에 고마워하는 듯했고, 그런 때 우리는 종종 그 애가 중얼거리며 쉴라에게 대꾸하는 소리를 듣곤 했다. 그들은 그렇게 하루 세 시간 반씩, 주 5일의 시간을 보냈다.

⁂

알레조와 교실 바닥을 함께 나누어 쓰면서 쉴라는 그 애의 환경에 강한 관심을 보였다. 알레조의 친부모에 관해서는 알려진 게 전혀 없었다. 심지어 그들의 이름이나 그중 누군가의 생존 여부조차 알 수 없었다. 쉴라는 알아낼 가망이 없는지 몇 번이나 캐물었다. 나는 그것이

비현실적인 데다가 거의 완전히 불가능하다는 사실을 납득시키려고 애썼으나, 쉴라의 호기심은 풀리지 않고 남아 있었다.

특히 쉴라는 쓰레기통 속에 살던 알레조가 발견된 경위를 놓고 많은 이야기를 했다. 그 애가 얼마나 춥고 배고팠을까에서부터 그런 극한 상황에서 어린아이가 생존하기 위해 사용할 수 있는 전술이 어떤 것이었을까에 이르기까지 온갖 것들을 다 심각하게 생각해보곤 했다. 물론 나로서는 쉴라가 무의식적으로라도 이것을 자신이 버려진 일과 연관시키고 있는 게 아닌지 의심스러웠다. 나는, 엄마가 자기와 남동생 지미를 데리고 집을 나와서는 간선도로에 차를 세운 다음 자기를 길가로 끌어내고 어둠 속으로 사라져버린 후로는 한 번도 나타나지 않은 그 사건을 여섯 살밖에 안 된 그 애가 얼마나 많이 곱씹어보곤 했는지 지금도 기억하고 있다. 이제 알레조의 유기(遺棄)를 놓고 온갖 이야기를 해대는 쉴라를 보고 있노라니 오래전의 그 대화들이 내 마음속에서 다시 한 번 메아리쳤다.

심리적으로는 무슨 일이 일어나고 있든 간에 쉴라는 갈수록 더 알레조에게 빠져들었다. 그 애는 알레조에게 다가가 자기를 믿을 만한 사람으로 받아들이게 만들려고 필사적이었다. 그 애가 자신이 맡은 과업에 그토록 철저히 빠져든 것은 바로 이런 바람 때문이었다.

그러나 쉴라가 자기 일에서 보여주는 이 새로운 열의에도 불구하고 우리 사이에는 여전히 위태로운 순간들이 존재했다. 가장 위험스런 영역 가운데 하나가 그 애의 외모였다.

그 애가 어린아이일 때 알았던 나로서는 지금의 쉴라가 내가 기대했던 모습과는 전혀 다르다는 걸 인정해야 했다. 그 애는 참 예쁜 아이였다. 우리 반에 들어와서 초기에 꼬질꼬질하게 더러웠을 때조차도 그랬다. 벌꿀같이 짙은 금발인 그 애의 긴 머리는 곧게 쭉 뻗어 찰랑거렸고, 들어올리기라도 할라치면 액체가 흐르는 것처럼 부드럽게 손가락 사이에서 흘러내렸다. 턱에 보조개가 살짝 들어간 얼굴은 윤곽이 또렷했고 그중에서도 특히 입이 매력적이었다.

턱과 입의 뚜렷한 윤곽은 물론 아직 그대로였다. 하지만 그것들은 현란한 색깔로 염색한 파마머리로 퇴색되었고, 다른 모든 것들도 쉴라의 요란한 의상 때문에 빛이 바래고 말았다. 어디서 그런 패션 감각을 익혔는지 그저 짐작만 할 수 있을 뿐이었다. 그건 유행과도 한참 거리가 먼 패션이었다.

우리는 여름학교 기간 내내 기다란 흰 내의 같은 옷과 잡다한 드레스들과 티셔츠를 포함해 온갖 괴상한 옷들의 다양한 조합들을 감상해야 했다. 사실 그 애가 좋아한 의상 중의 하나는 그 긴 속내의 바지 위에 농부옷같이 헐렁한 셔츠만 걸치는 것이었는데, 그건 마치 탈의실에서 옷을 갈아입다 튀어나온, 영화 〈지붕 위의 바이올린〉에서의 엑스트라처럼 보였다. 또한 레이스가 달린 하얀 빅토리아풍의 잠옷처럼 보이는 조합들도 있었다. 그 애는 이것들을 치마로 입었는데 그럴 때는 보통 요란스럽거나 저속한 색깔의 긴팔 줄무늬 티셔츠 위에다 껴입었다. 그리고 이 모든 것의 마무리로는 항상 투박한 검정 부츠가 따라왔다.

그 애는 귀도 뚫었는데, 왼쪽에 다섯 군데 오른쪽에 두 군데였다. 하지만 천만다행으로 깡마른 몸의 다른 부위는 이런 처치를 안 받은 것 같았다. 그냥 가느다란 금 귀고리들이었지만 일곱 개나 되는 그 양이 그것의 단순함을 보상하고도 남았다.

익숙해지는 데 시간이 좀 걸렸던 건 인정하지만, 나는 그다지 괘념하진 않았다. 사실 차츰 익숙해져감에 따라 그중 일부는 좀 별나기는 해도 매력적인 면도 있다고 느꼈다. 그 애에게는 옷을 보는 확실한 안목이 있었고, 더욱이 그런 옷을 소화할 수 있는 호리호리하고 방랑자 같은 체형이 있었다. 제프와 내가 유행의 첨단이라고 보는 수준보다 훨씬 더한 사람들 속에 그 애가 있었더라면 아마 그 애의 상상력이 높이 평가받지 않았을까 싶다.

하지만 쉴라의 아버지는 그 애의 패션 감각에 대해 전혀 감탄하는 것 같지 않았는데, 내가 아는 것만으로도 그 문제로 둘 사이에서 말다툼이 벌어진 게 여러 번이었다. 또 쉴라의 학교라고 해서 유달리 진보적인 관점을 가진 것도 아니었기에, 옷을 갈아입으라고 집에 돌려보낸 경우도 한두 번이 아니었던 것 같았다. 이런 경험들이 그 문제에 대한 쉴라의 민감함을 설명해줄 수 있을 것이다. 왜냐하면 프로그램에 참여한 첫날부터 자기는 이런 옷들을 입을 작정이며, 평소 자기 모습대로 보이고 싶다는 것, 그리고 누구도 자신이 별나 보인다는 은근한 암시를 하지 말았으면 좋겠다는 점을 확실히 표명했기 때문이다.

제프는 항상 이 문제에 휘말려 들었다. 그는 주황색 머리와 둘쨋날 나무를 올라간 위업 때문에 오랑우탄이라는 별명을 쉴라에게 붙였는데, 문제는 제프가 이 말을 입 밖에 내기만 하면 그때마다 어김없이 쉴라의 고함 소리가 터져나오곤 한다는 것이었다.

더 안 좋은 것은 제프가 촌평을 달지 않고는 견디지 못하는 성격이라는 데 있었다. 그는 "널 위해서 에어컨을 좀 줄여야겠어. 그래야 옷위에다 잠옷까지 걸치고 나타나는 일이 없지"라거나 "할아버지가 아직 내복 안 찾으시나 보지?" 하는 따위의 우스갯소리를 했다.

제프가 가볍게 우스갯소리로 하는 이런 촌평에 쉴라는 들고양이 새끼처럼 사납게 으르렁거리며 반응했다. 그래서 나는 이러한 격분이 진심이란 걸 확실히 알 수 있었다. 어쨌든 이렇게 강한 두 개성을 맺어주고 싶었던 내 희망은 이미 흔적도 없이 사라진 지 오래였다. 쉴라는 제프에게 거의 증오심까지 느끼는 눈치였고, 제프는 이런 사태를 개선시키는 데 별 도움이 되지 못했다. 나는 되는 대로 튀어나오는 그의 입을 좀 단속해보려 했지만, 도무지 효과가 없었다. 그는 쉴라를 자극하는 걸 재미있어했다.

일단 적응이 되자 쉴라의 외양을 놓고 나 자신의 입을 단속하는 건 그렇게 어렵지 않았다. 나는 웬만해서는 충격을 잘 받지 않는 데다 원하지 않는 감각 정보들은 아주 쉽게 걸러내는 편이라서, 그 문제를 놓고 그 애와 제프 사이를 중재해야 하는 경우를 제외하고는 대체로 잘 피해가는 편이었다. 그게 차라리 나았던 게 어쩌다가 내가 말려들기라도 하는 날엔 쉴라가 총공세를 펴며 퍼부어댔기 때문이다. 사실 쉴라의 외양에는 도발적인 측면이 있어서 내가 거기에 반응하지 않았던 게 오히려 그 애가 이따금 내 의견을 따르도록 만든 게 아닐까란 생각이 든다.

그러던 중 한번은 우리가 수업을 끝내고 교실 뒤편에 있을 때였다. 아이들 몇이 그림을 그려서, 쉴라는 내가 물감통 씻는 걸 도와주고 있었다. 쉴라의 팔은 비눗물로 가득 찬 개수대 속에 거의 팔꿈치까지 잠겨 있었다.

"제 머리, 뒤로 좀 젖혀주시겠어요?" 내가 물감통을 더 챙겨서 옆으로 다가섰을 때 쉴라가 부탁했다. "제 왼쪽 주머니에 머리 묶는 큰 핀이 있어요. 머리를 그냥 뒤로 해서 좀 묶어주세요."

나는 그 애 주머니를 뒤져 핀을 꺼낸 다음 잡아맬 수 있게 머리를 가지런히 고르기 시작했다. 당장에 그 애가 어렸을 때 머리를 묶어주던 기억들이 떠올랐다. 워낙 비단결처럼 곧게 뻗어내린 부드러운 머리여서 아침마다 수업 전에 그 애의 머리를 빗겨주면 언제나 즐거운 기분을 느끼곤 했다. 하지만 지금 내가 느끼는 감촉은 그때와 상당히 달랐다. 파마와 염색 때문에 마치 곱슬거리는 실뭉치 같다고나 할까.

"이번 주말에는 머리를 노랗게 물들일까 생각 중이에요. 가게에서 염색약을 샀는데 겨우 2달러 99센트밖에 안 했어요." 쉴라가 말했다.

"머리를 예전처럼 할 생각은 없니?"

눈 깜짝할 사이에 쉴라가 몸을 휙 돌리더니 내 손을 홱 뿌리쳤다. 비눗물이 사방으로 튀었다.

"그만둬요! 그냥 놔두란 말예요!"

그 애가 발끈해서 소리치는 바람에 나는 소스라쳐 뒤로 물러섰다.

"그게 선생님이 바라는 거죠, 그렇죠? 나를 맘대로 조종하는 거요! 나를 선생님의 옛날 귀염둥이로 돌아가게 만드는 거요. 하지만 난 그 애가 아녜요. 난 나란 말예요! 그리고 선생님은 이젠 더 이상 나보고 이래라저래라 할 수 없어요."

워낙 갑작스럽고 심하게 화를 냈기 때문에 나는 아무 말도 하지 못하고 멍청히 서 있었다. 같이 교실 안에 있던 제프와 미리엄 선생도 하던 일을 멈추고 우리를 빤히 쳐다보았다.

"난 더 이상 선생님 물건이 아니에요. 선생님 게 아니란 말이에요. 선생님이 날 만든 건 아니라구요!"

10

다음 주 월요일 아침, 나는 데이비드와 타마라, 바이올렛과 함께 '빈 의자' 놀이를 하고 있었다. 저명한 정신과 의사인 고(故) 프리츠 펄스(Fritz Perls) 박사가 개발한 심리 치료법의 변형으로, 가운데다 빈 의자를 놓고 둘러앉아 그 의자에 누가 앉아 있기라도 한 것처럼 의자에 대고 말을 하는 활동이었다. 우리는 화난 느낌과 슬픈 느낌이 어떤 건지, 또 때때로 그 두 가지가 어떻게 뒤섞이는지에 대해 얘기하던 중이었다. 나는 아이들에게, 어떤 사람이 자기에게 그런 느낌이 들도록 만들었던 경우를 떠올려보고, 그 사람이 저 빈 의자에 앉아 있다고 생각하면서 그 사람에게 한번 자신의 감정을 차례로 이야기해보라고 했다. 부드럽게 진행되기까지는 시간이 걸렸다. 나는 예를 하나 들어주었다. 내 고양이를 싫어하는 이웃 사람을 그 의자에 앉힌 다음, 그 빈 의자를 향해 그가 내 고양이를 괴롭히는 걸 보았을 때 내가 얼마나 화가 났는지 말했다. 그러고는 아이들이 차례로 이야기를 했다. 비로소 모두가 제대로 그 활동에 몰입하기 시작한 것은 이야기가 두 바퀴째를 돌 때가 되어서였다.

타마라의 두 번째 차례가 왔다.

"난 저 의자에 우리 엄마를 앉힐래요."

"좋아. 자, 그럼 엄마한테 무슨 이야길 하고 싶니?"

"난 아기가 지긋지긋해요."

"잘했다."

타마라가 나를 쳐다보았다. "난 엄마한테 더 이상 아기를 돌보고 싶지 않다고 말할래요. 엄마는 왜 혼자서 돌보지도 못할 만큼 애들을 그렇게 많이 낳았을까요?"

"엄마한테 그렇게 말할 수 있겠니? 바로 저기에 엄마가 앉아 있다고 생각하고 네가 느끼는 것을 말해보렴."

타마라가 의자로 얼굴을 돌려 말했다. "난 더 이상 아기를 돌봐주고 싶지 않아요. 아기한테 질렸어요. 걘 내가 낳은 애가 아니에요. 내가 큰 애라고 그러는 건 불공평해요. 왜 내가 애를 돌봐줘야 해요?" 그 애는 눈물을 주루룩 흘리며 말을 잇지 못했다. "애를 돌보기엔 난 너무 어리거든요." 그 애가 나를 쳐다보며 말했다.

나는 다시 의자를 가리켰다. "네가 그렇게 느낀다고 왜 엄마한테 말하지 않니? 그렇게 큰 책임을 지기에는 네가 너무 작은 것 같다고."

타마라는 눈물을 글썽거리며 고개를 주억거렸다. "난 그냥 어린애예요, 엄마. 난 엄마의 손길이 필요해요."

그 애는 자리에 앉았고, 모두가 오랫동안 깊은 생각에 잠겨 아무 말도 하지 않았다.

그런 다음 내가 부드럽게 말했다. "좋아, 바이올렛? 네가 해볼래?"

바이올렛은 마지못해 천천히 일어섰다. 그 애는 의자로 다가가 그 것을 곰곰이 쳐다보면서 그 둘레를 돌았다. 그 애는 처음 한 바퀴째일 때 자신의 학교 친구를 그 의자에다 앉혔다. 바이올렛은 나한테는 왜 그 친구가 자기한테 그렇게 심술궂게 대하는지 물어보고 싶다고 말해 놓고는, 막상 그 친구가 의자에 앉아 있다고 생각하고 거기다 하고 싶 은 말을 하라고 다시 방향을 정해주자, 유령들 이야기로 수다를 떠는 걸로 끝내버리고 말았다. 나는 두 번째의 시도에서도 그리 큰 기대를 걸지 않았다. 바이올렛이 가진 문제들은 워낙 복잡하게 퍼져 있어서 그런 직접적인 접근을 감당할 수 있을 것 같지 않았다.

"알레조를 의자에 앉힐래요."

바이올렛의 말에 나는 깜짝 놀랐다. 알레조는 멀리 있지 않았다. 쉴 라가 바닥에 엎드려 그 애와 얘기하곤 하는 곳에서 불과 1, 2미터도 떨 어져 있지 않은 곳에 아이들이 원을 그리며 앉아 있었던 것이다. 그렇 지만 빈 의자 활동을 하는 동안에는 쉴라도 우리 얘기에 정신이 팔려, 이때쯤에는 원 한쪽 귀퉁이에 책상다리를 하고 앉아 있던 상태였다. 알레조 이름이 나오자 쉴라는 뒤엉킨 책상들 밑의 그 애를 보려고 고 개를 약간 숙였다.

"아주 좋아. 알레조한테 뭐라고 말하고 싶어?"

"알레조, 왜 넌 우리한테 오지 않아?" 바이올렛이 의자로 다가가며 말했다. 그 애는 고개를 치켜올리며 마치 진짜로 알레조를 보고 있기 라도 하듯 의자를 뚫어지게 쳐다보았다.

"왜 넌 우리를 피해 계속 숨어 있어? 여긴 무서운 게 없어. 난 네가 없어서 섭섭해. 네가 거기서 나왔으면 좋겠어." 바이올렛이 의자를 빙 돌아 의자 왼편에 섰다. "난 네가 숨어버릴 때마다 화가 나. 네가 날 싫어하는 것 같아서 말이야. 난 너와 친구가 되고 싶기 때문에 슬퍼. 왜 나오지 않니? 네가 우리랑 있으면 좋겠어."

"잘했다."

쉴라의 이 말에 우리 모두는 고개를 돌려 탁자 무더기 옆에 서 있는 알레조를 보았다.

"나왔어요!"

데이비드가 워낙 새된 목소리로 고함을 지르는 바람에 나는 알레조가 도로 탁자 밑으로 들어가버릴 거라고 생각했는데, 그러진 않았다.

"우리한테 올래?" 나는 알레조에게 물으면서 옆에 있던 탁자에서 의자 하나를 끄집어내 그것을 우리가 만든 원 안으로 끌어당겼다.

하지만 알레조는 그 자리에 그냥 그대로 서 있었다.

"너도 같이 하고 싶니? 빈 의자에 누구를 앉히고 말해볼래?"

내가 물었지만, 그 애는 고개를 흔들었다.

여전히 바닥에 책상다리를 하고 앉던 쉴라가 손을 내밀었다. "이리 와, 알레조. 내 옆에 앉아."

그 애는 망설이지 않고 쉴라에게로 가 그 옆에 앉았다.

"이제 좀 다르게 해보자. 여태까지는 너희들이 빈 의자에다 대고 이야기를 했잖니. 이제는 빈 의자가 대답을 할 수 있다고 해보는 거야. 타마라, 방금 빈 의자에 앉아 있는 엄마한테 말을 했었지. 이번에는 네가 빈 의자에 가 앉으렴."

주저하면서 일어난 타마라는 앞으로 걸어나가 가운데 놓인 빈 의자에 가 앉았다.

"이젠 네가 너희 엄마가 되었단다. 엄마인 너는 방금 타마라가 한 말을 들었어. 그 애한테 대답해주렴."

타마라는 오랫동안 말없이 앉아 있더니, 드디어 나지막하게 말을 꺼냈다. "너한테 그렇게 힘든 일을 시킬 생각은 아니었어. 그냥 아이가 너무 많다 보니 그런 거야." 그 애는 잠시 머뭇거렸다. "결혼하지 마. 타마라. 아기를 낳지 마." 그러고는 일어나 자기 자리로 되돌아갔다.

"이제 내 차례야. 난 알레조가 됐어."

알레조를 향해 밝게 웃고 난 바이올렛이 빈 의자로 다가가 앉았다. "바이올렛, 네가 나보고 나오라고 말해줘서 기뻐. 저 밑에 있는 게 싫증이 났거든. 넌 나한테 잘해줬어. 이제 네 친구가 될게."

나는 바이올렛에게 웃어 보인 후 알레조를 돌아봤다. "바이올렛이 말야, 네가 밖으로 나와 다시 우리랑 같이 있었으면 좋겠다고 말했을 때, 그때 네 기분이 어땠는지 우리한테 말해줄 수 있겠니?"

"좋았어요." 알레조가 말했다.

🐌

쉴라와 난 여느 때와 달리 제프와 미리엄 선생과 함께 점심을 먹지 않았다. 나는 오후 이른 시간에 학교 바로 근처에서 보호자 모임 약속이 있었던 터라 길 건너편 공원에서 점심을 해결할 작정으로 도시락을 가져왔다. 평상시처럼 펜톤 불리바드로 데려다줄 수 없었기에 쉴라는 두 블록 떨어진 큰 길에서 차를 좀 복잡하게 갈아타고 가야 했다. 그 애는 그날 오전 프로그램이 끝나자 바로 나갔기 때문에 나는 쉴라가 버스 정류장으로 간 줄 알았다.

그런데 그 애가 손에 맥도날드 봉지를 들고 다시 돌아왔다. 그러고는 공원 벤치에 앉아 있던 내 옆에 와서 앉았다.

"끝나자마자 곧바로 집에 가야 하는 건 아니니까요. 어차피 집에 가 봐야 아무도 없는데요, 뭐."

"같이 먹을 사람이 있는 건 언제나 좋은 일이지."

나는 샌드위치를 우리 사이에 펼쳐놓았고, 우리는 잠시 먹는 데 열중했다.

"집에 가면 오후에 대개 뭘 하니?"

쉴라는 어깨를 으쓱했다. "경우에 따라 다르죠."

"친구들과 어울리니?"

먹던 걸 멈추고 잠시 머뭇거리던 그 애가 다시 어깨를 으쓱했다.

"대개는 안 그래요."

"네가 친구들 얘기하는 걸 별로 못 들어봤구나."

"그렇다고 친구가 없다는 뜻은 아니에요. 그런 뜻에서 물어보는 거라면요."

약간 조심스런 투로 말하고 난 쉴라는 햄버거를 한 입 베어먹었다.

"그냥 친구들이랑 많이 어울리지 않을 뿐이에요. 그게 다예요. 우리 학교는 꽉 막힌 곳이에요. 정말 아무도 사귀고 싶은 애가 없어요. 선생님이 사실을 알고 싶으시다면요."

"그럼 뭐 하니?"

"아까 말한 대로 경우에 따라 다르죠. 알다시피 항상 집안일이 있거든요. 우리 아빠 집안일이라곤 전혀 안 해요. 사실 아빠한테 맡겨뒀다가는 우린 진짜 돼지우리에서 살게 될 거예요. 또 시장도 봐야죠. 밥도 해야 하고. 우리한테 밥 해줄 사람이 누가 있어요?"

나는 고개를 끄덕였다.

"아빠는 딸을 둬서 참 행운이에요. 뒤치다꺼리 해줄 사람이 있으니까요. 만일 내가 남자애였으면 아빠는 옴짝달싹도 못했을 거예요."

"그건 어떤 식으로 하니? 아빠가 너한테 시장 볼 돈을 주면 뭘 해먹을까 네가 결정하는 거야?"

"아빠한테선 돈을 우려내야 해요. 진작부터 익힌 사실이죠. 한시바삐 돈을 빼내지 못하면 돈이 한 푼도 남아나지 않거든요."

나는 그 애를 빤히 쳐다봤다.

"달라고 하면 대개 돈을 내놓긴 해요. 이제는 나한테 주는 것에 익숙해졌거든요. 주지 않더라도 얻어내는 묘안이 있구요. 빨래방에 간다고 말하고는 입고 있는 바지를 빨리 벗어달라고 하는 거예요. 그러면 옷을 갈아입겠죠? 그때 아빠가 지갑을 꺼내놓거든요. 아니면 아빠가 잠들기를 기다릴 때도 가끔 있어요."

"네 아빠가 술과 마약을 끊었다고 생각했는데. 모두가 옛날 일이 되어버렸다고 말이야."

그 애가 비웃듯이 콧방귀를 뀌었다.

"웃기지 마세요."

"아직도 술을 마신단 말야? 난 야구팀 때문에……" 나는 당황했다.

"사람은 안 변해요. 모르세요? 환경은 변해도, 사람은 절대 안 변하죠."

이제 알레조가 자진해서 자기 은신처에서 나왔으니, 제프와 나는 그 애가 거기로 도로 들어가지 못하게끔 확실한 조처를 취하기로 결정했다. 우리는 다음 날 아침 일찍 출근해서 안 쓰고 쌓아두었던 탁자와 의자들을 서둘러 다른 교실로 옮겼다. 그렇게 해놓고 보니 작업 공간을 전보다 훨씬 더 넓게 쓸 수 있다는 이점도 있었다.

택시가 도착했을 때, 알레조는 또다시 내리려 들지 않았지만, 쉴라가 차 안에 들어가 앉아 잠시 달래자 드디어 자진해서 차에서 내렸다. 그 애는 3주 만에 처음으로 교실 안으로 질질 끌려 들어오는 대신 쉴라의 손을 잡고 제 발로 걸어 들어왔다.

"제가 쟤를 데리고 있으면 제가 알아서 놀아줘도 돼요?"

쉴라가 나에게 물었다.

"좋을 대로 해. 뭐 생각해놓은 거라도 있니?"

그 애는 어깨를 으쓱했다.

"쟤랑 같이 바닥에 엎드려 있는 동안 좀 생각해둔 게 있어요. 그리고 제 생각엔 아마 저 애도 큰 집단 속에 있는 것보다 그렇게 하는 걸 더 편하게 느낄 것 같고요."

그들은 방 저쪽 끝에 있는 작고 나지막한 책장 근처로 가서는 바닥에 앉았다. 나는 쉴라가 한가운데다 레고 장난감이 든 통을 쏟아붓는 모습과 둘이 몸을 구부리고 레고를 쌓기 시작하는 모습을 보았다.

그날은 내가 자폐아인 조슈아와 제시를 맡은 날이라 손이 많이 갔기 때문에 쉴라와 알레조가 함께 뭘 하고 있는지 곁눈질할 새가 거의 없었다. 그들은 간식 시간과 휴식 시간이 될 때까지 계속 레고 놀이에 몰두해 있었다.

그들이 밖에 나가 있는 동안 나는 그리로 가 뭘 쌓고 있었는지 한 번 보았다. 대단한 것 같지는 않았다. 반쯤 짓다 만, 집 같아 보이는 사각형 모양이 여러 개 있었고 또 레고를 연결해 만든 기다란 줄 같은 것들도 몇 개 있었다.

"애들을 계속 내버려둬도 될까요?"

뜻밖의 목소리에 놀라 돌아보니 제프였다. 그는 내가 서 있는 곳으로 다가왔다. 제프가 몸을 굽혀 사각형 구조물들 가운데 하나를 집어 들었다.

"휴식 시간이 끝나면 또 이걸 할 것 같은데, 우리가 애들을 내버려 둬야 한다고 생각해요?"

"왜요?"

"제가 좀 엿들어봤거든요. 정말 흥미로운 이야기들을 나누고 있더군요. 레고를 갖고 감옥을 만들어서는 그 안에다 작은 레고 사람들을 집어넣는 거예요. 말하는 걸로 봐서 알레조는 감옥에다 자기 엄마를 집어넣었나 보더라구요. 그 애가 '엄마가, 안 돼! 안 돼! 안 돼! 한 번 더 그러면 널 방에다 가둬버릴 거야. 이틀 동안 너하곤 말도 안 할 거야. 그따위 짓을 하다니 정말 못돼먹었어. TV도 보지 마' 라고 말했다고 하니까, 쉴라가 뭐라고 했는지 아세요? '엄마를 감옥에 가둬. 여긴 나쁜 엄마들을 가두는 감옥이야. 여기다 넣고 우리가 벌을 주자. 엄마를 어떻게 할까?' 그러니까 알레조가 이럽디다. '목을 잘라. 피를 흘리게 해. 엄마가 죽을 때까지 폭탄을 떨어뜨리자.' 이게 걔들이 하던 짓이에요. 레고 덩어리를 떨어뜨리면서요." 제프가 고개를 들어 나를 쳐다보았다. "누가 누구를 이끄는지 구별하기가 좀 힘들더군요."

"그런 것 같네요."

"내 생각에는요, 그냥 계속하도록 내버려둬야 할 것 같아요. 그 애들이 원하는 한 말입니다. 알레조는 내가 여태까지 들은 걸 합친 것보다도 훨씬 많은 얘기를 하고 있어요. 어쨌든…… 계속 더 들어보고 싶어요."

제프의 의견이었다.

나는 그 애들의 대화 내용을 듣고 낙담했다. 여기서 우리와 함께 있어보는 게 쉴라에게 유익한 경험이 되리라고 생각했을 만큼, 쉴라는 경험 없는 십대이지 치료사가 아니었다. 게다가 자신의 정서적인 문제도 한 보따리나 지고 다니는 아이였다. 제프와 나의 치료 행위를 본따려는 생각에서 알레조의 놀이를 부추기는 걸까? 아니면 자신의 필요를 충족시키려고? 그것도 아니면 둘 다?

그걸 밝혀낼 기회는 얻을 수 없었다. 휴식 시간이 끝나 미리엄 선생과 쉴라가 아이들을 데리고 다시 들어왔을 때, 알레조는 아주 기분 좋게 다른 아이들과 함께 그림 그리는 탁자로 몰려갔고, 쉴라는 뒤쪽으로 물러나서 간식 시간에 쓴 물건들을 깨끗이 정리하고 남은 과자들을 먹어치웠다.

그날 오전 시간이 끝나자 쉴라가 물건들을 정리하고 있던 내 옆으로 왔다.

"우리 오늘은 다른 사람들과 같이 점심 먹지 말아요." 그 애는 선반 위에 올려놓을 물건들을 내게 건네주며 이렇게 말했다.

"같이 점심 먹는 게 싫니?"

"어저께처럼 공원에서 먹어요. 전 그게 좋아요. 바깥은 그렇게 상쾌하고 햇살이 눈부신데, 우린 그런 어두컴컴한 식당에 앉아 밥을 먹잖아요."

"문제는 오늘은 내가 도시락을 싸오지 않았다는 거야. 그래서 먹을 게 없어. 게다가 난 두 시에 약속이 있어서 병원으로 돌아와야 하기 때문에, 서둘러 밥을 먹지 않으면 널 펜톤 불리바드까지 데려다주고 시간 맞춰 돌아올 수 없을 거야."

"상관없어요. 여기서 버스를 타면 돼요." 그 애는 몸을 굽히더니 한쪽 신발 끈을 끌렀다. 신발을 들어올려 뒤집자 5달러짜리 지폐 한 장이 떨어졌다. "선생님이 많이 드시지만 않으면 맥도날드에서 뭘 좀 사드릴 수 있어요."

"좋아. 맥도날드라, 하지만 내가 살게. 넌 배달 서비스를 해줘. 여기 일을 마치면 가서 사와."

오늘 오전에는 탁자에서는 손가락 물감 놀이를 하고, 칠판에다가는 색분필 칠하기, 그리고 모래통에서는 물놀이를 하는 바람에 교실 안이 완전히 엉망진창이었다. 게다가 일상적인 청소거리들까지 있었다. 그래서 제프는 뒤편 개수대에서 물감통을 닦고 있었고, 미리엄 선생은 책들을 구분한 다음 책장에다 다시 꽂고 있었다.

"저분들한테 말씀하셨어요?" 쉴라가 탁자를 닦고 있는 내게 다가와 물었다.

"뭘 말이야?"

"참내, 저 사람들하고 점심 먹으러 같이 안 가는 거 말이에요." 쉴라는 약간 짜증을 냈다.

"아니, 하지만 할 거야. 자, 우선 청소부터 끝내놓고 보자. 오늘은 정말 지저분하게 어질러졌어."

"우리가 치울 수 있잖아요. 왜 제프와 미리엄 선생님보고 먼저 가라고 말하지 않아요? 그리고 나서 선생님하고 내가 닦으면 되잖아요."

내가 금방 대답하지 않자 쉴라가 다시 말했다.

"이게 이 일의 유일한 문제점이에요. 선생님과 단둘이 있을 시간이 전혀 없는 거요. 우리 둘만 좀 같이 있었으면 좋겠다 싶은데 돌아보면 항상 저 사람들이 있죠. 때로는 선생님과 단둘만 있었으면 싶을 때가 있어요."

나는 웃었다. "그래, 그럼 저분들한테 가서 우리 둘이서 방을 치우겠다고 말씀드리렴."

나는 속으로 단둘만 있고 싶다는 쉴라의 요구가 나한테 얘기하고 싶다는 신호이길 바랐다. 제프가 아까 말해준, 그 애와 알레조가 나누었다는 이야기 때문에 아직도 좀 당황해하고 있던 터라, 나는 그 애가 그 문제를 의논하기를 바라거나, 아니면 적어도 알레조에 관해 나한테 얘기하고 싶어하지 않을까란 예상을 하고 있었다. 그러나 그렇지는 않은 것 같았다. 둘만이 남고 나서도 우리는 계속해서 방을 치웠다.

쉴라가 찬장에서 깨끗한 분필 지우개를 가져다가 칠판에 그려진 색색깔의 그림들을 깨끗이 지우는 동안, 나는 손가락 물감 그림들을 압정으로 게시판에 붙였다. 그 다음번에 건너다본 쉴라의 손에는 색분필 한 상자가 들려 있었다. 그 애는 그 분필들을 가지고 칠판에 그림을 그리기 시작했다. 나는 아무 말도 하지 않았다. 하지만 쉴라는 내가 자기를 지켜보고 있다는 걸 금방 알아차렸다.

"이곳의 또 다른 유일한 문제는 내가 같이 놀게 되어 있지 않다는 거예요." 쉴라는 이렇게 말하면서 수줍은 듯 씩 웃었다. "전 사실 마음속으로는 나도 이 애들 중 하나였으면 하고 바래요. 선생님들 중 하나가 아니고요. 굉장히 재미있어 보이잖아요. 애들이 하는 거요. 마치 꿈속의 학교 같아요."

나도 따라 씩 웃었다.

"이걸로 그림 그려도 돼죠?" 쉴라는 분필이 든 통을 들어올리며 머뭇머뭇거렸다. "저기요, 이걸로 멋지게 꾸미면 어떨까요? 내일 애들이 교실에 들어왔을 때 볼 수 있게요. 그냥 아무것도 없는 빈 칠판보다는 낫지 않겠어요, 안 그래요?"

"그럼, 물론이지. 한번 해보렴."

쉴라는 온 정성을 다해 교실 칠판 전부를 차지하는 거대한 그림을 그리는 데 몰두했다. 나는 그 강한 집중력에 놀랐다. 그 애는 마치 그동안 줄곧 참아오던 것들을 몽땅 쏟아내기라도 하는 듯이 그림을 그렸다. 청소를 마치고 나니 점심 먹으러 갈 시간이 다 되어 있었다. 그 애는 그때까지도 그림 그리는 데 푹 빠져 있었기 때문에, 나는 마지못해 그 애의 신경을 칠판에서 떼어놓아야 했다.

"내가 햄버거 사올까?"

내가 이렇게 묻자 쉴라는 깜짝 놀랐다.

"선생님이요? 아, 정말 고마워요."

20분 후 다시 돌아와보니, 쉴라는 그 칠판 그림에 마지막 손질을 하는 중이었다. 흥미로운 그림이었다. 칠판 가득 펼쳐진 황금빛 모래사막에는 거의 아무것도 없었다. 외톨박이 키 큰 선인장 하나와 잎사귀 없는 가지들을 달고 있는 관목 두 그루를 빼고는. 그러나 그 모래평원 아래로는 뱀, 생쥐, 전갈, 토끼, 투구벌레들로 가득 찬 수많은 작은 굴들이 뚫려 있었다. 그리고 그림 저 끝 쪽에는 하이킹 신발에 짧은 바지를 입고 머리에는 빨간 스카프를 두른 배낭 멘 여자가 서 있었다.

"야, 멋지구나. 네가 이렇게 잘 그리는 줄은 몰랐는데."

"선생님이 모르는 면도 많아요."

"정말 잘 그렸네. 저 여자 표정은 아주 사실적이야. 하지만 특히 내 맘에 드는 건 모래 밑에 있는 이것들이야. 저 토끼굴들 좀 봐. 토끼마다 하나씩 독방이 주어진 가지런한 토끼장 같애. 게다가 내 상상력 가지고는 전갈을 저렇게 잘 그릴 순 절대 없을 거야."

쉴라는 싱긋 웃었다. "선생님을 놀라게 하니까 즐거운데요."

나는 그림을 꼼꼼히 뜯어보았다. "그런데 저 여자는 외로워 보이는구나. 모든 게 이 여자에게서 숨어 있으니 외로운 여행자 같애."

"자, 선생님의 심리학 강의는 사절이에요. 이건 그냥 그림이에요."

"그러면 이 그림에 대해서 네가 한번 이야기해봐."

"이건 그냥 그림이에요. 저 여자는 사막을 걷고 있고요. 이건 캘리포니아 사막이에요. 그 사막을 찍은 사진들을 본 적이 있거든요. 저런 덤불이 있었죠."

캘리포니아라, 엄마가 도망간 곳이군. 하지만 나는 이 생각을 입 밖에 내지는 않았다. "그래도 이 여행자는 여전히 외로워 보이는데."

"음, 그렇군요, 사막은 원래 외로운 곳이죠. 눈앞에 이렇게 텅 빈 공간이 펼쳐져 있으니 그렇게 느끼시나 봐요."

"또 살아 있는 것들은 다 숨어 있잖아?" 이번에는 좀 더 확실하게 찔러보았다.

"글쎄요, 아, 그러니까, 아니면……" 그 애가 몸을 돌려 나를 바라보며 입술을 비틀며 안다는 듯이 웃었다.

"아니면 모든 게 표면 바로 아래 숨어서 발견되길 기다리든가요. 어때요? 이렇게 해석하니까 마음에 드세요? 이만하면 저도 그림을 해석할 수 있겠지요?"

나는 부드럽게 어깨를 으쓱했다.

"어때요? 저를 껴안아주고 싶어 애가 타시죠? 선생님이 정말 바라는 건 제가, 이 사람이 바로 나고 이 사막이 내 인생이라고 말하는 것이죠? 그렇죠?"

"그게 사실이라면."

"아, 사실이에요. 또 선생님도 그걸 아셔야 해요."

11

쉴라의 열네 번째 생일은 7월 초였다. 그날은 3일간의 독립기념일(7월 4일) 연휴로 여름 프로그램이 잠시 쉬기 전날이었다. 나는 제프에게 8주간의 프로그램 동안에 있는 유일한 생일이니까 조그만 파티를 열면 어떻겠냐고 제안했다. 교사 생활을 하는 동안 나는 언제나 학급 파티를 벌이는 데 각별한 노력을 기울이곤 했다. 그런 파티가 판에 박힌 일상에 신선한 변화를 주기 때문이기도 하지만, 이런 아이들은 신체장애나 가족 내의 정서장애, 또는 가정 형편상 다른 데서 파티를 경험해볼 기회가 별로 없다는 게 주요 이유였다. 내가 맡았던 반 아이들 중에는 다른 친구의 생일 파티에 초대받거나 자신이 파티의 주인공이었던 적이 한 번도 없는 아이들이 많았다.

나는 우리 반 전체가 먹을 커다란 초콜릿 케이크를 구워서 거기에 쉴라의 이름을 써 장식했고, 그동안 미리엄 선생은 각종 파티 음식들을 만들었으며, 제프는 종이모자와 삑삑 소리 나는 파티용 장난감들을 준비했다.

색테이프와 풍선, 색색깔의 핑크팬더 종이접시와 모자, 그리고 케이크를 본 쉴라의 모습에서 허세 따위는 찾을 수 없었다. 그 애는 기쁨에 넘쳐 어쩔 줄 몰라 하며 그것들을 하나하나 만져보고 살펴보았다.

"히야, 이게 절 위한 거예요? 맙소사!" 모자를 자기 머리에 써보며 쉴라가 말했다. "우와, 전 이런 걸 한 번도 써본 적이 없어요. 어때요? 거울이 어디 있지? 한번 봐야지."

그 애는 분장용 옷들이 걸려 있는 구석으로 가 작은 손거울을 찾아 들었다. "옛날부터 이런 모자를 쓰면 내가 어떻게 보일까 궁금했어요."

기뻐하긴 아이들도 마찬가지였다. 아이들은 알록달록한 장식물들과 차린 음식을 발견하자 열광적으로 소리를 질러댔다. 그동안 학급파티를 수십 번도 넘게 치러본 나는 그들 대부분이 지닌 불행에 대한 처방이 어떤 것인지 알고 있었다. 모두가 좀 심하게 흥분했다. 너무 떠들썩해서 혼이 다 빠질 지경이라 아무 일도 제대로 할 수가 없었다. 그러나 이런 류의 혼란에는 마술적인 게 있다는 게 내 생각이어서 나는 언제나 이런 야단법석이 좋았다.

파티 게임으로 시작해 사탕 잔치로 끝을 맺었으며 대미는 케이크로 장식했다. 아이들은 쉴라를 위해 꽂아놓은 케이크 초의 개수에 놀랐고, 쉴라가 그 많은 초들을 단숨에 불어 끄자 한층 더 놀라워했다. 케이크를 잘라서 모두에게 한 조각씩 건네주고 나자 제프가 말했다,

"자, 이제 선물 줄 시간이야."

나는 쉴라가 자기 마음에 드는 걸 고르는 여유를 즐길 수 있도록 근처 백화점 상품권을 선물했고, 솜씨 좋은 공예가인 미리엄 선생은 실

로 뜬 아름다운 벨트를 만들어주었다. 그러고 나자 제프가 예쁘게 포장한 작은 꾸러미를 쉴라에게 건넸다. 모양으로 보아 책인 게 분명했다. 제프에게서 선물을 받아든 쉴라는 잠시 가만히 그것을 들여다보았다. 약간 금색으로 반짝이는 그 포장지는 전에 내가 보던 것들과는 전혀 달랐다. 제프가 생일 선물을 포장하는 일 따위로 시간을 보냈으리라 생각하니 정말 놀라웠다.

쉴라는 조심스럽게 테이프를 떼어낸 다음 상자를 열었다. 안에는 셰익스피어의 《안토니우스와 클레오파트라》 문고본이 들어 있었다. 쉴라는 그것을 꺼내들더니 책표지를 뚫어지게 쳐다보았다. 그 애는 말문이 막힌 듯 그저 그 책만 빤히 쳐다보고 있었다.

"토리한테서 카이사르를 좋아한다는 얘기를 들었어." 제프가 쉴라의 얼굴을 바라보며 말했다. "이 책의 무대도 같은 시대야. 읽어봤니?"

쉴라는 입술을 말아올려 수상쩍다는 느낌을 감추지도 않고 머리를 흔들었다. "이건 셰익스피어잖아요."

"그래, 그래도 이 책을 멀리할 필요는 없어. 누가 썼는지는 잊어버리고 그냥 집에 가서 읽어봐. 그 책 안에는 세상에서 가장 훌륭한 이야기 가운데 하나가 들어 있지. 거기서 넌 네 마음의 친구를 만나게 될 거야."

쉴라가 깜짝 놀라 쳐다보았다. "제가요? 누굴요?"

"읽어보면 알게 될 거야."

점심을 먹은 후 펜톤 불리바드로 가면서도 쉴라는 여전히 기쁨에 들떠 있었다.

"정말 고마워요, 토리. 오늘 저한테 그렇게까지 해주시다니 선생님과 미리엄, 제프, 다 정말 좋은 사람들이에요."

"우린 그러면 재미있을 거라고 생각했어. 네가 좋았다니 기쁘구나."

그 애는 부드럽게 웃었다. "바로 그것 때문에 여름에 생일인 게 항상 싫었어요. 학교의 다른 친구들은 '생일 축하합니다' 같은 노래나 아니면 딴 걸로 법석을 떨면서 축하를 받는데, 나는 한 번도 뭘 받은 적이 없어요. 그래서 언제나 나도 뭔가 받고 싶었죠. 딱 한 번만이라도요. 정말이에요, 딱 한 번만이라도. 그렇게 하고 자리에서 일어나면 모두들 넌 특별하구나 하고 생각할 테고요." 그 애는 말을 멈추었다. "어릴 땐 그런 바보 같은 일이 그렇게 중요한 문제가 될 수 있다는 게 참 웃겨요."

나는 고개를 끄덕였다.

"선생님이 진짜 진실을 알고 싶다면요, 이번 생일 파티가 저한테는 정말 난생 처음 가져보는 생일 파티였어요."

나는 또 고개를 끄덕였다. 그럴 거라고 여겼다.

"예전에, 어떤 위탁 가정에 있을 때…… 그때 난 여덟 살이었을 거예요. 아홉 살이 되기 직전이던…… 그 사람들이 나한테 파티를 열어주겠다고 했어요. 그러고는 날 데리고 나가 종이접시랑 자질구레한 것들을 보여줬어요. 하지만……" 그 애는 고개를 돌려 창밖을 내다봤다. "파티는 열리지 않았어요. 내가 무슨 일인가 저질렀나 본데, 지금은 뭔지 생각나지 않아요. 그래서 그 여잔 내가 그런 일을 저질러서 생일 때 아무것도 받지 못할 거라고 말했죠. 하지만 토리, 난 그 여자가 뭔가 해주려고 했다고는 생각하지 않아요. 왜냐하면 그 여자는 종이접시들

119

을 사지 않았으니까요. 그 여자가 그냥 날 약 올리려고 그랬던 것 같아요."

"그때는 정말 실망했겠구나."

"네, 하지만 그런들 뭐 별다른 게 있었겠어요?"

침묵.

무릎 위에 놓인 선물들을 내려다보던 쉴라는 내가 준 상품권을 꺼내 살펴보고 나서 그것을 다시 봉투 속에 집어넣었다. 그런 다음 미리엄 선생이 떠준 벨트를 만져보았고, 다시 제프가 준 희곡을 잡고 책장을 휘리릭 넘겼다.

"도대체 이걸 왜 저한테 줬을까요? 이상한 선물이에요." 그 애가 중얼거렸다.

나는 대답하지 않았다.

"이 책 읽어보신 적 있어요?"

"응, 오래전에. 학교 다닐 때 그 책에 대해 리포트를 써야 했거든." 나는 말을 멈추고 킥킥 웃었다. "정직하게 말하면, 실제로는 읽은 게 아니야. 너만한 나이 때였는데, 당시 내 인생의 유일한 목표는 과제를 대충대충 하고도 좋은 점수를 받는 방법을 찾아내는 거였지. 난 굉장한 속독 선수였어. 실제로 스물두 살 정도가 될 때까지 첫 장에서 끝장까지 책 한 권을 전부 다 읽은 적은 없었던 것 같아."

"선생님!" 쉴라가 대경실색하며 말했다.

나는 고개를 돌리며 빙긋 웃었다.

"맙소사, 전 선생님이 완벽한 사람이라고 생각했어요."

말이 끊어졌다.

"그래서 선생님도 이 안에 든 내용이 어떤 건지 모르세요?"

"글쎄, 안토니우스와 클레오파트라에 관한 것이라는 것밖에는. 클레오파트라가 누군지는 알지?"

"어렴풋이요. 옛날 이집트 여왕이었죠. 하지만 그게 전부예요. 그런데 왜 제프는 내가 이걸 읽고 싶어할 거라고 생각했는지 모르겠군요. 제기랄, 셰익스피어라니."

"아무래도 네가 그걸 읽어보고 알아내야 할 것 같은데."

차가 또 도로 공사 중인 곳에 가까워지고 있어서 나는 속도를 줄였다.

"기억나는 책 하나가 있어요. 선생님 반이었을 때 읽던《어린왕자》요. 선생님이 저한테 읽어주던 거 생각나세요? 정말 오랫동안 제가 세상에서 가장 아끼던 책이었어요. 아무리 읽어도 싫증이 안 났어요."

"그럼, 기억하고말고."

"전 아직도 제가 좋아하는 부분들을 다 인용할 수 있어요." 그 애가 나를 건너다보며 웃었다. "선생님은 그 책에서 제가 누굴 제일 좋아했는지 아세요?"

"왕자?"

내가 넌지시 떠보자 그 애는 고개를 흔들었다.

"그럼 여우?"

"아뇨, 장미예요. 전 그 장미가 좋았어요. 순전히 자기밖에 모르고 자만심만 가득했던…… 그런데 그 장미가 어떻게 그 가시들, 가시 네 개 말이에요, 그것들을 갖게 되었는지 기억하세요? 그리고 자신이 용감하다고 뻐기던 것도요? 장미는 어린왕자에게 말했죠. '호랑이더러 와서 발톱으로 할퀴어보라고 해요!'" 쉴라는 깊고 사나운 목소리로 장미 흉내를 냈다. "그러자 왕자가 말했죠. '우리 별에는 호랑이가 없어.

게다가 호랑이는 풀은 안 먹어.' '난 풀이 아니에요.'"

다시 극적인 연출. 쉴라의 목소리는 '풀'이라는 단어에서 쉿소리를 냈다.

"장미는 정말 당황했어요. 그래서 장미는 같은 말을 되풀이할 수밖에 없었지요. '호랑이가 와봐요! 내가 눈 하나 깜짝하나!'"

이 대목까지 외우고 난 쉴라는 웃으면서 말했다. "난 그 용감한 작은 장미를 지금도 선명하게 그릴 수 있어요."

"네가 왜 장미를 좋아했는지 알 것 같아. 그 당시엔 너 자신이 그 작은 장미 같았거든."

그 애가 코를 찡그렸다. "맙소사, 안 그랬어요. 제기랄. 그건 칭찬이 아니라구요. 꽃이라구요? 아니에요, 내가 나라고 생각한 건 그 호랑이들이에요. 으르르릉!"

쉴라는 손가락을 호랑이 발톱처럼 구부리며 장난스럽게 내게 덤볐다.

"난 그 호랑이 새끼였다구요."

12

나는 쉴라에게 독립기념일이 있던 그 주의 연휴를 이용해 메리스빌에 잠시 다녀오려 하는데 같이 가지 않겠느냐고 물었다. 예전에 쉴라와 내가 함께 살던 곳이었다. 지금 있는 곳에서 300킬로미터 정도 떨어져 있어 병원의 여름학교 프로그램이 다시 시작되기 전까지 남은 나흘 동안 다녀오기에 안성맞춤이었다.

쉴라는 무척 좋아하면서 내 제안을 받아들였다. 그 애는 5년 전에 딱 한 번, 그곳을 찾아갔던 적이 있다고 했다. 그 애를 맡았던 위탁 가정에서 교도소에 있던 아버지를 면회하라고 그곳에 데려다주었던 것이다. 내가 그곳에 다녀온 지도 거의 그만큼 오래되었다. 그 후로도 한두 번 거길 지나친 적이 있지만 들르지는 않았다. 채드를 제외하고는 가까웠던 사람들 중에 이제 그곳에 사는 사람은 아무도 없었다.

나는 목요일 아침 일찍 쉴라를 데리러 가서, 주를 가로질러 메리스빌까지 여유 있게 가기로 계획을 세웠다. 채드와 그의 가족이 토요일 저녁에 독립기념일을 함께 축하하자고 우리를 초대해주었기 때문이다. 그러고 나서 일요일에 되돌아올 작정이었다.

내가 차를 댔을 때 쉴라는 자기네 집 앞의 현관 계단에서 기다리고 있었다. 겨우 여섯 시가 막 지난 이른 시각이라 아직 주변의 어둠을 말끔히 쓸어낼 만큼 해가 많이 떠오르지는 않고 있었다. 그렇긴 했지만 난 문 옆에 서 있는 형체가 누군지 도무지 알아보기가 힘들었다. 쉴라가 맞나?

"이렇게 한 건 오로지 선생님을 위해서예요." 그 애는 뒷좌석으로 군용 더블백을 던져 넣으며 힘주어 말하고는 내 옆에 탔다. 그러고는 안전벨트를 맸다. "알아주셨으면 좋겠어요."

무슨 말을 할 수 있겠는가? 주황색 머리는 간데없고 밝은 금발로 바뀌었는데, 머리카락들이 마치 생명이라도 가진 듯 사방으로 온통 곤추 서 있었다. '마릴린 먼로'와 '프랑켄슈타인의 신부'를 합쳐놓았다고나 할까?

"금발일 때가 더 나았다고 하셨잖아요." 그 애는 아연해서 말문이 딱 막힌 내게 말했다. "제 딴에는 오로지 선생님을 위해서라고 생각했는데요. 좋은 데로 데리고 가주시니까요."

🐌

어쨌든 나는 들뜬 상태로 출발했다. 난 운전하는 걸 좋아한다. 더구나 운전하기에 최고인 여름 아침의 이른 시간이지 않는가? 꽤 더운 날들이 연일 계속되던 와중이었지만, 그래도 아침 공기는 여전히 상쾌했고, 습도도 낮아 지평선 저 멀리까지도 뚜렷하게 보였다.

"우리가 뭘 찾게 될까 궁금해요. 그 학교에 가볼 수 있을까요?" 쉴라가 말했다.

"닫혀 있을 거야. 하지만 놀이터는 볼 수 있겠지."

도시 외곽으로 나가려면 거쳐야 하는 간선도로의 마지막 입체교차로를 운전해 지나는 동안, 쉴라는 로큰롤 음악에 라디오 주파수를 맞춰보려 했지만 내 차의 라디오가 워낙 성능이 별로인지라 결국 포기하고 말았다.

"우리 반을 떠난 후엔 어디어디에 있었어?"

내가 이렇게 묻자 그 애는 어깨를 으쓱했다.

"이곳저곳 많았죠. 그러니까 위탁 가정이 세 군데였고요, 아니 네 군데던가? 지금은 기억이 안 나요. 어디 보자, 우린 메리스빌에 있다가 브로드뷰로 이사했고 아빠가 붙잡혀 들어갔어요. 이사하자마자 정말 곧바로요. 그래서 난 어느 위탁 가정으로 갔다가 다시 다른 집으로 갔고 또 다른 집으로 갔죠. 그리고는 잠시 '어린이집'에 보내졌어요."

"어떻게 해서?"

또 어깨를 으쓱했다. "제도가 그렇게 굴러가니까요."

"맨 처음에 메리스빌에서는 뭣 때문에 이사 간 거니?"

"몰라요. 기억 안 나요."

"우리 반에 있다 그 다음 해에 샌드라 맥귀어 선생님 반이 되었던 것 기억나니? 일곱 살 때 말이야?"

"조금요." 생각에 잠겨 쉴라는 잠깐 말을 멈추었다. "사실 확실히 기억나는 건 딱 한 가지밖에 없어요. 우린 탁자에 앉아서 사물함을 지정받고 있었지요. 사물함 하나를 두 사람이 함께 써야 했어요. 그래서 나는 맞은편에 앉아 있던 여자애랑 같이 쓰라고 배당을 받았어요. 그 애가 기억나요. 지금 말한 여자애 말예요. 그 애는 반 전체에서 제일 똑똑한 아이였어요. 아시잖아요, 반에서 항상 최고 점수를 받는 애요. 그런데 이제 그 애랑 말할 이유가 생겼고 그 애도 나랑 말하게 될 거라고 생각하니까 신이 났지요. 하지만 그때는 겁도 좀 먹고 있었는데, 왜냐하면 그 애가 날 굉장히 싫어한다는 걸 알고 있었거든요."

"쉴라야, 반에서 제일 똑똑한 애는 너였어."

"아니에요, 그렇지 않았어요. 그 애가 최고 점수를 받았어요. 나는 노력했는데도 그 애보다 점수가 낮았어요."

"네가 제일 똑똑한 애였어, 점수를 잘 받은 쪽이 누구건 간에."

"아하, 선생님 책에서 제 아이큐에 대해 쓴 걸 봤어요. 그걸 보고 생각했죠. 맙소사, 지어낸 얘기야, 이건 내가 아니야."

"정말이야."

"아니에요."

"그동안 네 머리가 좋다는 얘길 해준 사람이 정말 아무도 없었니?"

그 애는 머리를 흔들었다.

나는 충격을 받아 그 애를 바라보았다. "거짓말이지?"

"난 똑똑하지 않아요, 토리. 아니라는 건 제가 알아요."

"뭣 때문에 그렇게 말하지?"

"글쎄요, 그냥 그렇기 때문이에요. 제 말은, 난 나라는 거예요. 난 알아요. 게다가 난 똑똑하지 않아요. 멍청하다구요."

"그렇지 않아!"

쉴라는 더 이상 대꾸하지 않았다. 하지만 그 애를 납득시키지 못했다는 걸 알 수 있었다.

"그럼 자신이 멍청하다고 생각하는 이유를 한 가지만 대봐."

"음, 있잖아요, 예를 들면 학교에서요. 다른 애들은 선생님이 뭘 가르쳐주면 금방 알아듣지만 전 전혀 안 그래요. 선생님이 말하는 걸 들으면 이해하겠다는 생각이 들죠. 그렇지만 곧바로 의문이 들기 시작하는 거예요. 이건 어떨까? 하고요. 그렇지 않으면, 때로는 그래, 이 경우에는 그게 맞지만 다른 경우에도 그럴까? 하고 생각하거든요. 그리고 언제나 그것이 맞지 않을 때가 있다는 걸 알게 되죠. 하지만 그렇다면 어떤 때는 맞는다는 얘기예요. 그러고 나면 그게 나한테는 전혀 이해할 수 없는 거대한 고철덩어리로 비쳐요. 하지만 주위의 다른 애들은 모두 미친 듯이 받아적는 거예요. 그 애들은 그걸 이해하는데 난 못하는 거죠. 그리고 어쩌다 내가 질문이라도 하면 선생님은 당장에 이렇게 말하는 거예요. '우린 다음 걸 공부해야 돼. 너 때문에 진도가 안 나가잖아'라고요. 그러고 나면 난 내가 슈퍼 또라이라는 걸 확실히 알죠. 이해하는 거라고는 눈곱만큼도 안 되니까요."

볼이 벌겋게 달아오르는 걸 보고, 난 그 애가 그 문제로 무척 마음이 상해 있다는 걸 알았다. 덥수룩한 머리뭉치를 얼굴 뒤로 쓸어넘기며 그 애는 벌게진 얼굴을 손으로 감쌌다. "그리고 아이들은…… 내가 뭘 좀 물어보려 하면, 하나같이 신음 소리를 내요. '윽, 맙소사, 또야' 라거나, '그냥 조용히 있어줄래?' 라고 하죠. 수학 시간에 내 앞에 앉았던 한 애는 날 돌아보더니 이렇게 말했어요, '젠장, 그냥 좀 있을 수 없어, 한 번이라도 말야?' 난 너무 당황해서 죽고 싶었어요. 그 후로는 다시는 아무것도 물어보지 않았어요."

우리 사이에는 날카로운 침묵이 맴돌았다. 예리하기가 마치 단도 같았다.

쉴라가 나를 돌아봤다. "내가 반에서 제일 어렸기 때문이에요. 난 그 애들만큼 학교를 많이 다니지 않았어요. 그건 불공평해요."

그 애의 목소리에는 짙은 비난의 기색이 깔려 있었다. "어떻게 내가 자기들만큼 알 거라고 기대할 수가 있어요?"

"쉴라, 넌 반에서 제일 어려. 하지만 그 애들보다 많이 알기 때문이지, 적게 알기 때문이 아니야. 다른 애들은 질문을 안 하지. 걔들의 머리로는 너처럼 재빨리 그 많은 가능성들을 생각해낼 수가 없거든."

쉴라는 잠시 아랫입술을 깨물더니, 앞쪽으로 휑하니 뻗은 길을 바라보며 피곤한 듯 한숨을 지었다. "제가 그렇게 똑똑하다면 어떻게 그렇게 멍청하다고 느끼게 됐을까요? 세상을 거꾸로 뒤집어서 적은 건 많게 하고 많은 건 적게 하는 게 대체 무슨 재능이죠?"

🦢

우리는 주를 가로지르는 여유 있는 여행 끝에 오후 서너 시쯤에 메리스빌에 도착했다. 날은 점점 더 달궈져갔고 더운 열기로 하늘이 하얗게 변해가던 판이라, 도시의 그늘진 거리로 들어서니 한시름 놓았다. 주(主)도로에 있는 한 모텔에 미리 방을 예약해두었는데, 쉴라는 모텔에 수영장이 딸려 있는 걸 알고는 무척 기뻐했다. 하지만 유감스럽게도 그 앤 수영복이 없었다. 그래서 우리는 수영복 살 겸 쇼핑몰로 산책을 나갔다. 그 쇼핑몰은 전에 내가 그 도시에 살던 당시에는 아직 세워지지 않았다. 쉴라는 그런 곳에 가면 항상 그렇듯이 여기저기 살펴보느라고 여념이 없었다. 그렇게 한두 시간을 돌아다니고 나니 저녁 식사 시간이 되었고, 우리는 배가 고팠다. 그래서 우리는 몰에 있는 식당가에 들러 저녁을 먹은 다음 차를 몰고 모텔로 돌아왔다. 낯익은 거리들을 차로 지나다보니 향수가 밀려들었다. 그대로 차를 몰고 옛추억이 서린 곳들을 들러보고 싶었으나, 쉴라는 수영장에 가고 싶어 안달이었다. 우리는 그날 저녁을 수영하는 것으로 보냈다.

그 다음 날은 종일 비가 내렸다.

"아, 젠장, 이럴 수가 있어요?" 쉴라는 모텔 창문의 커튼을 도로 달으며 풀이 죽었다. "7월에 말예요. 7월엔 절대로 비가 안 오는데."

확실히 7월치고는 특이한 날씨였다. 구름 모양으로 봐서 비는 쉽게 멈출 것 같지 않았다.

"자아, 상관없어. 나가자꾸나."

쉴라는 밖으로 나가자 이주노동자 단지를 보고 싶어했다. 길을 기억한다고 생각했지만 그렇지 않다는 게 드러났다. 우리는 얼마 안 가 길을 잃었다. 이 때문에 나는 좀 초조해졌고, 첫 출발치고는 좋은 징조가 아니었다.

마침내 이주노동자 단지의 위치를 알아냈을 때, 우리는 단지가 계절 노동자로 꽉 차 미어질 듯하다는 걸 알아차렸다. 이미 수확 단계에 들어선 곡식들이 좀 있어 거주자들이 엄청 불어나 있었던 것이다. 하지만 비가 내리면 곡식 수확을 할 수가 없어, 노동자들은 일하러 나가지 못하고 단지 내를 돌아다녔다.

단지 자체도 기억하던 것과는 상당히 달라져 있었다. 대규모 주거 블록이 두 군데나 새로 세워져 있었다. 그 블록들은 초록색으로 칠해진 거대한 알루미늄 건물들로 이루어져 있었다. 내가 몬태나에 있을 때 자주 보던 송아지 우리를 떠오르게 하는 그 블록들은 단지 전체를 압도하고 있었다. 내 기억 속에 생생하게 남아 있던 낡은 타르 종이를 바른 건물들은 사라져버렸고, 구(舊)도로의 출구들은 새로운 건물들로 막혀 있었다.

우리가 주거단지 주변의 바퀴 자국이 새겨진 길을 따라가는 동안, 쉴라가 뭘 생각하고 있었는지는 알 수 없다. 그 애는 단지가 가까워질수록 점점 더 말이 적어지더니, 드디어는 얼굴을 돌려 창밖만 내다보았다.

전에 내가 안톤을 보러 오곤 하던 때와는 다른 분위기였다. 젊은 백인 여자 둘이서만 돌아다니기엔 별로 안전한 장소가 아니라는 생각이 들었다. 차 안에 타고 있는데도 많은 사람들이 우리를 주시하고 있었다. 그래서 나는 차 밖으로 나가보자는 말을 하지 않았다. 출구들을 지나 도로로 다시 올라서고서야 비로소 마음이 놓였다. 쉴라는 여전히 말이 없었다.

도시로 돌아온 나는 차를 천천히 몰면서 잘 아는 거리 몇 곳을 둘러보았다. 나는 쉴라에게 내가 전에 살던 아파트가 있던 곳을 가르쳐주었다. 청문회가 끝난 뒤 채드와 내가 쉴라를 데려갔던 피자집은 술집으로 바뀌어 있었지만, 그 집이 당시의 피자집이라는 사실도 쉴라에게 알려주었다. 또, 이튿날은 채드 집에 초대를 받아 야외에서 저녁을 먹기로 한 데다 불꽃놀이 구경도 예정돼 있으니, 날씨가 좋아졌으면 좋겠다고도 했다.

우리는 가로수가 늘어선 조용한 교외 길을 따라 예전 우리 학교로 찾아갔다. 흰 테 장식이 된 그 야트막한 단층짜리 벽돌 건물은 이웃한 목장식 집들과 매력적일 만큼 잘 어울렸다. 여긴 절대 부유한 교외 지역이라고 할 수는 없었지만, 1950~60년대의 아메리칸드림이 잘 구현된, 전형적으로 탄탄한 중산층 지역이었다. 나는 이곳에서의 근무 이후 교사 경력의 대부분을 대도시 빈민가에 백 년도 넘게 서 있던 바람새는 낡은 건물들에서 보냈기에, 이 학교가 얼마나 아담하고 매력적이었는지 까맣게 잊고 있었다. 이주노동자 단지와의 강렬한 대비가 아프게 마음에 와 닿았다.

보도 연석 쪽에 차를 붙이고는 시동을 껐다.

"여기 알 것 같아?"

쉴라는 보일 듯 말 듯 고개를 끄덕였다.

"저기 창문 좀 봐. 왼쪽에 나란히 있는 창문 세 개 보이지? 저기가 우리 교실이었어."

깊은 침묵이 따라왔다.

"기억나는 거 뭐 있어?"

"모르겠어요." 그 애가 나지막히 중얼거렸다.

나는 확실히 기억났다. 모든 사소한 순간들이 먼저 내 의식에 도달하겠다는 듯이 뒤엉키며 밀어닥쳤다. 교장이 신주단지 모시듯 아끼던 군대식 정확성을 지키기 위해 아이들을 일렬로 정렬시키던 문이 있었고, 아이들이 항상 서로 먼저 타겠다고 싸우던 시소도 있었다. 안톤과 내가 피구와 발야구를 가르치려고 씨름하던 널따란 아스팔트 공간도 있었고, 또……

"저 교실에는 아직도 특수교육 받는 애들이 있어요?"

쉴라가 물었다.

"저 방은 이제 교실로 쓰이지 않아. 상담실로 바뀌었거든. 우리 나가서 둘러볼까? 그러고 싶으면……"

"아니요."

시동을 걸었지만 나로서도 알 수 없는 뭔가를 기다리면서 나는 한

참을 그대로 서 있었다. 마침내 우리는 보도 연석에서 차를 빼내 그곳을 떠났다. 다시 30분 정도 여기저기 뒷골목을 누비고 나자, 내 머릿속에서는 그 쇼핑몰에 다시 찾아가는 게 어떨까란 생각이 맴돌았다. 비는 여전히 억수같이 내리고 있었고, 동경하던 마음도 이제는 왠지 어색한 기분으로 바뀌었기에 오늘 하루치 향수로는 이만하면 충분하다는 생각이 들었던 것이다.

"뭐 하고 싶어?" 내가 물었다. "쇼핑센터에 영화관들이 있었던 것 같은데, 영화 하나 보러 갈래?"

쉴라는 고개를 흔들었다.

"그 공원으로 가요. 종업식 전날 선생님이 사진 찍었다던 거기 말예요."

"비가 그칠 때까지 기다리는 게 어때? 아니면 내일이나, 채드네 집에 가기 전에 말이야."

"아니, 지금 가요."

공원은 기억하던 그대로 아름다웠다. 구불구불 이어진 널따란 진입로에는 쥐엄나무와 화단들이 죽 늘어서 있었다. 나는 길가에 차를 세우고 차에서 내려 꽃밭 사이로 천천히 걸어갔다. 길 양쪽에 피어 있는 엄청나게 많은 꽃들이 내 마음을 사로잡았다. 원예를 무척 좋아하는 터라 식물들에 관심이 많은 나는 중간중간 걸음을 멈추고 꽃들을 살펴보았지만, 쉴라는 그 순간 완전히 넋이 나간 듯했다. 그 애는 뭔가에 홀리기라도 한 듯 앞으로 걸어나갔다.

오솔길은 오리 연못에서 끝이 났다. 물가를 빙 두른 소로(小路)가 있는 곳까지 가자, 쉴라가 우뚝 걸음을 멈췄다. 그 애는 눈썹을 찌푸린 채 꽥꽥거리며 우리의 도착을 알리는 오리와 거위들을 바라보았다. 오리와 거위들이 차례로 물 밖으로 기어나와 뒤뚱뒤뚱 걸음으로 우리를 둘러쌌다. 하지만 쉴라는 꼼짝 않고 서서 깊이 생각에 잠긴 얼굴로 연못으로 내려가는 소로만을 응시하고 있었다. 나는 그 애가 오리들을 전혀 보지 못한 게 아닐까란 생각까지 들었다.

내 눈앞에도 유령들이 떠올랐다. 과거가 다른 데서 느낀 것들과는 비교할 수 없는 강도로 다시 돌아왔다. 비가 사라지고 허공 가득히 아이들 목소리가 재잘거렸다. "나 봐요, 토리! 나 하는 것 좀 보세요! 여기 나무들은 엄청 커요. 나무에 있는 토끼들 봤어요? 여기 아래요, 이쪽으로 오세요, 보여드릴게요. 오리들한테 밥 줘도 돼요? 연못에 들어가봐도 돼죠? 선생님, 우리 언덕 구르기 해요. 토리, 나 좀 봐요!"

거기 오리 연못 둘레의 소로에 쉴라가 있는 게 보였다. 밝은 주황색 멜빵바지를 입고 달리고, 깡충거리고, 깔깔거리며 웃는 어린 쉴라가 있었다. 팔을 쭉 펴서 머리를 뒤로 젖힌 채 빙글빙글 도는 그 애의 긴 머리카락이 햇살 속에 출렁거렸다. 빙글빙글 돌고 또 돌고 또 돌면서 그 애는 소로를 걷는 다른 사람들과 다른 아이들과 우리들을 완전히 잊어버렸다. 눈을 지그시 감고 해를 등진 채 반쯤 웃는 듯 입술을 살짝 벌린 그 애의 표정은 꿈속의 춤에 흠뻑 취해 있었다.

저 애가 그걸 기억할까, 나는 곁에 서 있는 호리호리한 사춘기 소녀를 슬쩍 쳐다보았다. 직감적으로 그 애가 뭔가 기억해내는 중임을 알 수 있었다. 그 순간 뭘 생각하고 있는지 물어보고 싶은 마음이 굴뚝 같았지만 차마 물을 수가 없었다.

"여기서 난 행복했어요."

긴 침묵이 흐른 후 쉴라는 속삭이듯 말했다. 너무나 목소리가 부드러워 그 말에 어떤 감정이 묻어 있는지 판단이 되지 않았다. 마침내 그 애는 오리 연못에서 몸을 돌렸다. 우리는 풀밭을 가로질러 다시 오솔길로 들어섰고 그런 다음 차로 돌아갔다.

이때쯤 우리는 비에 흠뻑 젖어 있었다. 따뜻한 여름비라 특별히 불쾌하지는 않았지만, 몸 전체에서 물이 뚝뚝 떨어지고 있었다. 쉴라가 몸을 숙이더니 길에 떨어진 기다란 갈색 쥐엄나무 꼬투리를 주워들었다.

"메리스빌을 생각하면, 항상 쥐엄나무가 떠올랐어요."

내가 그 말을 받았다. "꽃이 필 때면 사방에 향내가 가득했지. 처음 메리스빌로 차를 타고 오던 때가 생각나는구나. 간선도로를 타고 오다가 언덕의 내리막길을 따라 계곡으로 들어섰을 때였어. 차의 창문이 내려져 있었거든. 그래서 여기에 도착하기 전에 메리스빌의 냄새부터 맡을 수 있었지. 꽃잎이 떨어지기 시작하면 눈송이가 날리는 것 같았어. 아침에 나오면 차가 하얗게 덮여 있던 게 생각나."

쉴라가 발걸음을 멈추고 뒤돌아서서 오리 연못으로 이어진 오솔길을 바라보았으나 연못은 더 이상 보이지 않았다. 그 애는 그대로 서서 쥐엄나무 꼬투리를 손톱으로 가르더니 씨앗을 꺼내 젖은 보도 위에 떨어뜨렸다.

"이건 독이 있어요, 알고 계셨어요?" 쉴라는 이렇게 물어보면서 길에다 빈 껍질을 버렸다. "실제로 선생님을 죽일 수도 있어요."

🐚

쉴라는 점점 더 뚱해지기 시작했다. 나는 분위기를 살리고 싶어서 그 애가 즐겨 하는 운동이라고 알고 있던 볼링이나 한두 게임 치러 가자고 제안해보았다. 싫어요. 그 애는 하고 싶어하지 않았다. 배스킨 라빈스에서 아이스크림은? 싫어요. 정말이야? 땅콩과 휘핑크림을 얹은 바나나 스플릿(얇게 썬 과일과 시럽을 곁들인 아이스크림—옮긴이)을 사먹고 싶은데? 싫어요. 그럼 책방에 가서 둘러볼까? 싫어요. 그 애가 하고 싶은 거라곤 차를 타고 그냥 더 돌아다니는 것밖에 없었다.

그 도시에 다소 식상해진 나는 시골 풍경을 찾아서 농촌의 좁다란 도로를 따라 북쪽으로 차를 몰았다. 우리는 곧 사방이 옥수수와 밀밭으로 탁 트인 시골로 나왔다. 그 지역은 언덕진 곳이어서 메리스빌은 순식간에 시야에서 사라져버리고, 그 대신 시야가 닿는 저 멀리까지 들판이 물결처럼 굽이치며 쭉 뻗어 있었다.

쉴라와 대화를 나누려고 두세 번 시도해봤지만 소용이 없었다. 쉴라는 그냥 꿀 먹은 벙어리처럼 앉아 있었다. 팔짱을 끼고는 꼼짝도 않고 창밖의 지나가는 풍경만을 응시하고 있어, 공기로 부풀린 인형 하나를 옆에 놓고 운전하고 있다고 해도 아무도 그 차이를 구별하지 못했을 것이다.

빗줄기는 점차 가늘어지더니 마침내 완전히 그쳤다. 구름이 서서히 흩어지기 시작했다. 시간은 이미 초저녁이 다 되어 있었다. 그래서 서쪽 하늘에 처음으로 드문드문 푸른 하늘이 보이기 시작했을 때는 해가 이미 언덕 위에 걸쳐 있었다.

"멈춰요!"

쉴라가 소리쳤다. 한 시간 반은 족히 되었을 그동안에 그 애가 처음으로 한 말이라는 사실만으로도 나를 놀래키기에 충분했던 데다가, 어찌나 갑작스럽게 외쳤던지 난 정말 차에 뭐가 치인 줄 알았다. 브레이크를 콱 밟은 덕분에 우리는 둘 다 앞으로 왈칵 고꾸라졌다. 그 일로 잠시 웃던 쉴라가 손가락으로 동쪽을 가리켰다. "저것 보세요."

해가 지기 전의 얼마 안 되는 시간 동안 주위의 색채는 가히 장관이었다. 젖은 아스팔트 도로는 햇살 받은 황금빛 밀을 배경으로 거무스름하게 빛났다. 물결치는 낟알들 저 너머에 폭풍우의 기운이 여전히 느껴지는 시커먼 구름을 뚫고 무지개 하나가 걸려 있었다. 드러난 건 무지개의 극히 일부였다. 확실한 반호를 만들어낼 만큼도 못 됐지만, 그래도 그 작은 부분은 쉴 새 없이 출렁이는 밀밭 위에서 찬란하게 반짝였다.

그 광경을 가만히 쳐다보던 쉴라가 부드럽게 중얼거렸다.

"아, 정말, 어째서 아름다운 것들은 날 슬프게 만들까요?"

13

모텔로 돌아온 우리는 저녁 식사를 하고 난 다음 수영을 하러 나갔다. 비가 말끔히 걷혀 구름 한 점 없는 밤이었다. 도시의 불빛 때문에 별빛은 희미했지만 그래도 알아볼 수는 있었다.

쉴라는 여전히 가라앉아 있었다. 그 애의 침묵에는 무겁고 거의 우울한 느낌까지 있었다. 처음으로 그 애는 내가 항상 그 애의 표면 바로 밑에 있다고 느껴온 끓어오르는 분노를 잠시 접어두었지만, 지금 그 분노가 있던 자리에는 거대한 공허를 빼면 아무것도 남아 있지 않았다.

운동을 하자 기분이 좋아졌다. 수영장은 열심히 수영하기에 좋을 만큼 아주 시원했다. 나는 물살을 가를 때의 느낌에만 집중한 채 모든 것을 잊어버리고 열심히 헤엄쳤다. 덕분에 수영을 마치고 물 밖으로 나왔을 때쯤에는 몸은 피곤해도 긴장은 풀려 있었다. 쉴라의 수영 실력은 그다지 좋지 않았다. 한 번도 교습을 받은 적 없이 몇 년 동안 그냥 어림짐작만으로 해온 것 같았지만, 그래도 거의 나만큼 오래 헤엄칠 수 있었다. 우리 둘은 따뜻한 자쿠지 탕(수영장에 설치된 분류식 기포가 나오는 작은 탕—옮긴이)에 한참을 들어앉아 있었다.

그 애는 모텔 방으로 돌아와 거울 앞에 서서 수건으로 머리를 말렸다. 그러면서 거울에 비춰진 자신의 모습을 유심히 들여다보았다.

"절 좋아하세요?" 그 애가 물었다.

샤워를 끝내고 잠옷으로 갈아입은 나는 침대에 누워 TV 프로그램을 훑어보던 중이었다. 불시에 질문을 받은 나는 당황했다.

"음, 그럼, 물론이지."

"제가 바보스럽게 보인다는 거 알아요. 선생님도 그렇게 생각하시는 거 알구요."

쉴라는 여전히 거울에 비친 자신의 모습을 보며 말했다.

"아니야."

"아니에요. 선생님은 그렇게 생각하고 있어요. 모두가 그런 걸요. 저도 마찬가지예요." 그 애는 손가락으로 머리를 빗어 가지런히 흘러내리게 했다. "그러니깐 전 그냥 나처럼 보이는 게 싫어요. 그게 머리를 물들이는 이유예요. 멍청해 보이는 건 참을 수 있거든요. 그렇게 해서 나를 다른 사람으로 만들어낼 수만 있다면요."

🐋

그 애가 침대에 들고 난 뒤 나는 불을 껐다. 겨우 열한 시가 조금 넘었을 뿐이니 그렇게 늦은 시각은 아니었지만, 수영을 한 데다 감정적으로 힘든 하루였기에 나는 완전히 녹초가 되어 누우면 금세 잠이 들 판이었다.

하지만 쉴라는 잠을 이루지 못하고 이리저리 뒤척였다. 방이 워낙 어두워 소리만 들리고 보이지는 않았지만 뒤척이는 소리 때문에 잠을 이룰 수가 없었다.

"토리? 주무세요?"

"아니, 완전히 잠들지는 않았어."

침묵.

"뭐 말하고 싶은 거 있어?" 내가 물었지만, 이번에도 긴 침묵이 이어졌고, 그 애는 다시 한 번 몸을 뒤척였다.

"많은 게 변했어요."

조용한 목소리였다.

"어떤 점에서?"

"이주노동자 단지요. 제가 기억하던 것하고 많이 달라요."

나는 대꾸하지 않았다.

"기억이 나요. 몽땅 다 잊어버린 건 아니었어요." 잠깐 말이 멎었다.

"내 기억은 스위스 치즈 같아요. 커다란 구멍이 숭숭 뚫려 있는 스위스 치즈. 그렇지만 다른 것들…… 오늘 그 단지를 봤을 때 마치…… 그러니까 마치 거길 한 번도 떠난 적이 없었던 것 같았어요. 정말 생생하게 기억이 났어요."

그러고는 침묵, 내가 다시 잠 속으로 빠져들고 있는 걸 느낄 만큼 긴 침묵이었다.

"단지에 살 때 제가 밤마다 뭘 했는지 아세요?" 쉴라가 어둠 속에서 물었다.

"뭘 했는데?"

"그러니까, 아버지는 항상 밖에 나가 술을 마셔댔어요." 그 애는 우리가 다시 만난 후 처음으로 자기 아버지를 옛날 식으로 불렀다.

"날 내버려두고요. 거의 매일 밤 그랬죠. 아버지는 저한테 콘칩이나 아니면 그 비슷한 것 한 봉지를 주면서 자라고 말하고는 밖으로 나갔어요. 아버지가 나가고 나면 저도 자리에서 일어나 캠프 밖으로 나갔어요. 그러고는 돌아다니는 거예요. 밖은 어두웠어요. 진짜 밤늦은 시각이었거든요. 그래서 저는 불빛이 새어 나오는 곳을 찾아가곤 했어요. 그 당시 그 동네에는 전기가 안 들어와서 랜턴이나 회중전등 같은 것들밖에 없었죠. 저는 불빛이 새어 나오는 이런 집들을 찾아가서 창문 너머로 몰래 들여다봤어요. 언제나 그랬죠. 밤마다."

"왜? 혼자 있어서? 아니면 불빛 때문에?"

"네. 제가 원한 건 불빛이었어요. 그랬다는 게 기억이 나요. 하지만 대개는 그냥 어떻게 사는지 보려고요. 우리와 크게 다른 집은 별로 없었지만, 그래도 그냥 보고 싶었어요."

그 애는 말을 중단했다.

"그 때문에 아주 혼이 났죠. 아버지가 날 붙잡아요. 그러고는 피가 날 때까지 매질을 했어요."

붙잡아요, 그 애가 이 단어를 현재형으로 말하는 걸 들으니 쉴라의 어릴 적 어투가 연상되었다. 그 애가 그렇게 말하는 이유는 결국 알아내지 못했다. 다시 만났을 때 그 애는 청소년으로 나무랄 데 없는 문법을 사용하고 있었다. 어둠 속에 누워서 이런 예전 단어들과 말투가 다시 나타나기 시작하는 걸 듣고 있자니 기분이 묘했다.

"한 번은 경찰한테 붙잡히기도 했어요. 아니, 한 번 더 됐을 거예요.

사람들은 내가 뭘 훔쳤을 거라고 생각했지만, 전 안 그랬어요. 그냥 보고만 있었어요."

"이해가 가." 내가 부드럽게 말했다. "외로웠을 거야, 그렇게 자주 혼자 남겨졌으니. 어렸는데 말이야."

"네." 형체 없는 낮은 목소리가 어둠을 지나 내 귀로 들어왔다. "그랬어요."

긴 침묵이 이어졌다. 그때쯤엔 잠이 완전히 달아나버려 난 눈을 말똥말똥 뜨고 있었다. 커튼이 두꺼워서 모텔의 보안등까지 완전히 차단되었지만 이따금 주차장으로 들어오는 차들의 불빛이 천장 위에 잠깐씩 긴 빛줄기를 그리다 사라져갔다. 그때마다 천장에 발라진 벽토가 유난히 선명하게 드러났다.

"어떤 일이 있었는지 말해도 돼요?" 그 애가 물었다.

"여기서? 네가 어렸을 때?"

"네. 우리가 이주노동자 단지에 살던 때요. 제가 선생님 반이었을 때."

"그럼, 물론이지."

"바닥엔 매트리스가 하나 깔려 있었어요. 전 거기서 잤어요. 아버지는 소파에서 자구요. 하지만 아버지가 나가서 술을 마시고 집에 돌아올 때면…… 항상 누군가를 데려왔죠. 대개 여자들이었어요. 그들은 소파에서 섹스를 했어요."

"그래, 네가 전에 말했던 거 기억나."

"그렇지만 가끔은……" 그 애가 말을 멈췄다.

나는 어둠 속으로 귀를 세웠다. 가팔라져가는 그 애의 숨소리가 바로 옆 침대에 있는 것처럼 뚜렷이 들려왔다.

"그러니까 아버지는 마약을 하고 있었어요. 선생님도 아시죠?"

"그래."

"대부분은 헤로인이었어요. 그걸 가져다 주는 남자들이 있었구요. 두 명이었죠. 가끔 아버지는 그들을 집에 데리고 왔는데, 같은 사람일 때도 있었고 다른 사람이거나 둘이 함께일 때도 있었어요. 하지만 아버지는 그들에게 치를 돈을 충분히 가졌던 적이 한 번도 없었어요. 전 거기 누워서 아버지가 그들에게 애걸하는 소리를 듣던 게 기억나요. 자기에게 약을 달라고 애원하면서 어떻게든 돈을 구해 오겠노라고 했죠. 때로는 울부짖기까지 했어요. 그 소리를 듣던 게 생각이 나요."

나는 불빛이 천장을 지나갈 때 만들어내는 전조등의 검고 노란 무늬를 유심히 바라보았다.

"어쨌든, 그중 한 녀석은 아버지한테 그걸 싸게 주곤 했어요. 만일…… 그는 날 자기 옆에 누이는 걸 좋아했어요…… 나한테 성교 같은 걸 했던 건 아니에요. 그냥 어린 여자애들을 좋아했죠. 온몸을 어루만지는 걸요. 내가 그 사람 성기를 빨아주면, 마약을 싸게 얻었어요."

순식간에 피가 얼어붙는 것 같았다.

"왜 나한테 말하지 않았니?"

"선생님이 여섯 살짜리였다면 말할 수 있었겠어요? 게다가 그게 제 생활이었는걸요. 전 거기에 익숙해 있었어요."

⁂

쉴라가 잠든 후에도 나는 오랫동안 잠을 이루지 못했다. 쉴라가 우리 반이던 시절의 기억들이 하나 둘 되살아났다. 그렇게나 상황이 나빴던 것이다. 워낙 불우하고 방치된 상태였기에, 그 애가 입은 모든 해악을 원상태로 돌리고 싶었더라도 필요한 모든 조치를 취해볼 도리는 없었을 것이다. 그 당시에도 이 점을 알고 있었던 나는 한 번에 한 가지씩 그리 크지 않은 문제들에 접근해서 가능하면 그것들만이라도 바꿔보려고 했다. 하지만 그때와 지금의 중간 어디쯤에선가부터 나는 자신이 그 애를 최악의 상황에서 구해냈다고 믿기 시작했다. 그런데 이제 우리 반에 있을 때조차 그 애는 여전히 고통받고 있었다는 걸 알고 나니 가슴이 아팠다. 아니 그러리라고 꿈에도 생각지 못했다는 게 더 마음을 아프게 했다. 나는 자신이 무엇을 더 해야 했던가를 몇 번이고 곱씹어보았다.

2

이튿날 아침, 쉴라는 평상시의 좀 엉뚱한 그 모습으로 돌아와 있었다. 그 애는 욕실에서 머리를 빗느라고 한참을 꾸물거리더니 침대에서 일어났을 때보다 더 단정해 보이지도 않는 모습으로 나타났다. 옷차림새를 보니 귀엽긴 했지만 누덕누덕 기워진 짤막한 청반바지와 보지 않으면 믿지 못할, 라스베이거스의 플로어 쇼에서나 입으면 딱 어울릴 정도로 번쩍거리는 짤록한 녹색 상의를 입고 있었다.

그날은 독립기념일이었기에 채드네 식구들과 피크닉을 하기로 되어 있었다. 나는 이날을 무척 기다려왔다. 채드와 나는 최근 몇 년 동안 우리 관계를 육체적인 것에서 플라토닉한 것으로 변형시켜, 친밀하고 순수한 우정으로 발전시켜왔다. 우리는 격려 편지와 긴 전화 통화를 주고받으면서 이제 자주 연락하는 편이었다. 하지만 그의 아내나

세 딸을 만난 적은 한 번도 없었다. 더구나 쉴라까지 데려왔으므로 나는 이번 재회가 한층 더 즐거운 것이 되리라고 기대하고 있었다.

우리가 그 도시의 제일 끝 쪽, 한적한 비포장도로변에 위치한 채드의 집에 도착한 것은 오후 세 시경이었다. 한편에 차를 세 대나 넣을 수 있는 차고와 테니스 코트가 달린, 크고 멋진 새 집이었다. 이게 내 것이 될 수도 있었다는 걸 알기에 그 집을 보는 순간 후회, 아니 질투라고 부를 수도 있는 감정이 내 가슴을 아프게 훑고 지나갔다는 사실을 고백해야 하리라. 내가 특별히 그런 류의 집에 집착하거나 그런 식의 생활 방식을 바랐던 것도 아니고 테니스는 아예 치지도 못했지만, 그럼에도 그의 대단한 성공에 의연한 척하기는 불가능했다.

"휘유!"

쉴라는 대문을 지나 집 안 도로로 들어서면서 중얼거리듯 내뱉은 이 한 마디 말로 모든 걸 요약했다.

우리가 차에서 내리기도 전에, 채드가 문을 활짝 열면서 집에서 나왔고, "잘 왔어!"라고 말하는 그의 주위로 아이들도 와락 몰려나왔다.

그리고 그의 아내 리자도 그의 옆에 모습을 나타냈다. 라틴아메리카 혈통인 그녀는 검게 빛나는 멋지고 아름다운 눈을 가지고 있었다. 그녀 역시 변호사였는데 워낙 법정의 킬러로 명성이 자자했기 때문에, 나는 지금 보고 있는 모습과는 상당히 다르리라고 여겨왔던 게 사실이다. 하지만 그녀는 무척 사랑스러운 미인이었고 몸집도 작아서 동화 속의 여주인공을 연상시켰다.

채드가 자기 앞에 있는 작은 소녀를 끌어당기며 말했다.

"자 여기, 애가 우리 쉴라야."

채드의 쉴라와 나의 쉴라가 서로를 눈여겨보았다. 채드의 딸도 엄마처럼 깜찍하게 예뻤다. 자연스레 웨이브가 진 길고 검은 머리는 어깨너머로 부드럽게 흘러내렸고, 이중 초록색조의 디자이너 브랜드 옷이 짙은 머리색을 멋지게 강조해주었다.

"쉴라는 다섯 살이야."

딸애를 자기 쪽으로 끌어당기며 사랑스럽다는 듯이 채드가 말했다. 그 애는 채드를 올려다보며 웃음 지었다.

"그리고 여기…… 우리 아가씨들, 이리 와라. 잠깐만 서 있어봐. 얘는 브리짓드, 네 살이고, 또 얘는 매기야. 넌 몇 살이지, 매기?"

매기가 어찌어찌 하더니 손가락 두 개를 펴들었다.

"맞았어. 우리 똘똘이! 매기는 지난 토요일이 생일이었거든."

큰 딸과 마찬가지로 브리짓드와 매기도 웨이브가 진 검은 머리와 웃는 눈을 갖는 축복을 받았고, 둘 다 실용적이긴 하지만 비싼 옷들을 예쁘게 차려입고 있었다. 세 아이들 모두가 붙임성이 있고 활달해서 쉴라와 나에게 쉽게 말을 걸었다. 아이들은 어서 피크닉 탁자와 불꽃놀이 상자를 보러 뒷마당으로 가보자고 우리를 끌었다.

집 뒤편에는 안뜰로 통하는 문 가까이에 모래 상자를 놓도록 솜씨 좋게 구획 지어진 커다란 삼나무 마루가 있었고, 한쪽으로는 커다란 나무그네 세트와 정글짐이 있었으며 다른 쪽으로는 잘 가꾼 커다란 정원이 있었다. 낮게 울타리가 둘러쳐진 그 정원에서 보면 탁 트인 벌판이 내려다보였다.

"와서 우리 말들 좀 보세요."

채드의 쉴라가 쾌활하게 소리치고는 우리보다 앞서 풀밭으로 뛰어내려갔다.

"말 타기 좋아해요, 쉴라 언니? 내 말 타볼래요? 내가 잡아줄게요."

"고맙다." 쉴라의 목소리에는 뭔가 주저하는 빛이 있었다. "고마워, 하지만 지금은 말고, 괜찮지? 좀 있다가."

"글쎄, 와서 보라니까요. 엄마? 엄마, 사과 좀 줘요." 그 애는 마루까지 다시 뛰어 올라와서는 쉴라의 손을 잡았다. "이리 오세요. 우리 사과 좀 갖고 내려가요. 언니한테 보여주고 싶어요."

채드와 나는 마루 위 의자에 앉아 두 소녀가 잔디밭을 지나 저 아래 울타리 쪽으로 가는 걸 지켜보고 있었다.

"생각하던 것과는 좀 다르네."

채드의 목소리는 약간 신중했다.

"안 그래."

한동안 긴 침묵이 흘렀다.

"그 앤 변했어. 그렇지 않아?" 채드가 말했다.

나는 어떻게 대꾸해야 할지 알 수가 없었다. 내 첫인상 역시 그랬으니까. 하지만 나는 갈수록 사실은 쉴라가 거의 변하지 않았다는 걸 깨달아가고 있었다.

"내 말은, 저 머리 말이야."

내가 아무 말도 하지 않자 그가 말을 이었다. "게다가 저 옷들! 말들이 놀라 자빠질 거야." 그는 껄껄 웃었다. "아마 사춘기라 그렇겠지. 하지만 저러리라고는 전혀 예상 못했거든. 언제 봐도 아주 깜찍한 아이였잖아."

"그 당시 저 애에게는 다른 선택의 여지가 별로 없었어."

"요새는 어떻게 지낸대?"

나는 마루 의자에 앉은 채, 어린 쉴라와 함께 말 두 마리에게 사과를 먹이고 있는 그 애를 바라보았다. "나도 모르겠어. 아직 확실히 파악하지 못했어."

∂

나는 일찌감치 문제가 있다는 걸 감지했다. 쉴라는 처음부터 거기 모인 사람들 틈에 끼지 않고 겉돌았다. 채드의 아이들은 말 타기에서부터 바비큐 판에다 핫도그를 굽는 것에 이르기까지 온갖 놀이에 쉴라를 끌어들이려 했지만, 대개의 경우 그것은 허사로 돌아갔다. 처음에는 쉴라가 그냥 거리를 두고 있달 뿐이지, 불쾌하게 여기지는 않는 것 같았다. 그렇지만 오후가 지나고 저녁이 되어갈수록 그 애는 점점 더 애들로부터 멀어져갔다. 쉴라는 마당 주위를 어슬렁거리며 돌아다니거나 멍하니 그네를 타거나 하면서 홀로 따로 시간을 보냈다.

책임감을 느낀 나는 특히 리자에게 그 애의 행동을 그럴싸하게 얼버무리려고 애썼다. 쉴라를 어울리게 하려고 리자가 무척 신경을 쓰고 있었던 것이다. 내 보기엔 리자가 그냥 그 애를 무시할 수 있어서 하고 싶은 대로 하도록 내버려둔다면 사정이 더 나을 것 같았지만, 이것은 아이들을 대하는 리자의 타고난 천성과 배치되는 듯이 보였다. 리자가 활동가이자 사교가라는 건 처음부터 명백했다. 그녀는 매기와 브리짓드, 쉴라가 충분한 자극 속에서 사교적으로 자라길 바라는 마음에 아이들에게 각종 레슨과 과외활동으로 꽉 찬 스케줄을 짜주는 타입의 사람이었다. 모르긴 몰라도 아마 그 애들은 자기들 필로팩스(유명한 다이어리 상표—옮긴이)까지 가지고 있었을 것이다. 마찬가지로 피크닉도 모든 사람들이 '정말 즐거운 시간'을 보낼 수 있게끔 세세한 것까지 꼼꼼하게 배려되어 있었다. 쉴라가 함께 어울리기를 거부하는 건 그 애가

'정말 즐거운 시간' 을 갖지 못한다는 걸 뜻했기에, 이것은 리자를 대단히 난처하게 만들었다.

쉴라도 이런 상황을 만드는 데 한몫 거들었다. 리자를 쉽게 괴롭힐 수 있다는 걸 알아챈 쉴라는 저녁이 되고 나서는 전적으로 이 일에만 매달리기 시작했다. 그 애는 이제 노골적으로 지루해했다. 이제 채드의 아이들은 쉴라를 화나게 만드는 존재였다. 쉴라는 애들이 가까이 오면 매섭게 눈살을 찌푸렸다. 그중에서도 최악이었던 건 불꽃놀이를 거들떠보지도 않은 것이다. 채드가 불을 붙이자 불꽃이 하늘로 올라갔다. 번쩍! 쾅! 모두가 "우─" "와─" 하고 환성을 올렸지만, 쉴라는 지겨워하며 마루 난간에 기댄 채 안뜰 문을 통해 보이는 채드네 식당 탁자만 바라보고 있었다.

나 역시 점점 그런 상황에 끌려들어갔다. 쉴라의 무례한 행동에 속이 상한 나는 처음엔 변명거리를 찾다가, 그 다음엔 다른 사람들 눈을 피해 욕실로 불러 눈치를 주려고 했다. 그 애는 들은 척도 안 했다.

"왜 그렇게 화를 내니?" 내가 꾸짖었다.

"화난 사람은 선생님이잖아요." 차분한 목소리였다.

"다시 만난 이후로 넌 줄곧 나한테 화를 내고 있어. 모든 게 내 잘못인 것처럼 행동하고 있잖아."

"그럼, 안 그런가요?" 그 애는 이렇게 대꾸했다.

🐌

채드 집에서 마지막 한 시간을 어떻게 보냈는지는 생각도 안 난다. 말할 수 없이 화가 났다. 내 입장에서 보면 완전히 망친 저녁이었다.

나로선 채드의 아내와 딸들을 처음 만나는 자리인 데다가 몇 년 만에 처음으로 채드와 직접 대면하는 자리이기도 했다. 그런데 결국 얼마나 끔찍한 만남이 되고 말았는가. 나는 제일 가까운 버스 정류장에 쉴라를 데려가서 브로드뷰로 되돌아갈 버스표 한 장을 쥐어주고는 어서 가라고 말하고 싶을 정도였다.

차를 타고 모텔로 돌아올 때 차 안을 짓누르던 10분간의 침묵은 피를 말리는 것 같았다. 쉴라는 히죽거리며 고소해했다. 적어도 내가 느끼기엔 그랬다. 둘 다 기분이 엉망이었다. 하지만 설사 다른 조건이 다 똑같다고 해도 적어도 침착하고 무심한 듯이 보이는 쪽은 쉴라였다. 나는 그 애가, 자기는 모든 걸 초월해 있다고 생각한다는 걸 확실히 느낄 수 있었다. 시간이 흐를수록 나는 더 분통이 터졌다.

"그래, 오늘 저녁은 없었던 일로 해야겠지."

모텔로 돌아와 차에서 내리면서 나는 심술궂게 말했다. 열쇠를 더듬어 방 문을 열었다.

"선생님은 정말 통제광이시군요, 그거 아세요?" 쉴라가 말했다. "세상에, 선생님은 모든 걸 자기 멋대로 하려 들잖아요."

"그렇지 않아."

"선생님은 제 인생을 자기 거라고 생각해요. 선생님이 나를 만들어냈다고요. 선생님은 날 선생님 책 속의 인물로만 생각해요."

"그렇지 않아!" 나는 반박했다.

"선생님은 그래요. 나는 오늘 밤 거기 가고 싶다고 말한 적 없어요. 약속을 한 건 바로 선생님이고 내 의견은 물어보지도 않았잖아요. 왜 내가 거기 가고 싶어해야 하죠? 난 그 사람들을 알지도 못하는데."

"왜 몰라. 채드가 있잖아. 기가 막히네."

쉴라는 거만하게 어깨를 으쓱했다. "난 그 남자 몰라요. 가니까 그 멍청한 애들하고 누군가가 있긴 하더군요."

"그 사람이 채드야. 널 주립병원에 보내지 못하게 해준 사람이야. 어느 누구도 네 편에 서지 않을 때 네 편에 서준 사람. 그 모든 걸 해준—"

그 애는 칼을 내려치는 것처럼 팔을 사납게 아래로 내려치면서 내 말을 잘랐다.

"그래서 고맙다고 절이라도 하라는 거예요?" 그 애의 목소리가 올라갔다. "그게 선생님이 원하는 거죠. 당신들이 나한테 그렇게 해줬으니 당신들한테 우라질, 무지무지 고마워해야 한다, 이거죠. 그렇지 않아요? 그게 선생님이 바라는 거예요."

"아니야."

"그렇잖아요. 짜증나게 빙빙 돌리지 말란 말예요, 토리. 그게 선생님이 원하는 거예요. 자신을 정말 좋은 사람으로 꾸미는 거요. 그게 선생님이 돌아온 유일한 이유예요."

"그렇지 않아!" 내가 소리쳤다.

그 애의 얼굴을 보며 나는 괴물 하나가 풀려나왔다는 것을 깨달았다. 그 애의 얼굴은 분홍색에서 붉은색으로, 다시 선홍색으로 변해갔고 이마의 정맥은 금방이라도 튀어나올 것 같았다. 부릅뜬 눈과 질끈 깨문 입술. 경고의 벨소리가 내 마음 깊숙한 곳 어디에선가 울려퍼지며 나 자신의 신체적 안전을 경계하게 했다.

"선생님은 내 인생을 더 낫게 만들었다고 생각하죠?"

거의 비명이었다. 그 애의 목소리는 단어 하나씩을 뱉어낼 때마다 점점 더 높아져갔다.

"선생님이 문제를 해결했다구요? 아니에요. 더 나쁘게 만들었어요. 당신들이 없을 때보다 몇백, 몇천 배나 더 나쁘게요."

"그만, 그만 해!"

"싫어요!" 그 애는 사납게 울부짖었다. "선생님이나 그만 해요. 선생님이야말로 오만 참견을 다 하는 인간이라구요. 내 인생을 팽개치고 떠난 사람이 선생님이라구요!"

나는 그 애를 가만히 쳐다보았다.

"선생님은 날 기만했어요. 그 교실로 날 데려가서는 온갖 장난감을 갖고 놀게 하고, 갖가지 책들을 다 읽어주면서 내가 백만 달러짜리라도 되는 듯이 느끼게 만들었어요. 그런데 그러고 나서는 어떻게 했죠? 나랑 같이 있었나요? 내 마음을 그토록 차지하더니 그러고 나서 날 돌봐줬나요?"

입술 양 끝이 축 처져서 그 애는 금방이라도 울음을 터뜨릴 것 같았다. 쉴라는 진저리라도 치듯이 숨을 길게 들이쉬었다.

"선생님은 날 기만했어요. 떠날 거란 걸 전부터 알고 있었으면서 말예요."

"일부러 그런 건—"

내가 입을 열었지만, 쉴라의 속사포처럼 쏘아대는 말투에 밀려 더 이상 이야기를 할 수가 없었다.

"그랬어요! 선생님이 나한테 한 그 모든 빌어먹을 짓들이 다 의도적이었다구요. 난 그때까지만 해도 내 인생이 얼마나 끔찍한지 전혀 몰랐어요. 그런데 당신이 왔고, 갑자기 생판 다른 세상이 거기에 있는 거예요. 선생님은 의도적이었어요. 모든 걸 조정했죠. 나를 똥덩어리로 만들어놓고는 내가 꽃처럼 향기를 풍긴다고 생각하게 만들었어요."

"쉴라, 들어봐."

"선생님이 날 사랑한다고 믿게 만들었고요."

"널 사랑했어, 쉴라. 아직도 그래."

"흥, 웃기는군, 말도 안 되는 소리 말아요. 어떻게 그런 말이 나오죠? 날 버리고 갔잖아요."

"쉴라―"

"선생님은 정말 굉장한 영향력을 갖고 있었죠. 난 선생님을 끔찍이 사랑했어요. 정말 끔찍이. 그런데 선생님은 어떻게 했죠? 날 그 문 밖으로 쫓아내고는 떠나버렸어요."

"쉴라, 제발―"

"하지만 이제 다시는 그런 짓을 할 수 없을 거예요!"

그 애는 울부짖으며 내가 무슨 일이 일어났는지 깨닫기도 전에 모텔 방문을 열고 뛰쳐나가버렸다.

14

충격을 받아 잠시 멍하니 서 있던 나는 그 애가 어디로 갔는지 보려고 문 쪽으로 달려갔다. 하지만 쉴라는 눈 깜짝할 사이에 어둠 속으로 사라지고 말았다.

"쉴라? 쉴라, 어디 있니?" 소리쳐 불러보았다.

길가로 나서는 문이 열려 있었다. "거, 밖에 좀 조용히 합시다!" 누군가가 소리쳤다.

나는 완전히 공포에 사로잡혀 모텔 문을 닫고 안으로 들어왔다. 이제 어떻게 하지? 방 안을 둘러보았다. 그 애의 빈약한 소지품들이 침대 주변에 어수선하게 널려 있었다. 어떻게 해야 하지? 그 애가 제 발로 돌아올까? 찾으러 나가야 하지 않을까? 아니면 그냥 혼자 있게 내버려둬야 하나? 나는 무력감으로 몸이 마비될 것 같았다.

침대에 앉아 생각을 다시 정리해보려고 애썼다. 갈 만한 곳이 어디

일까? 이주노동자 단지가 제일 먼저 마음에 떠올랐지만, 거기에 가지는 않았을 것 같았다. 이 밤중에 혼자서 거기에 갈 정도로 분별력이 없지 않은 건 확실했다. 게다가 뭣 때문에? 그 애가 아는 사람이 아직도 거기에 있을까? 그럴 것 같지는 않았다. 아직도 메리스빌의 누군가와 연락을 하고 있는 낌새 같은 건 전혀 없었다.

그럼 어디로 갔지? 내가 추측할 수 있는 유일한 장소는 우리가 함께 시간을 보냈던 곳들이지만, 지금 상황이라면 그 애가 금세 어딘가로 갔으리라는 상상도 하기 힘들었다. 가장 그럴듯한 가능성은 그 애가 도시 중심가로 갔으리라는 예상이었는데, 상점가는 청소년들이 우울할 때 주로 도피하는 장소라는 단순한 근거에서였다. 이렇게 밤늦게까지, 특히 메리스빌만 한 지역에서 문을 연 데는 거의 없겠지만, 그래도 오늘은 7월 4일 밤이니…… 걱정이 된 나는 차 열쇠를 주워 들고 쉴라를 찾으러 나섰다.

마을을 돌고 또 돌고 돌다 보니 거리들이 점차 다시 낯익은 곳으로 바뀌어갔다. 오래전에 잊어버렸던 메리스빌에서의 기억들이 다시 떠오르기 시작했다. 메리스빌은 밤중이 되면 아주 조용한 도시였다. 주(主)도로로 '진입하는' 두세 대의 차들이 있었다. 그렇지 않았더라면 몇 블록, 때로는 몇 마일을 가도 내 차 말고는 달리는 차들을 볼 수 없었을 것이다. 도심을 서너 번이나 돌아봤지만, 그 애의 흔적은 없었다. 거기서부터 주도로를 따라가다 보니 쇼핑몰 주변에 형성된 상가지역이 나왔다. 나는 도시 밖으로 나가는 도로들을 연결하는 간선도로를 타고 도시 전체를 빙 돌아 결국 이주노동자 단지가 있는 곳까지 갔다.

거기는 메리스빌의 다른 곳과 달리 사람들이 자지 않고 돌아다니고 있었다. 사실 몇 군데는 너무나 활기가 넘쳐 있어서, 예전과 달리 단지

주민들 모두가 힘든 노동으로 하루를 보내는 건 아닌가 보다는 생각까지 들었다. 좀 더 빈곤한 사람들이 사는 변두리 쪽에는 남자들이 여기저기 마약이나 술에 취해 널브러져 있어 몹시 불안했다. 도저히 차창문을 내릴 마음이 나지 않았고, 차를 멈추고 쉴라만한 여자애를 봤는지 물어볼 엄두는 더더욱 나지 않았다.

메리스빌에 대한 내 좋은 기억들 모두가 그 도시 주위를 돌아다닌지 얼마 되지 않아 산산히 무너져버리고 말았다. 나중에는 완전히 정나미가 떨어져서 어서 빨리 간선도로로 해서 모텔로 돌아갔으면 좋겠다는 마음뿐이었다. 그렇지만 워낙 걱정이 되었던 터라 밤늦은 시간까지 계속 돌아다닐 수밖에 없었다.

드디어 내가 쉴라를 찾은 건 시간이 한참 지난 새벽 두 시경이었다. 쉴라는 예전의 우리 학교에서 그리 멀지 않은 한 주택가의 도로를 따라 걷고 있는 중이었는데, 그곳은 내가 전혀 예상하지 못했던 곳이었다. 내가 그 길로 간 건 순전히 우연이었다. 중심가의 다른 지역으로 가볼 요량으로 지름길을 택했던 것이다. 나는 보도 가까이에 차를 대고 창문을 내렸다.

"여기 봐, 미안해. 우리 모텔로 돌아가서 이야기하자, 응?"

희미한 가로등 불빛 속에서 커다랗고 어두워 보이는 그 애의 눈은 흡사 길들여지지 않은 동물 같은 인상을 주었다. 나는 그 애가 놀랐고 이런 일이 일어나리라고 전혀 예상하지 못했다는 걸 느낄 수 있었다.

"미안하구나. 이리 와, 응? 나랑 돌아가자."

나는 몹시 후회스러워하며 말했으나 그 애는 머리를 흔들었다.

"싫어요. 가세요. 필요 없어요."

"제발, 응?"

그 애가 나를 노려보았다.

"저기, 있잖아. 우리 햄버거 같은 거나 먹으러 가자. 모텔로 돌아가기 싫으면. 괜찮지?" 망설이는 쉴라의 모습에 나는 용기를 얻었다. "우리 레니즈 식당으로 가자. 거긴 밤새 여는 곳이니까. 같이 가자, 제발."

천만다행으로 그 애는 옆좌석 문을 열더니 차에 올라탔다. 거의 쓰러지다시피 차에 주저앉은 걸로 봐서 얼마나 피곤한지 알 수 있었다. 나는 노랑머리와 우스꽝스런 옷차림을 하고 피곤해서 녹초가 된 그 애를 힐끗 보았다. 세상에, 열네 살짜리에게 얼마나 가혹한 일인가.

식당에 들어가자 쉴라는 음식 한 접시를 허겁지겁 먹어치웠고 나는 그동안 커피 한 잔과 도넛 하나를 먹었다. 하지만 그 애는 아무 말도 하지 않았고 나 역시 강요하지 않았다. 그러기에는 우리 둘 다 너무 피곤했던 것이다.

그런 다음 그 애는 아무 저항 없이 나를 따라 모텔로 돌아왔다. 방에 들어오더니 침대에 걸터앉아 무거운 부츠를 벗기 시작했다.

"난 여기 있지 않겠어요. 내일 여기서 나갈래요." 쉴라의 목소리는 가라앉아 있었다.

"그래, 나도 떠날 준비가 된 것 같아."

"아니에요, 토리. 그런 뜻이 아니에요." 그 애가 나를 올려다봤다. "같이 안 갈래요. 선생님이랑 네 시간씩이나 차 안에 같이 있기 싫어요. 나 혼자 집에 가겠어요."

나는 그 애를 마주 보았다.

"선생님이 막을 순 없어요." 내가 말이 없자 그 애는 이렇게 덧붙였다.

"아니야, 안 막을게. 네가 그러고 싶으면, 내일 버스 정류장까지 같이 가서 차표를 사자. 그러면 첫차를 탈 수 있을 거야."

"차표는 내가 살 거예요."

"아니야, 쉴라. 내가 사주고 싶어서 그래. 돈을 아껴."

"싫어요. 말했잖아요, 내가 살 거예요. 난 선생님 게 아니에요. 그러니까 관둬요."

나는 피곤해서 고개를 끄덕였다. "알았어. 그렇게 해."

불을 끄고 침대에 누워 어둠 속을 뚫어지게 바라보았다. 무엇이 잘못된 건가? 그토록 친밀해 보였던 어젯밤과 세상이 무너지기라도 한 것 같은 오늘 밤 사이에 무슨 일이 일어난 건가? 내 생각을 읽기라도 한 것처럼 쉴라가 말했다.

"선생님은 날 버리셨어요. 그게 얼마나 큰 상처를 줬는지 모르시겠어요?"

그 애의 목소리는 워낙 작아서 한밤의 적막 속에서도 거의 알아듣기 힘들 정도였다.

"그러고 싶지 않았어, 쉴라."

"그런데 왜 그러셨죠?"

"그냥 상황이 그렇게 됐기 때문이야. 난 교사였어. 6월이 되면 학년이 끝나는 거고, 그걸 가지고 내가 어떻게 해볼 수는 없어……"

"선생님이 한 건 옳지 않았어요." 여전히 속삭이는 목소리였다.

기나긴 침묵이 이어진 뒤 다시 쉴라의 목소리가 들려왔다. "선생님은 날 버리고 떠났어요."

"미안하구나. 진심으로."

"거기다 그것만이 아니에요. 선생님은 떠나면서 다른 것들도 몽땅 다 가져가버렸어요. 전부 다요. 그렇게 다시 몽땅 가져갈 거였으면 무슨 권리로 그런 것들을 나한테 줬어요?"

❧

독립기념일 연휴도 끝나고 월요일부터 여름학교 프로그램이 다시 시작되었지만, 쉴라는 나타나지 않았다. 메리스빌에서 버스를 태워준 이후로는 아무 소식도 없었다. 다른 무엇보다도 그 애가 집에 무사히 갔는지 확인이라도 하고 싶어 전화를 걸고 싶었지만, 내 직관은 그냥 내버려두는 게 좋다고 이야기하고 있었다.

항상 내 기분을 예민하게 알아채곤 하는 제프가 점심을 먹은 후 사무실 구석으로 날 끌고 갔다.

"자, 그래 무슨 일이죠? 오랑우탄 아가씬 대체 어떻게 된 거죠?"

나는 메리스빌을 방문했을 때 일어난 일들을 대충 이야기했다.

"휘유—" 그가 상처라도 만진 것처럼 대꾸했다.

지난주 연휴 동안 책상 위에 그대로 펼쳐져 있던 의학 잡지를 제프가 치우는 사이 잠시 말이 끊어졌다. 그런 다음 그가 나를 쳐다보았다.

"이제 그 애를 좀 알 것 같아요. 그 애는 이미 엄마한테서 버림받은 경험이 있어요. 그런 판에 당신이 나타나 그 애가 그토록 갈구하던 관심과 보살핌을 듬뿍 쏟아붓더니, 다시 사라져버린 거예요. 여섯 살짜리가 당신의 행동과 자기 엄마의 행동이 어떻게 다른지 이해하기는 어려웠을 거예요."

"그래요, 알아요. 하지만 그건 달라요. 난 그 애 선생이었어요."

"알아요, 물론 당신은 그 애 선생이었죠. 그런데 당신 과목은 무엇이었죠, 헤이든? 산수? 읽기? 아니면 사랑? 자신감? 자부심?"

"내가 어떻게 했어야 한다는 건가요? 걔를 그냥 내버려뒀어야 했어요? 이 믿기 힘들 만큼 뛰어난 애가 그보다 더 믿기 힘들 만큼 어려운 상황 속에 있는 걸 보고도 아무것도 하지 말아야 했어요?"

제프는 책상 의자에 등을 기대며 입술을 오므렸다.

"그렇게 해서는 안 됐다고 말하는 거예요?" 내가 또 한 번 되풀이했다. "당신 생각에는요?"

나는 고개를 돌리며 한숨을 지었다. "그건 사실 무의미한 질문이에요. 시간을 되돌릴 순 없어요. 바꿀 수 있는 것도 없고요. 진짜 문제는 이제부터 내가 어떻게 해야 하는가예요."

제프는 엄지손톱 위에 종이클립을 흔들리지 않게 놓더니, 그것을 겨냥하여 책상 위 연필꽂이 안으로 탁 쳐 넣었다.

"이런 일이 났을 때 누구나 하는 식으로 하세요. 당신이 그래도 상처보다는 도움을 더 많이 주었길 기도하는 거죠."

⁂

쉴라는 그 주 내내 프로그램에 나오지 않았고 그 다음 월요일에도 마찬가지였다. 월요일 오후 늦게 병원 내 사무실에 앉아 있는데 누가 문을 톡톡 두드렸다.

"네? 들어오세요."

가만히 문을 연 사람은 쉴라였다.

"얘기 좀 해도 돼요?"

나는 고개를 끄덕였다.

"제프도 여기 있어요? 둘이서만 얘기하고 싶은데. 제프가 들어오는 건 싫어요."

"아니, 오지 않을 거야. 지금 병원에 있는데 오늘은 이곳에 오지 않을 거야."

쉴라는 등 뒤로 문을 닫은 다음 제프의 책상 쪽으로 왔다. 그러고는 제프의 의자를 꺼내서 거기 앉더니 주위를 둘러보았다.

"아하, 여기가 선생님 사무실이군요, 헤?"

"그래."

나는 파일을 하나 정리하던 중이라 그걸 끝내려고 다시 자리에 앉았다.

쉴라가 제프의 게시판을 찬찬히 들여다보았다.

"확실히 선생님들은 비슷해요. 보세요, 선생님 물건이나 제프 물건이나 똑같은 식으로 정리되어 있잖아요. 심지어 핑크팬더 용품들까지 똑같군요. '여기는 제프 자리입니다.' 여기에는 이렇게 써 있네. '여기는 토리 자리입니다.' 이런 게 어디서 났어요?"

"제프가 갖고 왔어." 내가 대꾸했다.

"그를 사랑하세요?" 쉴라는 책상 의자를 천천히 앞뒤로 끄덕거리며 물었다.

"난 그를 좋아해. 굉장히. 하지만 남녀간의 사랑을 뜻하는 거라면, 아니야. 다른 사람이 있어."

"오호? 누구예요? 누구랑 같이 있는 걸 본 적이 없는데."

내가 그 애를 쳐다보았다. "내 애정 생활에 관해 물어보려고 브로드뷰에서 여기까지 온 건 필시 아닐 테고."

"네, 그냥, 선생님의 주의를 끌려고 그래봤어요. 제가 들어온 이후로 거의 쳐다보지도 않으셨잖아요. 얼간이처럼 지금 쓰고 있는 거기다에만 코를 박고 계시니까요."

나는 파일을 덮어 바구니 안에 넣어두고는 의자를 그 애 쪽으로 돌렸다.

"자, 됐지?"

"읏, 저것 봐요. 내 시를 저기 붙여놨군요. 내 시를 벽에 걸어놨다는 애긴 한 번도 안 하셨잖아요."

"그땐 네 소식을 별로 듣지 못했어. 주소도 몰랐고."

"네, 그땐 어린이집에 있었어요. 저걸 쓸 때는요."

그 애 어조는 산들바람이 부는 것처럼 가벼웠고 태도 역시 느긋하게 의자를 돌리고 있는 모습이 평온하기만 했다. 이때의 쉴라 모습을 본 사람이라면 우리 사이에 무슨 일이 있었으리라곤 상상도 못했을 것이다. 브로드뷰에서 여기까지 오려면 버스로 45분에다가 정류장에서 여기까지 족히 10여 분 이상을 걸어와야 한다. 그러니 이것이 우연한 방문일 리는 없었다. 그럼에도 쉴라는 아무런 낌새도 보이지 않았다.

"내가 어떻게 해줄까?" 내가 물었다.

"글쎄요, 다섯 시가 다 됐네요. 전 선생님이 이태리 음식점 같은 데라도 데려가고 싶어하지 않을까 하고 생각했어요. 꼭 피자여야 하는 건 아녜요. 스파게티를 먹으러 갈 수도 있죠. 아니면 선생님이 원하시는 것도 괜찮아요."

나는 씩 웃었다.

"그렇지 않으면 선생님이 절 집으로 데려갈 수도 있겠죠. 선생님 집에 한 번도 못 가봤잖아요. 먼저 슈퍼마켓에 들러 재료를 살 수 있으면 선생님께 저녁을 해드릴 수도 있을 거예요. 난 참치랑 버섯수프 통조림으로 진짜 맛있는 걸 만들 수 있어요."

"정말 맛있겠구나. 그런데 안됐지만, 난 오늘 저녁에 이미 약속이 있어."

그 애가 얼굴을 떨구었다. "아까 말한 남자하고요?"

나는 고개를 끄덕였다.

바위처럼 무거운 침묵이 흘렀다.

"애, 미안하구나. 그랬으면 나도 정말 좋았을 텐데. 하지만 네가 올 줄 몰랐어. 아마 다음에는 그럴 수 있을 거야."

머리를 아래로 숙이는 바람에 노란 머리가 앞으로 쏟아져 쉴라의 얼굴은 잘 보이지 않았다. 그 애는 무겁게 한숨을 쉬었다.

"선생님한테 죄송하다는 말을 하려고요." 그 애는 이렇게 중얼거리고는 잠시 말이 없었다. "그리고 선생님 집에 가보고 싶었어요."

15

화요일 아침 쉴라는 다시 학교에 나왔다. 쉴라는 전날 오후 나랑 있을 때처럼 아무 특별한 일도 일어나지 않았고 자신이 프로그램에 빠진 적도 없는 듯이 행동했다. 나는 제프를 윽박질러 그 일을 문제 삼지 못하게 했다. 미리엄 선생이 은근히 왜 안 왔는지 물어보자 쉴라는 그동안 아팠다며 아무렇지도 않은 듯 거짓말을 했다.

쉴라를 보자 알레조는 무척 기뻐했다. 쉴라가 문을 열고 들어서자 알레조의 작은 얼굴이 환하게 빛났다. 알레조는 교실을 가로질러 뛰어가 팔로 쉴라를 휘감으며 열광적으로 매달렸다. 알레조의 이런 태도는 우리 모두를 놀라게 했는데, 왜냐하면 알레조는 여전히 집단에 섞이지 않고 예측할 수 없는 상태로 있었기 때문이다. 하지만 우리보다 더 놀란 사람은 쉴라였다. 소년이 그렇게 뜨겁게 매달리자 처음 쉴라의 얼굴에는 경계의 표정이 스쳐갔다. 그러나 그 애는 금방 웃으면서 몸을 굽혀 알레조를 안아주었다.

여름 프로그램 내내 쉴라 역시 알레조처럼 벽이 느껴졌었다. 이것이 그 애에게 특별히 자연스런 환경이 아니라는 건 지금에 와서 명백해졌다. 그 애는 십대 소녀들이 그런 것처럼 자연스럽게 어린아이들을 대하지 않았고, 힘든 상황을 만나기라도 하면 혼란스러워했다. 내 생각으로는 아직도 아이들의 처지가 자신과 흡사하게 느껴져서 마음이 편치 않기 때문인 것 같았다. 제프와 나는 이 문제를 상의했지만, 이제 프로그램이 얼마 남지도 않은 터라 그냥 놔두는 게 최선이라고 판단했다. 하지만 쉴라에게서 더 큰 도움을 기대하는 건 아마 무리일 것이라는 데 우리는 의견 일치를 봤다.

쉴라는 우리에게로 다시 돌아온 것이 진심으로 기쁜 듯했다. 기분이 아주 밝은 건 아니었지만 적극적이었다. 여태까지 쉴라가 긴장을 풀고 자연스럽게 대한 아이는 오직 알레조뿐이었다. 가끔은 데이비드에게도 그렇게 대했지만, 특히 여자애들과는 접촉을 피해왔기에 카일리와 타마라와 바이올렛에게 좋은 역할 모델이 되기를 바랐던 우리로서는 심히 유감스러웠다. 그렇지만 이날 오전 쉴라는 여러 아이들에게 진심에서 우러난 따뜻함과 너그러움을 보여주었다. 바이올렛에게조차 그랬다.

여름 과정 동안, 바이올렛은 쉴라에게 반했다고밖에 표현할 수 없는 태도를 보였다. 그 애는 쉴라의 주의를 끌려고 옆에 앉거나 손을 잡아보는 둥 온갖 애를 다 썼다. 하지만 아무 소용도 없었다. 예쁘지 않은 얼굴에 끊임없이 성가시게 구는 커다랗고 볼품없는 소녀인 바이올렛을 받아들이는 건 최상의 상황에서도 결코 만만한 일이 아니었다. 쉴라는 그 애의 집요한 열정을 귀찮아했고, 자기를 만지려는 바이올렛의 계속되는 노력을 끔찍하게 싫어했다. 나는 그러한 열정이 바이올렛 또래의 여자아이들에게는 지극히 정상이며 심각한 의미 같은 건 없다는 걸 쉴라에게 이해시키려고 애썼지만, 자신이 여자임을 좀 거북하게 여기는 쉴라로서는 이런 접근이 혐오스럽게만 받아들여졌다. 그러나 이날 아침 쉴라는 바이올렛의 횡설수설에도 끈기를 갖고 들어주었고, 바이올렛이 자기를 만지는 것까지는 받아주지 않았지만 간식 시간에 옆에 앉는 건 허용해주었다.

간식 시간이 끝나고 나서 우리는 길 건너편 공원으로 아이들을 데리고 갔다. 쉴라는 그네를 타는 카일리를 밀어주고 데이비드와 마이키는 정글짐 꼭대기까지 올라가도록 도와주며 아이들과 활기차게 놀아주었다.

나는 무슨 일이 일어나고 있는지 깨달았다. 수면 위에 보이는 모습은 그토록 우아하지만 물 밑에서는 지옥 같은 발젓기를 해야 하는 백조처럼, 쉴라도 나와의 사이에서 벌어졌던 모든 분란이 사라지거나 적어도 더 이상 눈에 띄지 않기를 바라면서 태연한 척 활기 있게 움직이고 있었던 것이다. 오전 내내 그 애를 관찰하면서 나는 이런 행동 방식이 그 애에게 얼마만큼 도움이 될지 고심했다.

그 애가 이 문제를 그냥 덮어두도록 놔두기보다는 직접 부딪혀봐야 한다고 느낀 나는 펜톤 불리바드로 데려다주는 길에 그 애를 다그쳤다.

"마침 얘기하기 좋은 때인 것 같아." 나는 학교 밖으로 차를 몰고 나오며 말했다.

"네? 무슨 얘기요?"

"우리들 얘기. 독립기념일 그 주에 있었던 일 말이야. 너는 내게 뭔가 화를 내고 있는 게 확실해. 내 생각엔 그런 감정은 씻어버리는 게 우리 둘 다에게 좋을 것 같거든."

쉴라는 마치 웬 뚱딴지 같은 소리냐는 듯이 어깨를 으쓱했다.

"네가 어렸을 때 내가 널 내팽개치고 가버린 걸로 생각한다는 느낌을 받았어."

"그렇게 말한 적 없어요."

"네가 무척 화가 났다는 이야기도 들었어. 내가 널 궁지에 빠뜨리고도 전혀 개의치 않고 그냥 가버린 걸로 생각했다고 말이야."

"상관없어요. 지금은 화나지 않아요."

"쉴라, 이런 것들은 정면에서 부딪혀야 해. 네가 그렇게 격렬하게 느끼고 있다면 사라져버린 듯이 행동한다고 해서 그냥 없어지지 않아."

그 애는 어깨를 으쓱했다.

"모르겠어요. 조만간에 내 인생의 다른 것들도 모두 사라질 텐데요. 왜 그것들만 그러면 안 되나요?"

"쉴라."

"알았어요, 알았다구요. 그래요, 전 화가 났었어요." 그 애는 지친 듯이 말했다. "그래서요? 사람은 누구나 화날 때가 있잖아요? 전 이제 그런 감정을 극복했으니까 그냥 내버려두세요."

나는 대답하지 않았다.

그 애가 나를 건너다보며 다독거리는 듯한 웃음을 지었다. "선생님은 제가 죄송하다고 말했으면 하시죠? 그래요, 전 멍텅구리였어요. 진심이 아니었어요."

"나한테 화내도 괜찮아. 상관없어. 하지만 우리 그 문제에 서로 솔직해지자."

"아니에요, 전 화나지 않았어요. 그냥 어리석었죠, 그게 다예요. 그럴 때가 있어요. 그러니까 잊어버리세요. 없었던 것처럼 지내요."

"그렇지만 그건 있었던 일이야."

"내가 없었다면 그건 없는 거예요." 그 애가 나를 바라보았다. "무슨 일이든 사람들이 그게 존재한다고 믿을 때에만 존재하는 거예요. 이건 진리예요. 책에서 봤어요. 그리고 그렇다는 걸 내가 알고 있으니 그건 진리예요."

"그래서 우리가 말다툼을 했다는 걸 네가 믿지 않으면 우리는 그런 적이 없는 게 된다는 이야기니?"

"무엇이든 존재할 때만 우리를 괴롭힐 수 있어요. 그리고 우리가 존재하게 놔둘 때만 그것들은 존재할 수 있고요."

그러고는 침묵이 흘렀다. 오래전 다른 교사의 교실에서 쉴라가 큰 말썽을 저지르고 나서 그 애와 같이 틀어박혀 있던 어두운 학교 서고가 돌연 내 머릿속에 떠올랐다. 교장은 쉴라에게 그 당시 우리 학교에서 인정되던 체벌의 하나인 '매질'을 했다.

상황을 통제하지 못한 것과 집에서도 이미 신체적으로 학대받는 아이를 학교에서까지 매 맞게 한 게 괴로웠던 나는, 내가 학교에서 유일하게 찾을 수 있었던 은밀한 장소인 그곳에 틀어박혀 문제를 풀어보려 했다. 그렇지만 쉴라는 그날의 경험을 단숨에 극복한 것 같았다. 사실 쉴라는 교장이 때릴 때 전혀 울지 않았다는 사실을 자랑스럽게 말하기까지 했다.

"마음이 아프진 않았어?" 나는 놀라워하며 물었다. 그 애는 여섯 살 아이고 나는 스물네 살 난 어른이었는데 내 쪽이 가슴이 아팠다.

"그런 식으론 아무도 날 아프게 할 수 없어요." 그 애가 태연하게 대꾸했다. "내가 울지 않으면 아파한다는 걸 모르죠. 그러니까, 날 아프게 할 수 없어요."

7년이 지났으나 쉴라는 여전히 그 이론의 변형에 따라 움직이고 있었다.

🔔

여름 학교는 이제 딱 2주밖에 남아 있지 않았다. 제프와 나는 이 프로그램이 가져다준 결과에 크게 기뻐하고 있었다. 물론 문제들도 있었고, 다음번에는 개선해야 할 것들이 수없이 많았지만, 그래도 대체로 보면 프로그램은 썩 잘 운영되어온 편이었다.

환자들에게 이런 성격의 프로그램을 제공할 때 확실한 장점 한 가지는 자연스런 환경에서 치료할 기회를 갖는다는 것이었다. 아이들 몇 명은, 그중에서도 특히 카일리와 마이키는 집단환경과 격려하는 분위기에 잘 적응해 서서히 회복되어가고 있었다.

이런 환경은 진단 측면에서도 똑같이 쓸모가 있었다. 그중 두세 명은 뚜렷한 개선의 징후 없이 꽤 오래 병원에 다녔던 애들이었다. 제프와 나는 하루에 세 시간씩, 일주일에 5일씩을 다양한 활동을 전개하며 아이들과 함께 있다 보니 병원의 정신과 상담 시간에만 국한해서 아이들을 만날 때보다 더 정확하게 아이들의 문제를 평가할 수 있었다.

타마라가 좋은 예였다. 그 애는 여섯 살 때 주치의의 의뢰로 우리 병원에 처음 왔다. 주치의는 타마라의 팔뚝에 나 있는 상처를 치료했는데 아무리 애를 써도 낫지 않았다. 타마라가 스스로 상처를 내고 있어서 치료가 안 되는 게 아닐까란 그의 의심은 곧 확인되었다.

타마라는 이 병원에서 처음 18개월 동안은 다른 정신과 의사의 진료를 받았으나, 남자 의사의 치료를 받으면 더 빨리 나을지도 모른다는 희망으로 제프에게 의뢰되었다. 그 후 10개월간 주마다 놀이치료를 시도해봤지만 타마라의 파괴적인 충동을 억제하는 데는 별 도움이 되지 못했다는 게 제프의 판단이었다.

여름 프로그램을 통해 우리는 몹시 불행하고 복잡한 이 어린 소녀가 나이가 많고 적고에 관계 없이 거의 대부분의 사람들과 관계 맺기에 어려움을 겪는다는 걸 알게 되었다. 두툼한 그 애의 진료 기록들이 말하고 있듯이 타마라의 행동에는 우울증의 요소가 있을 수 있었다. 하지만 그 우울증은 아무도 자신을 좋아하지 않는다고 느끼는 데서 온 지극히 자연스런 반응이었다. 보통 방법으로는 자기가 필요로 하는 관심을 얻을 수 없었던 타마라는, 상처가 다른 사람들의 주목을 끈다는 사실을 발견했다. 프로그램 과정 동안 우리는 일이 자기 뜻대로 풀리지 않는 몇몇 경우에 타마라가 자기 몸에 상처를 낸다는 걸 알았다. 제프는 이런 이해를 무기로 해서 타마라가 대인 관계 능력을 발달시키도록 도와주면서, 드디어 치료가 진전되고 있다는 느낌을 받고 있었다.

알레조도 진단을 위해서 포함되었던 아이였다. 하지만 알레조는 애석하게도 그런 해피 엔딩을 맛볼 수 없었다. 제프와 나는 갈수록 그 애가 지닌 문제의 대부분이 정서적 외상보다는 낮은 지능, 대체로 뇌 손상에서 온 것임을 인정해야 했다. 어렸을 때 받은 정신적 충격이 영향을 주었다는 건 의심할 여지가 없었는데, 이것은 자기 주변에서 일어나는 행동에 대해 갑작스럽고 때로는 폭력적인 대응을 하는 데서 알 수 있었다. 그렇지만 그의 주조(主調)를 이루는 대부분의 행동들은 단순히 학교와 가정의 일상 요구를 정신적으로 감당할 능력이 없는 데서 나온 것이었다. 이것은 프로그램에서 일상 활동이 진행될 때 특히 뚜렷하게 나타났다. 그래서 제프와 나는 그 애의 부모와 이 문제를 논의할 준비를 해가고 있었다.

나는 알레조 부모보다 쉴라에게 이 사실을 말하는 게 더 두려웠다. 애들 중에서 알레조만이 그 애에게 특별했다. 게다가 처음부터 그들 사이에 존재하던 자연스런 친근감을 더 강조한 게 우리였다. 지금에 와서는 쉴라를 너무 깊이 끌어들인 게 후회스러웠다. 쉴라가 알레조에 대한 최종 판결을 받아들이지 않으리란 걸 알았기 때문이다.

유감스럽게도 이걸 쉴라에게 직접 말할 기회가 없었다. 그 대신 그 애는 오전 수업이 끝나고 청소를 할 때 제프가 내게 하는 말을 우연히 듣고 말았다.

"그게 무슨 소리예요? 그 애가 아이큐가 낮다니요? 지진아라는 뜻인가요?"

우리가 서 있는 곳으로 다가오며 쉴라가 묻길래 내가 나서서 대답했다.

"제프가 지난주에 종합적으로 정밀검사를 했어."

"지난 주에요? 내가 가고 나서요? 당신들은 내가 없을 때까지 기다리셨군요, 그렇죠?"

그 애와의 논쟁에 말려들고 싶지 않았던 제프는 자리를 피했다.

"그 애 아이큐는 낮지 않아요. 갠 완벽하게 정상이에요." 쉴라가 주장했다.

미리엄 선생이 크레용과 사인펜이 든 상자를 들고 우리 쪽으로 오면서 말했다. "그래도 귀여운 소년이야."

"갠 저능아가 아니에요. 그래서 말을 안 하는 게 아니에요. 당신들은 개가 저능아라서 말을 안 한다고 생각하는군요, 네? 하지만 그렇지 않아요. 나한테는 말한다구요."

"우리한테도 말해, 쉴라. 하지만 개는 말을 많이 안 하지. 그건 뇌의 일부 영역이 정상적으로 작동되지 않기 때문이야. 그걸 실어증이라고 부르지."

"뭐라 부르는지는 상관없어요." 그 애가 팩 쏘아붙였다. "걘 그런 병 없어요. 완벽한 정상이라구요. 그냥 당신들한테 말을 안 하는 것뿐이에요. 나한테 말할 때는 아주 잘해요. 개는 스페인어로 말해요. 그러니까 그 애랑 같은 말을 하지도 못하는 당신들이 어떻게 그 애한테는 당신들과 같은 말을 하기를 기대하죠?"

다시 돌아온 제프가 내 어깨를 두드렸다. "신경 쓸 필요 없어요, 헤이든." 그는 중얼거리듯 조용히 말했다.

하지만 쉴라는 이번에는 제프를 향해 쏘아붙였다.

"네, 그래요, 그렇게 말하고 싶겠죠. 저능아라 불리는 게 당신은 아니니까요."

그 애는 탁자를 닦고 있던 걸레를 바닥에 던지더니 발로 짓밟았다.

❧

"알레조가 그런 일을 당하게 놔둬선 안 돼요."

나중에 차 안에서 쉴라는 말했다. 이제 목소리에서 분노는 느껴지지 않았다. 대신 절박한 염려가 그 자리를 차지하고 있었다.

"안 돼, 이건 아주 곤란한 상황이야."

"그렇지만 선생님은 그들이 무슨 짓을 할지 아시잖아요, 네? 그 애를 콜롬비아로 되돌려보내는 거요."

"확실히는 알 수 없어. 그 애 부모는 여러 대안들을 논의하고 있고 그건 그냥 그중의 하나일 뿐이야."

"그렇게 하도록 놔둬선 안 돼요."

그런 뒤, 우리 둘 사이에는 침묵이 이어졌다. 나는 간선도로로 나가는 데만 신경을 모았다.

"선생님도 그런 일이 일어나는 걸 원하시지 않잖아요, 네?" 다시 그 애가 말했다.

"그래, 물론 원하지 않아."

"그러니까, 토리."

"아가씨, 이건 내가 결정할 문제가 아냐. 걔는 사랑스러운 아이야. 하지만 뇌 손상을 입어서 제한된 지능밖에 없는 데다가 정서장애도 있어. 극복해야 할 문제가 한두 가지가 아니야. 내가 그 애 부모들더러 걔를 데리고 있으라고 권할 순 있어. 그리고 분명히 그렇게 할 거야. 제프와 나 둘 다. 하지만 우리가 그 사람들에게 강요할 수는 없어."

"하지만 그 사람들이 걔를 콜롬비아로 되돌려보낸다면요? 그들이 그 애를 다시 고아원에 집어넣을 거라면요?" 쉴라가 소리쳤다.

"쉴라, 이 상황에 대해서 난 별로 권한이 없어. 사실 그 앤 내 환자도 아니고 제프 환자도 아니야. 그러니까 우린 아무런 공식적인 요구권도 갖고 있지 않아. 나도 그 애를 다시 돌려보내지 않기를 바래. 그렇게 되면 그 애는 상처를 입을 거고 또 도덕적으로도 옳지 않으니까. 하지만 그들이 원하지 않는 일을 내가 하게 만들 수는 없어. 그들이 원하는 걸 못하게 할 수도 없고. 알레조의 법적인 부모는 그들이야."

쉴라는 분노와 좌절감을 토해냈다. "그 애한테 무슨 일이 일어났는지 보세요! 사람들은 쓰레기통 속에 살고 있는 그 애를 찾아내 여기다 데려다놓고는, 장난감이니 먹을 것이니 TV니 가리지 않고 다 주었어요. 그리고 나서 이제 그 사람들은 무슨 짓을 하려고 하죠? 쓰레기통 속으로 다시 집어넣으려고 해요. 그런데도 선생님은 그냥 팔짱 끼고 앉아서 그러라고 놔두실 건가요?"

"우린 '팔짱 끼고 앉아만' 있지는 않을 거야. 우린 그런 일이 안 일어나게 하려고 애쓸 거야. 알레조가 행동을 바꾸도록 도와주려고 애쓸 거고. 또 그 애 부모가 받아들일 만한 대안을 찾아보려는 노력도 하고."

"그런데 만일 실패하면요?"

"몹시 슬프겠지."

"그게 다인가요? 슬플 거라구요?"

"그게 내가 할 수 있는 전부야."

그 애는 팔짱을 끼고 내게서 고개를 돌렸다.

"당신들은 개똥 같은 인간들이에요. 선생님과 선생님 족속요. 당신들은 정말 염병할 개똥들이라구요." 그 애는 이렇게 중얼거렸다.

16

그 해 여름 나 개인의 삶은 끊임없는 변화를 겪고 있었다. 나는 몇 년씩 지속되는 장기적이고 각별한 관계를 자주 갖는 편인데, 당시는 친한 여자친구 한 명이 간결하게 표현했듯이, '남자들 틈새'에 끼여 있었다. 사실 이때쯤에는 벌써 몇 달 동안 그 '틈새'에 끼여 있다보니 그런 상황에 진력이 나 있었다.

직장에서의 삶과 개인으로서의 삶을 동시에 진행시키기는 내게 항상 어려운 일이었다. 일찌감치 익숙해지긴 했지만 교실에서의 삶에 워낙 집중하다보니 다른 활동을 할 여유가 거의 없었다. 그래도 여전히 나는 내 일을 깊이 사랑하고 있었다. 일요일에는 월요일이 다가오는 걸 낙으로 삼으며 희열을 느끼는 것도 여전했고, 내가 관계하는 아이들에 대한 생각을 지워버리기가 거의 불가능한 것도 여전했다. 걔들에게 완전히 빠진 건 아니었지만 그래도 그 애들은 언제나 뒤척거리며 내 마음 한구석에 자리잡고 있었다. 이것이 나를 버거운 상대로 만들기 때문에, 관대하고 안정된 남자라야 이런 나를 감당할 수 있다는 사실은 나도 이미 알고 있던 바였다. 그러나 이 당시에는 그런 남자들이 좀 드물지 않았나 싶다.

문제를 복잡하게 만든 것은 내가 다른 직업을 가진 남자들을 선호한다는 점이었다. 직장 동료와 하루 종일 일 이야기를 하는 경향이 있는 나에게 다른 직업을 가진 남자는 나를 이런 편향에서 벗어나게 해주었다. 또 경쟁과 거리를 둘 수 있다는 이점(利點)도 있었다. 나는 경쟁적인 성향이 무척 강한 편이다. 이런 성향은 상황이 아무리 불리해도 기필코 이겨내고 말겠다는 의지를 다질 수 있게 해주어 아이들과의 관계에서 긍정적인 면도 있었지만, 사적인 관계에서 보면 이것은 치명적이었다. 또한 나는 분리된 삶을 유지함으로써 상호배타적으로 보이는 관심과 재능을 동시에 개발시켜가는, 약간은 정신분열적인 경험을 즐기는 편이었다.

가장 최근에 나타난 경쟁자는 알렌이었다. 그 도시의 도심지역에는 2, 3년 전부터 진행된 재개발로 이제는 고급 쇼핑지구의 일부로 바뀌게 된 오래된 건물들이 있었다. 알렌은 이 재개발 지역의 중심부에서 측면 도로를 끼고 자리잡은 조그만 서점을 경영하고 있었다.

내가 그를 처음 만난 건 확실한 제목을 모르는, 그리스 희곡에 관한 책 하나를 찾고 있을 때였다. 그는 내게 관심이 생겼는지, 뒷방에 가서 자신이 소장한 고전 컬렉션을 보여주고 싶다고 말했다. 여태까지 들어본 유혹의 말치고는 꽤 괜찮은 제안이었다. 그러고 나서 우리는 내가 자주 다니는 대중식당들과는 분위기가 전혀 다른 레스토랑들에서 함께 근사한 저녁을 먹는 기회를 여러 번 가졌다.

한마디로 알렌은 세련된 사람이었다. 오페라를 좋아하고, 단순히 문학작품을 읽는 정도가 아니라 실제로 문학을 즐기는 사람들이 흔히 그렇듯이 열정을 가지고 문학을 논했으며, 또 감탄스러울 만큼 질 좋은 와인을 고를 줄도 알았다. 시내 중심에서 그리 멀지 않은 복구된 구(舊)시가지에 있는 그의 아파트는 인도 산 카펫과 골동품 가구들로 흠잡을 데 없이 완벽하게 꾸며져 있었다. 그는 탁자에다 탁자보까지 깔아놨는데, 이것은 항상 잡다한 것들이 널려 있어서 탁자 표면을 볼 기회가 거의 없는 나 같은 사람에게는 정말로 기품 있어 보였다. 나는 처음부터 채드와 내가 맺었던 것과 같은 관계로 알렌과 나 사이가 발전할 수는 없다는 걸 알고 있었다. 알렌은 지나치게 까다로워 나를 짜증나게 했고, 또 나는 예측할 수 없거나 그의 말대로 '변덕스러워' 그의 신경을 건드렸다. 그럼에도 우리 사이가 유지된 것은 아직도 이야기해 볼 여지가 충분히 있었기 때문이지, 다른 만날 사람이 없어서 그와 계속 만났던 것은 아니었다.

알렌이 내 직업 밖에 있는 게 분명한 한, 자격은 충분했다. 인간 행동의 저변부를 탐색하는 일은 그의 시각에서 본다면 우주의 다른 은하계를 탐사하는 것과 맞먹는 일이었으리라. 그래서 그와는 내가 치료하는 아이들에 관하여 이야기하는 것이 불가능했다. 그러나 그래도 상관없었다. 일에 관해 뭔가 숙고하고 싶을 때는 언제든지 이야기를 나눌 수 있는 제프가 있었고, 일을 떠나 있을 때는 고대 그리스 시인들이나 호주산(産) 쉬라즈 와인을 논할 수 있는 알렌과 함께 하며, 나는 더할 나위 없이 즐거웠다.

그 금요일 저녁, 알렌과 나는 소풍을 준비하고 있었다. 알렌과는 소풍 가는 일도 대충 할 수 있는 일이 아니었다. 그의 소풍은 고리버들 가지로 엮어 만든 바구니와 바닥에 깔 붉은 체크무늬 깔개와 진짜 접시와 유리잔 따위를 완벽하게 갖춘 유럽식 소풍이었다. 이것은 켄터키 프라이드치킨이나 바비큐용 콩보다는 다소 거창한 뭔가를 필요로 했다. 덕분에 우리는 이미 목요일도, 나는 가지를 굽고 고기를 다져서 재우는 일로, 알렌은 프랑스식 바게트빵과 거기에 어울리는 와인을 찾아내는 것으로 보냈다.

금요일 저녁, 일을 마친 나는 집에 와 음식에 마지막 손질을 했다. 우리는 그 도시의 동쪽 끄트머리에 있는 호숫가의 경치 좋은 곳으로 갈 예정이었다. 그곳의 극성스런 모기들을 막기 위해 알렌은 안쪽 방에서 내 살충용 램프를 작동시켜보던 중이었다.

문에서 노크 소리가 났다. 신문 배달 소년이 수금하러 왔나 보다고 생각하며 나는 입술 사이에다 지폐를 물고는 기름 범벅인 손을 닦은 다음 문을 열었다.

쉴라.

"안녕하세요." 그 애는 쾌활하게 말했다.

"잘 있었어? 어떻게 여길 왔어?"

"전화번호부에서 선생님 전화번호를 찾았는데, 아직 안 나와 있더군요. '전화번호 안내'에 물어봤죠. 들어가도 돼요?"

"거긴 주소를 알려주면 안 되는 걸로 아는데." 내가 말했다.

"그래요, 저도 알아요. 하지만 이미 주소를 알고 있는 것처럼 굴면 다르죠. 그러니까 '그게 메이플 애비뉴에 사는 헤이든인가요?'라고 물으면 그 사람들은 어김없이 아니라고 하면서 맞는 주소를 가르쳐줘요. 적어도 일부의 주소를요. 그러면 전화를 끊고는 또 한 번 거는 거예요. 다른 사람이 받으면 그 일부를 이용해 나머지 주소를 알아내면 돼요. 항상 통하는 방법이죠." 그 애는 내 어깨너머로 집 안을 들여다보았다. "들어가도 돼죠?"

내 대답도 기다리지 않고 그 애는 하여튼 들어왔다. 쉴라는 웃는 얼굴로 거실 벽을 둘러보았다. "와, 참 산뜻하네요. 저도 이런 식의 장식을 좋아해요." 그러고는 의자에 털썩 앉았다. "갑자기 찾아온 건 선생님하고 뭔가 이야기할 수 있을 것 같아서예요."

환영받지 못한다고 느끼게 하고 싶지는 않았다. 하지만 그 애의 방문은 전혀 예상치 못했던 일이어서 나는 잠시 당황했다.

"선생님은 언제나 펜톤 불리바드로 데려다주는 차 안에서 얘기를 하려 드시죠. 전 그게 싫어요." 쉴라가 말했다. "그건 너무 짧아요. 차에 타고 있는 시간은 금방 끝날 거란 걸 아니까 그렇게 빨리 생각을 정리할 수가 없어요. 오늘 밤에는 아무 할 일도 없거든요. 그래서 이리로 찾아오면 얘기할 수 있을 거라고 생각했어요."

이것은 고의가 아닐까? 나는 의심스러웠다. 자기가 말하려 들면 내가 하던 일을 그만두곤 하는 걸 알고 있는 건가?

바로 그때, 알렌이 안쪽 방에서 나타났다. "토리? 아……" 말하다가 그는 쉴라를 보았다.

"아―" 쉴라도 따라서 말했다.

"오늘밤에는 약속이 있거든." 나는 되도록 상냥하게 말했다.

"아, 알겠어요." 쉴라는 한참 동안 말없이 알렌을 쳐다보았다.

"이 사람이 지금 같이 섹스하는 남잔가요?" 그 애는 마치 자연스런 대화라도 되는 듯 아무렇지도 않게 말했다.

"쉴라, 넌 가는 게 좋겠다. 이렇게 왔는데 미안하구나. 미리 연락하고 왔더라면 좋았을 걸 그랬어."

그 애의 얼굴이 굳어졌다. 그 표정이 낯익다고 생각했다. 여섯 살짜리 쉴라의 얼굴이, 심술과 분노와 복수로 이글거리는 얼굴이 오랜 세월을 가로질러 섬광처럼 떠올랐다. 그동안 그렇게 많이 변했는데도 그 표정만은 금방 알아볼 수 있었다.

"저 사람은 채드만큼 잘생기진 않았군요." 내게 말하는 그 애의 목소리는 여전히 쾌활하고 스스럼이 없었다.

그 애가 얼굴을 돌려 알렌을 쳐다보았다. "그게 우리 선생님의 마지막 섹스였죠. 글쎄요, 마지막이 아니었을지도 모르죠. 그 사이에 얼마나 많은 남자들이 있었는지 모르니까요."

"쉴라." 나는 그 애 어깨를 손으로 잡고 문 쪽으로 몸을 돌렸다. "월요일에 보자."

그런 다음 그 애를 문밖으로 내보낸 후 문을 닫았다.

"볼지도 모르고 못 볼지도 모르죠." 그 애는 나가면서 이렇게 투덜거렸다.

문에서 몸을 돌리자 충격으로 백지장같이 하얘진 알렌의 얼굴이 눈앞에 있었다.

"정말 미안해요."

"누구예요?"

"설명하기가 굉장히 힘들어요."

월요일에 나타난 쉴라의 얼굴에서는 무슨 일이 있었다는 기색을 전혀 찾을 수 없었다. 그 애는 아이들을 도와주며 함께 어울렸고, 휴식 시간에는 미리엄 선생과 쾌활하게 잡담을 나누었다. 나는 확실하지는 않지만 뭔가를 예상하며 쉴라를 경계하고 있는 자신을 의식했다. 하지만 그것은 전혀 현실화되지 않았다. 쉴라는 이날 여느 청소년 보조가 하는 것과 다름없이 행동했다.

펜톤 불리바드로 가는 차 안에서 나는 아무 말도 하지 않았다. 그 애가 차 안에서 대화하는 걸 불편하게 느낀다면 거기에 따르는 게 좋을 것이다. 다른 때도 있을 테니까.

쉴라는 팔짱을 끼고 2, 3킬로미터 정도를 달리는 내내 말없이 앉아 있었다. 곁눈질로 보니 그 애는 이따금 나를 힐끗힐끗 쳐다보곤 했다. 나는 몸을 숙여서 라디오를 틀었다.

쉴라가 푸우― 하고 큰 한숨을 쉬더니 작은 목소리로 중얼거렸다.

"쳇, 제기랄, 이젠 뿌루퉁해지셨네."

"뿌루퉁한 게 아니야. 그날 밤에 네가 말했잖아. 차를 타고 가는 동안엔 말하고 싶지 않다고. 너무 짧아서."

"전혀 말을 안 하겠다는 뜻은 아니었어요. 차에 타고 나서 지금껏 선생님은 한 마디도 안 했어요."

나는 도로를 달리는 앞 차들을 유심히 살펴보았다.

쉴라는 나를 관찰하다가, 내가 아무 반응도 보이지 않자 어깨를 떨어뜨리며 한숨을 쉬었다.

"토리?"

"응?"

"난 이제 어떻게 되죠?"

"무슨 뜻이야?"

"저, 내 말은 지금 여름학교라는 게 끝나면 어떻게 되냐구요. 난 어떻게 되죠? 내 말은 지금 난 뭐냐구요? 난 사실 선생님 학생도 아니잖아요? 난 환자가 아녜요. 적어도 아니라고 생각해요. 그러나 선생님은 친구를 대할 때는 나를 대할 때처럼 하지는 않겠지요."

이 말이 내 주의를 끌었다. 그 애를 쳐다보았다. "무슨 소리야?"

"무슨 뜻인지 아시잖아요, 토리. 우린 친구가 아니에요. 선생님이 그걸 뭐라고 부르시는지는 모르겠어요. 하지만 우정은 아니에요." 쉴라는 잠시 말을 멈추었다가 다시 말했다. "그리고 이제 이 프로그램은 거의 다 끝났어요. 선생님은 또 저를 떠나시겠죠?"

"아니야. 난 아무 데도 안 가. 난 계속 병원에 있을 거야."

그 애는 실망한 듯 작게 혀 차는 소리를 내더니 중얼거렸다. "선생님은 가끔 보면, 아주 꽉 막혔어요. 선생님이 어디서 일하든 그건 관심 없어요. 문제는 내가 거기 함께 있지 않을 거란 거예요. 그렇잖아요? 난 이제 어떻게 되죠?"

"어떻게 됐으면 좋겠어?"

여전히 팔짱을 낀 채 쉴라는 내게서 고개를 돌리고 창밖을 바라보았다. 쉴라는 생각에 잠겨 한참을 그대로 있었다. "이제 시간이 얼마 남지 않았어요." 그 애가 속삭였다. "버스 정류장까진 3킬로미터밖에 안 남았어요. 제길."

나는 대형 할인매장의 주차장으로 차를 돌려 가장 끝 쪽에다 차를 대고 엔진을 껐다. "다른 버스도 있어. 네가 늘상 타고 다니는 버스를 놓쳐도 다음 걸 타면 돼."

내 행동이 전혀 뜻밖이었던지 쉴라는 눈을 동그랗게 떴다.

"우리 관계와 관련해서 앞으로 어떻게 되는 거냐고 묻는 거라면 그건 너한테 달려 있어. 난 네가 가까이에 있는 게 좋아. 이번 여름 동안 난 즐거웠어. 여름학교가 끝나더라도 계속 만나고 싶어."

차 안은 여름 햇빛을 받아 금방 달구어지기 시작했다. 나는 창문을 내리고 창틀에 기댔다.

"그게 다예요?" 쉴라가 물었다. "그냥 가끔 만나게 되는 거요?"

"넌 뭔가 감추고 있는 게 있어. 넌 겉으로 말하는 것보다 더 많은 걸 묻고 있어."

그 애는 내 추궁에 대답하지 않았다. 더위 때문에 이마에 송글송글 맺혀 있던 땀방울이 얼굴 옆선을 따라 천천히 굴러떨어지고 있었다. 몇 분이 더 지났다. 쉴라와 함께 있을 때면 종종 그렇듯이 마음이 산란해지기 시작하면서 나는 예전에 쉴라와 함께 지내던 시간들로 되돌아갔다.

갑자기 나는 갈망에 사로잡혔다. 그 시절에는 모든 게 훨씬 더 단순했다. 내가 어른이고 그 애가 어린아이였을 때, 나는 내가 속한 세계가 옳고 그 애의 세계는 잘못되었다고 확신했기에, 문제는 오로지 그 애를 이편에서 저편으로 바꾸는 것뿐이라고 생각했다. 그 당시의 나는 한 번도 자신이 하는 일의 근본 가치를 의심해보지 않았다.

"그 남자랑 섹스하나요?" 부드러운 목소리로 그 애가 물었다.

생각에서 불현듯 깨어난 나는 깜짝 놀라 쳐다보았다. "누구랑?"

"아파트에 있던 그 남자요. 그 사람이랑 섹스하냐구요?"

그런 행위에 대한 언급이 금요일 밤에도 있었기 때문인지 이런 질문이 전혀 뻔뻔스럽게 들리지 않았다. 그 애의 목소리에는 진심으로 알고 싶은 마음이 묻어 있었다.

"상당히 사사로운 질문이로구나."

내가 이렇게 대꾸하자, 갑자기 당황한 것처럼 그 애는 머리를 떨구었다. 볼이 발갛게 달아올랐다. 숨을 깊이 들이쉬는 소리가 들렸다. 그러자 문득 그 애가 울 것 같다는 생각이 들었다.

"미안해. 그런 걸 물어본다고 너한테 화난 게 아니야. 그냥 대답할 준비가 안 된 질문이라서 그래."

그 애는 울음을 터뜨리기 일보 직전이었다. 울음이 나오는 걸 참으려고 이빨로 아랫입술을 악물고 있는 게 보였다.

"전에는 말해주었어요." 목소리는 떨렸지만 눈물이 흐르지는 않았다. "내가 어렸을 때요. 선생님과 채드가 섹스했냐고 물어보니까 했다고 말해주셨죠."

그런 특정 표현을 썼는지 확실하게 기억이 나지 않았다. 나는 말을 잇지 못하고 그 애가 정말로 그 당시에 그런 말을 했는지 기억을 더듬었다.

"했다고 했어요." 그 애는 내 침묵을 읽으며 다시 한 번 단언했다. "삼촌 제리가…… 그 짓을 하고 나서요. 선생님은 아셨죠. 난 무슨 일이 일어났는지 이해할 수가 없었어요. 난 왜 그가 나한테 그런 짓을 했는지도 이해하지 못했어요. 난 삼촌을 참 좋아했거든요. 그러자 선생님이 나한테 어찌 된 일인지 다 설명해주셨어요. 삼촌은 그게 선생님과 채드가 사랑하는 방법이고, 자기는 그냥 나한테 가르쳐줄 뿐이라며 그래야 선생님도 날 사랑할 거라고 말했으니까요. 그래서 난 선생님께 물었죠. 선생님은 망설이지도 않고 대답해줬어요. 선생님도 그렇게 한다고 알고 있는 걸 보면 난 정확히 기억하고 있는 거예요."

"아가씨, 그건 달라. 내가 설명해줄게. 그건 그냥 대화가 아니었어."

"왜 절 그렇게 부르죠?" 갑자기 쉴라가 나를 쳐다보며 물었다.

"뭐라고 불렀는데?"

"아가씨라고요. 어렸을 때 선생님은 절 예쁜이라 불렀죠. 또 호랑이라고도 하고요. 또 귀염둥이라고도 불렀어요. 그때와 지금의 내가 다른 점이 뭐죠?"

병원에 돌아와서 쉴라와 나눈 이야기를 곰곰이 생각해보다가 갑자기 그 애가 여섯 살이던 당시에 그 문제를 놓고 우리가 나눈 이야기를 또렷이 기억하고 있다는 데 생각이 미쳤다. 그 애는 그 오래전 대화를 실명과 세부 묘사를 써가면서 정확하게 언급했는데, 이는 그 애가 그 사건을 아주 명확하게 기억하고 있음을 뜻했다. 이것은 흐릿하다는 어릴 적 기억이나, 채드에 대해 정말 아무것도 기억하지 못한다는 그 애의 주장과는 뚜렷하게 대조되는 것이었다. 기억이 다시 살아난 걸까? 만약 그렇다면 처음에 기억이 희미했던 건 무엇 때문이었을까? 아니면 다 기억하고 있으면서도 나한테는 다르게 말했던 건 아닐까? 만일 그렇다면, 왜 그랬을까?

나는 또한 감춰진 안건에 대해서도 점점 더 확실히 느껴가고 있었다. 쉴라와 대화를 거듭할수록 우리가 한 번에 두 가지 수준에서 얘기하고 있다는 걸 알 수 있었던 것이다. 그 애는 표면의 문제뿐만 아니라 다른 문제까지 언급하고 있는 게 확실했다. 나는 이 감춰진 안건이 무엇인지 쉴라 자신이 알고 있고, 이것이 여름 코스 동안 쉴라가 터뜨리곤 했던 강렬한 분노의 도화선 역할을 했다는 확실한 느낌을 받았다.

그런데 사실 그것은 그렇게 감춰진 게 아닐 수도 있었다. 메리스빌을 방문했을 당시, 쉴라는 내가 학년을 끝내고 떠났을 때 느꼈던 고통과 분노에 대해 분명하게 얘기했었다. 아마 그 문제를 다시 끄집어내지 않은 데 내 잘못이 있을지도 모른다. 나는 그날 밤 모텔방에서 그 애의 격렬한 감정에 너무나 놀란 데다, 쉴라가 달아났다는 눈앞의 문제를 곧바로 해결하는 데만 마음이 뺏겨, 진료실이나 교실같이 좀 더 통제된 장소에서만큼 문제를 능숙하게 다루지 못했다. 또 그 애가 옳았다. 오전 프로그램이 끝난 후의 차 안은 그런 논의를 하기에 적당한 장소가 아니었다.

나는 달력을 찾아보았다. 내일 오후에는 알레조 부모와 면담이 있으니, 쉴라와 만나기는 힘들 것이다. 사실 그 주는 여름 프로그램이 끝나가는 주라 매우 바빴다. 제프와 나는 일상적인 진료 업무 외에도 몇 차례 평가 모임을 가지기로 계획해놓고 있었다. 달력을 끌어당겨 금요일 칸에다 쉴라의 이름을 연필로 적어놓았다. 그렇게 기를 쓰고 우리 집에 오려고 했던 걸로 봐서 내 일방적인 계획이긴 하지만 그래도 크게 어긋날 것 같지는 않았다.

다음 날 아침은 혼란 그 자체였다. 혼란은 몇 명의 아이들을 학교에 데려다주던 소형 버스 운전사에서부터 시작되었다. 그가 우리에게 바이올렛이 차를 타고 오다가 멀미를 했다고 알려왔다. 차에 올라가보니 사실 그 애는 사람이고 뭐고 가리지 않고 차 안을 온통 토사물 범벅으로 만들어놓고 말았다. 우리 넷 다 꼼짝없이 치울 수밖에 없었다. 그러고 나서 내가 바이올렛 엄마에게 전화를 했는데, 그녀는 남편이 차를 가져가버려서 아이를 데리러 올 수 없다고 말했다. 미리엄 선생이 바이올렛을 집에 데려다주겠다고 나섰다. 하지만 워낙 거리가 멀어서 우리는 아침 시간의 반을 미리엄 선생 없이 보내야 할 판이었다.

타마라는 이제 쉽게 자해하지 않으리라는 신뢰를 얻어가던 중이었다. 하지만 그 애는 소형 버스에 타고 있던 아이들에게 집중된 우리의 주의가 좀 너무 지나치다고 생각했던 것 같다. 우리가 전부 정신이 팔려 있는 틈을 타서 그 애는 커다란 가위 하나를 찾아내 팔 안쪽으로 팔꿈치에서 거의 손목에 이를 정도로 긴 상처를 내고 말았다. 상처는 깊지 않았지만 피가 많이 흘렀고 그곳에는 제프와 쉴라와 나밖에 없었다. 다른 아이들이 덩달아 이 혼란스런 상황에 동요하기 시작하자 우리 힘만으로는 그 상황을 완전히 통제할 수 없다는 게 곧 명확해졌다.

의사인 제프가 타마라에게 붕대를 감아주는 동안, 쉴라와 나는 아이들의 공포심을 가라앉혀 다시 안정을 찾게 하려고 진땀을 흘렸다. 이 여름학교는 내가 예전의 다른 학급들에서 길러주곤 하던 대단히 쓸모 많은 집단 동료애를 발전시키기에 충분할 만큼 오랜 기간 운영되지 못했다. 아이들 사이에 아직 진정한 중심이 없었기 때문에 이런 식으로 재난이 닥치자 모든 게 금방 산산조각이 나고 말았다. 나는 분위기를 살리려고 노래를 두세 개 불러봤지만, 자폐아인 조슈아와 제시는 계속 비명만 지르고 있었고, 다른 두어 명의 아이들도 그냥 계속 왔다 갔다 할 뿐이었다.

그 혼란 속에서도 우스웠던 순간이 딱 한 번 있었다. 나는 데이비드와 알레조와 마이키가 사라진 것을 알아챘다. 이런 소동 탓에 그날 아침엔 여느 때와 달리 데이비드가 성냥을 갖고 오지 않았는지 몸수색을 안 했다는 걸 깨닫자 가슴이 철렁 내려앉았다. 나는 아이들을 찾으러 밖으로 뛰쳐나갔다. 아이들을 찾는 데 5분에서 10분 정도 걸렸을 것이다. 그 세 명은 밖에 나가 있었다. 열린 창문으로 그 애들 목소리를 들었을 때 나는 아직 안에 있는 상태였다. 애들한테 모습을 드러내기 전에 도대체 뭘 하는지 알고 싶었던 나는 조심스럽게 살금살금 다가갔다. 예상했던 대로 데이비드는 학교 건물 바람막이 쪽에서 잔가지와 풀을 쌓아놓고 자그맣게 불을 붙이기 시작했다.

"봐, 됐지." 데이비드가 마이키에게 말했다. "내가 할 수 있다고 말했지?"

그런데 막 내가 모습을 드러내려는 찰나, 정말 대견하게도 데이비드가 이렇게 말하지 않는가? "그런데 우린 이제 이걸 꺼야 돼."

"어떻게?" 알레조가 물었다.

쓸만한 게 뭐 없나 잠깐 주위를 두리번거리던 데이비드의 작은 얼굴이 환해졌다. "맞아, 이렇게 하면 돼." 그러고는 청바지 단추를 끌렀다. "자 됐지, 모두 같이 해. 셋 하면 하는 거야. 모두 쉬—"

🐋

그날 오후 나는 제프와 같이 알레조 부모를 면담할 준비를 해야 했기에 쉴라를 펜톤 불리바드까지 데려다줄 수 없었다. 대신에 그 애는 학교 근처에 있는 버스 정류장으로 걸어갔고 제프와 나는 다시 병원으로 돌아갔다.

알레조는 이 집단에서 제프나 내 환자가 아닌 유일한 아이였다. 그 때문에 우리 둘 다 그 애의 부모인 뱅크스-스미스 씨와 닥터 뱅크스-스미스를 몰랐다. 사실 프로그램 첫날 알레조를 들여보낼 때 그 애 아버지와 딱 한 번 마주치긴 했지만, 알레조의 엄마는 얼굴조차 몰랐다. 제프는 2주 전에 알레조의 정밀검사를 담당했기에 나보다는 약간 더 접촉이 있었다. 하지만 우리는 알레조 가족에 관한 대부분의 정보를 여전히 담당의사인 프리먼 박사에게 의존하고 있었다.

알레조의 어머니는 가정의 전문의였고 아버지는 보험업을 했다. 둘 다 키가 크고 매력적이며 북유럽인의 외모를 하고 있어서 광고에나 나올 법한 그런 부부였다. 그들은 우리에게 따뜻하게 인사를 건네고 악수를 한 뒤 자리에 앉기 전에 프리먼 박사와 의례적인 이야기를 나누었다. 그들을 보면서 내 머리를 강하게 때린 건 끔찍한 실수가 저질러졌다는 느낌이었다. 이들은 알레조에게 전혀 어울리지 않는 부모였다.

두 번째로 떠오른 생각은 뱅크스-스미스 씨 부부가 알레조에게 아무런 유대감을 못 느끼는 게 아닌가라는 의문이었다. 우리가 다양한 테스트 결과와 서류와 자료들을 내놓자 그 두 사람은 돌아가면서 자료들을 검토한 다음, 딱 부러지는 지적인 질문들을 던졌다. 하지만 사려 깊으면서도 어디까지나 거리를 둔 그들의 태도는 제프나 프리먼 박사나 내 태도와 다를 바가 없었다. 말하자면 부모로서라기보다는 전문인 동료로서 이야기를 하고 있었던 것이다.

"그러니까 선생님 말씀은 알레조가 또래 집단보다 지능이 낮다는 거군요. 아이큐로 말하면 얼마쯤 됩니까?" 뱅크스-스미스 박사가 제프에게 물었다.

"보시다시피 여기 종 모양의 곡선이 있습니다. 평균 아이큐, 즉 모집단의 다수는 가운데 여기, 불룩한 곳에 모여 있습니다."

"아니, 그 애의 수치만 말씀해주세요. 그 애 아이큐가 얼마죠?"

뱅크스-스미스 씨가 직설적으로 물었지만 제프는 또 한 번 부연설명을 했다.

"전 사람을 특정 수치로 제한하는 걸 별로 좋아하지 않습니다. 아이큐는 상대적 척도죠. 그리고 테스트가 항상 진짜 모습을 반영하는 것도 아니고요."

"자, 그냥 수치만요." 뱅크스-스미스 씨가 다시 한 번 채근했다.

"그러니까 전 알레조에게 WISC 검사를 했습니다. 그 애는 언어능력에서 65점을 얻었고 인지능력에서는 79점을 얻어 전체 아이큐는 74점입니다."

"그 수치는 발달이 뒤처진 쪽이군요, 그렇지 않습니까?"

"일반적으로 우리는 70점을 분리점으로 삼죠. 하지만 선생님, 사실 우리는 어떤 한 수치에 그다지 의미를 부여하지는 않습니다. 특히 알레조 같은 경우에는요. 문화적인 문제가 결과에 영향을 미쳤을 수도 있으니까요."

뱅크스-스미스 박사가 이번에는 나를 향해 물었다. "그리고 선생님은 그 애가 뇌 손상을 입었다는 명확한 징후가 있다고 말씀하셨죠?"

"가능성이 있어요. 하지만 명확한 건 아니에요. 그런 문제가 명확하기는 매우 어렵습니다."

"원인은 뭐죠? 외부로부터 가해진 것입니까? 정서적인 박탈의 결과입니까?"

"어느 쪽이라고 말할 수 없습니다. 그 애는 실어증 증세를 보이는데, 이는 통상적인 방법으로 단어를 사용하고 이해하지 못한다는 뜻입니다. 이런 증상을 보이는 애들 중 다수는 태어날 때부터 이런 증상을 가지고 있습니다."

"그러면 그 애에게 처음부터 손상이 있을 수 있다는 게 선생님의 의견이십니까?"

그렇게 말하고 싶지 않았지만 유감스럽게도 그것이 아마 진실일 것이었다.

"알레조의 문제는 사실상 도와줄 수가 없는 거군요, 그렇죠?"

뱅크스-스미스 박사의 물음을 제프가 재빨리 받았다.

"도와줄 수 있습니다. 알레조는 여름 프로그램을 하면서 대인 관계 면에서 아주 빠른 발전을 보였습니다. 상당히 사회적이 되었고 다른 남자애들 몇몇과 친구가 되기도 했죠. 훌륭한 변화가 있었습니다. 그렇죠, 토리 선생님?"

나는 고개를 끄덕였다.

"우리는 그 애가 계속 치료를 받는다면―"

프리먼 박사가 측면 지원을 하려 했지만 뱅크스-스미스 박사는 팔을 저으며 말허리를 잘랐다.

"아닙니다. 제가 묻고 있는 건 기본적으로는 도움을 받을 수 없는 게 아니냐는 겁니다. 선생님들이 그 애를 똑똑하게 만들 순 없죠. 뇌 손상은 회복될 수 없으니까요."

"네, 그렇죠……" 프리먼 박사가 인정했다.

나는 마치 긴 터널로 빠져들어가는 것처럼 정신이 아득해졌다. 우린 졌다. 어쩌면 승부는 시작하기 전부터 나 있었을지 모른다. 나는 뱅크스-스미스 씨 부부가 의논을 하러 들어오기 전에 이미 알레조를 남아메리카로 되돌려보내기로 결정한 건 아닌지, 또 이미 수속이 시작된 건 아닌지 의심스러웠다. 어찌 됐건 나는 그 자리에서 아무 희망도 없다는 것을 알았다. 알레조에게는 선고가 내려졌던 것이다.

17

"내일 밤 우리 집에 오는 건 어때?" 다음 날 펜톤 불리바드로 쉴라를 데려다주며 내가 제안했다. "내일은 금요일이니 다음 날 출근할 걱정이 없잖아. 바비큐를 할까 생각하는데."

"바비큐요? 그런 다락방 같은 데서 어떻게 바비큐를 해요?"

"내 방에 차고 지붕으로 나가는 문이 하나 있어. 내일 와보렴. 보여줄게."

쉴라는 부드럽게 웃었다. "네, 정말 보고 싶어요."

잠깐 동안 말이 없던 쉴라가 다시 나를 쳐다보았다.

"어젯밤 알레조 부모와의 면담은 어떻게 됐어요?"

나는 어깨를 으쓱했다.

"어떤 사람들이에요, 걔 부모는요?"

"좋아. 훌륭해, 보기에 따라선. 파티 같은 데서 만났더라면 호감이 간다고 생각했을 거야."

쉴라는 머리 한 가닥을 끌어내리더니 찬찬히 살펴보았다.

"그럼 그 애는 어떻게 되나요? 그 사람들이 알레조를 다시 되돌려 보내려고 해요?"

"확실히는 몰라. 프리먼 박사가 그 애 부모랑 같이 처리할 거야. 알레조의 담당의사니까. 그래서 우리는 개입하지 않았어."

"그래도 선생님들은 뭔가 하실 거죠, 그렇죠? 선생님하고 제프요. 선생님들은 그들이 그러지 못하게 노력하실 거죠?" 쉴라의 목소리에는 다급함이 배어 있었다. "정말로요, 그렇게 되도록 내버려둬선 안 돼요."

나는 입술을 깨물며 숨을 후— 들이켰다. "나도 그렇게 되도록 놔두고 싶진 않아. 하지만 그 사람들이 그러려고 들면 유감스럽지만 내가 못하게 막을 방법은 별로 없어."

"하지만 그렇게 하도록 놔두진 않을 거죠?"

"내가 말했지만……"

쉴라는 갑자기 두통이라도 일어나는 듯 자리에 앉은 채 몸을 앞으로 숙이고 한쪽 손으로 머리를 눌렀다.

"아, 그럴 순 없어요. 제기랄, 그 애는 여기로 끌려왔고, 모든 게 다 주어졌어요. 아주 멋진 것들이었죠."

쉴라의 목소리는 울먹이고 있었다. 뜻밖에 내 눈에도 눈물이 고였다. 예고도 없이 눈물이 솟는 바람에 눈앞의 길이 흐릿해졌다. 알레조에게 일어나고 있는 일의 엄청남과 그를 통해 상징되는 모든 불운한 희생자들이 갑자기 내 가슴을 짓눌렀다.

"나도 울고 싶구나."

쉴라가 깜짝 놀라 쳐다보았다.

나는 손으로 눈물을 훔쳤다. "이런 일이 일어날 때마다 자신이 너무 무력하게 느껴져. 그런 끔찍한 일을 바꾸고 싶은 마음이야 나도 간절하지만 어쩔 수가 없어."

그 애는 눈을 휘둥그레 뜨고 이마를 찡그리며 나를 바라보았다. 나하고 달리 그 애의 눈은 말라 있었다.

"가끔은 이게 도움이 돼." 눈물을 흘렸던 걸 변명하며 마지막 남은 물기를 닦아냈다. "이런 상황에서 할 수 있는 거라곤 이게 전부일 거야." 나는 쉴라에게 웃어 보였다.

"저도 울고 싶을 때가 가끔 있어요. 하지만 실제로 운 적은 거의 없어요. 울음이 북받칠 때도 있는데 막 터질 것 같다고 생각하는 순간 그런 감정은 사라져버리죠."

나는 고개를 끄덕였다.

"사실은 내가 사라지게 하죠." 그 애가 말을 이었다. "꼭 그럴려고 해서 그런 건 아녜요. 그냥 갑자기 이게 뭐지? 하는 생각이 들어요. 이건 진짜가 아니야. 이게 뭘로 되어 있는 거지? 우리 뇌를 돌고 있는 화학 성분들이고 분자 덩어리일 뿐이잖아. 무슨 종류일까? 탄소? 수소? 그딴 것들이 무슨 의미가 있어? 아무것도 아니야. 정말 모든 게 아무것도 아니야."

"너는 그걸 믿니?"

"네."

"진짜로?"

그 애는 어깨를 으쓱했다. "내가 바라든 안 바라든 간에, 그냥 그런 식으로 생각하게 돼요."

우리는 물감 대신 초콜릿 푸딩을 써서 손가락으로 그림을 그리는 특별한 놀이를 하며 다가올 휴일을 함께 축하했다. 미리엄 선생과 나는 전에도 가끔 이 활동을 했기 때문에 이로 인해 발생할 엄청난 혼란에 대비할 준비가 충분히 되어 있었다. 미리엄 선생이 초콜릿이 묻지 않게 낡은 셔츠 몇 벌을 가져와 아이들 옷 위에 입혔고, 우리는 탁자를 구석으로 치운 뒤 교실 바닥에 신문지를 깔고 그 위에 그림 그릴 커다란 종이를 놓았다. 그런 다음 커다란 그릇에 즉석 푸딩을 넣고 섞었다.

쉴라와 제프 둘 다 우리가 하는 일에 온통 마음을 뺏긴 듯했다. 제프는 프로이트식 훈련을 받은 학생답게 그 질척한 갈색 혼합물에 너무 많은 의미를 부여하긴 했지만, 그러면서도 제일 먼저 푸딩 그릇에다 손을 집어넣은 사람이 바로 제프였다. 초콜릿 푸딩을 한 움큼 떠내서는 바이올렛의 종이 위에 올려놓아주고 난 제프는 신이 나서 다른 아이들에게도 듬뿍듬뿍 떠주었다.

아이들도 물론 좋아했다. 종이보다 입 속으로 가는 게 더 많은 바람에 아이들 얼굴이 순식간에 초콜릿 푸딩 범벅으로 바뀌었지만, 그게 오히려 즐거움을 더해주었다. 나는 학급 활동을 하면서 했던 다양한 놀이들 중에서도 이 활동을 특히 좋아했다. 끔찍하게 어질러지긴 하지만 음식을 둘러싼 그런 분위기 속에는 특별한 자유가 있었다. 철벅거리면서 차가운 감촉과 풍부한 양, 손가락으로 문질러댈 수 있는 자유, 종이 위를 혓바닥으로 핥아먹는 따위의 장난스러움들이 모두를 한없이 즐겁게 해주었다. 너나 할 것 없이 아이들 모두가 생기에 넘치고 즐거워했다.

쉴라도 반해버렸다. 사실 그 애는 그날 오전 내내 유달리 활달해서 자진해서 몇몇 아이들에게 말을 건네기도 하고 마이키를 머리 위로 들어올리기도 했다. 처음에는 알레조가 초콜릿 푸딩 만지는 걸 싫어하자 쉴라는 그 애 옆에 앉아 종이에다 먼저 그림을 그리며 같이 그리자고 달랬다. 손가락으로 종이 위의 푸딩을 떠낸 쉴라가 알레조에게 한번 먹어보라고 내밀었다. 알레조가 싫다고 하니까 쉴라는 장난스럽게 자기 입술에다 그것을 문질러대가면서 먹었다. 이걸 본 알레조가 웃음을 터뜨렸다. 모두들 그 티없이 밝고 소년다운 웃음소리에 깜짝 놀라 그쪽을 쳐다보았다. 푸딩을 뜬 손가락을 들어올린 알레조가 그것을 입 안으로 똑똑 떨어지게 하면서 깔깔거리며 웃고 있었다.

나는 프로젝트가 성공해서 기뻤다. 웃고 떠들고 있는 모두를 바라보며 성취감으로 마음이 뿌듯해져왔다.

쉴라가 내 오른쪽으로 오더니 말했다. "알레조를 아래층 화장실에 데려갈게요. 쉬도 시키고 온통 푸딩 범벅이 돼서 씻겨줘야겠어요."

초콜릿투성이 얼굴을 한 알레조가 나를 보고 씩 웃었다.

"그래, 이제 모두 씻을 때가 됐어."

5분 있다 놀이를 끝낼 거라고 아이들에게 예고한 나는 제프와 미리엄 선생에게 가서, 이제 휴식 시간도 다 됐으니 엉망이 된 아이들 셔츠를 벗기고 나서 아이들을 밖으로 데리고 나가 놀아주면, 그동안 내가 교실을 치우겠노라고 말했다. 선생님들이 그러자고 해서 나는 잠시 후 푸딩 공장이 폭발한 것 같은 그 자리에 혼자 남게 되었다.

워낙 끔찍하게 어질러져 있던 터라 밖에 나가볼 엄두도 낼 수 없었다. 열려진 창문을 통해 '상어와 인어' 놀이를 끌어가는 제프의 목소리를 듣고 있노라니 아주 오래전 내 어린 시절의 기억이 떠올랐다. 덥고 건조한 여름날의 열기와 창밖 사시나무 잎사귀들이 만들어내던 무늬, 바닥을 가로질러 내려꽂히는 햇살과 아이들 목소리가 어우러져 나는 잠시 내가 하고 있는 업무 너머의 세계를 방황했다.

아이들이 안으로 들어온 건 30분도 더 지나서였다. 우리는 다시 일상 활동을 시작했다. 모두들 자리를 잡고 나자, 나는 아이들을 점검했다.

"쉴라와 알레조는 어디에 있어요?"

"나도 똑같은 걸 물어보려던 참이었어요." 제프가 대답했다.

나는 멍하니 그를 쳐다보았다. "그게 무슨 소리예요?"

"그러니까 난 쉬는 시간에 개네들이 여기서 당신을 도와주고 있는 줄 알았는데. 아마 관리인 방에 가서 뭘 가져오라고 내려보냈나 보다고 생각했는데……"

"뭐라고요? 당신이랑 같이 밖에 있지 않았어요?"

제프가 고개를 흔들었다.

"미리엄 선생님? 쉴라와 알레조 못 보셨어요? 선생님하고 같이 밖에 있지 않았어요?"

놀란 기색이 미리엄 선생의 얼굴을 스쳤다. "난 선생님과 함께 있는 줄 알았어요."

그러자 말 그대로 피가 얼어붙는 것 같은 느낌이 들었다. 온몸을 훑고 지나가는 냉기가 그야말로 순식간에 엄습해왔던 것이다.

"마지막으로 본 건 언제예요?" 제프가 내게 물었다.

"한참 됐어요. 쉴라가 알레조를 화장실로 데려간다고 하더군요. 난 계속 여기에 있었으니까 개네들이 그냥 밖에 있을 거라고……"

나는 복도를 지나 화장실로 달려가면서 점점 낭패스러워지는 감정을 억제하려고 애썼다. 여자 화장실로 뛰어들어간 나는 화장실의 문이란 문은 다 열어젖혔고 쓰레기통이 놓인 구석까지 둘러봤다. 그런 다음 옆 남자 화장실로 가 거기도 구석구석 뒤졌다. 하지만 아무것도, 아무도 없었다.

교실로 돌아온 나는 제프와 개수대가 있는 교실 뒤쪽에서 목소리를 낮춰 이제 어떻게 할지를 의논했다. 그동안 미리엄 선생은 아이들이 놀이에 몰두하도록 만들려고 애썼다.

"어떻게 된 거죠? 어디로 갔을까요?" 제프가 내게 물었다.

"모르겠어요. 어떻게 된 건지 전혀 몰라요. 오늘 아침에 나왔을 때만 해도 기분이 좋아 보였는데."

"전에도 도망치곤 했나요?"

"아니에요. 그렇지 않아요. 아니, 잘 모르겠어요. 여섯 살 땐 안 그랬어요."

"그땐 아주 오래전이에요." 제프가 신랄하게 말했다.

"하지만 걔가 왜 도망을 치죠? 내가 보기엔 기분도 좋아 보였는데. 오늘 아침만 해도 아주 쾌활했어요. 농담까지 하면서."

"그렇겠죠. 이미 자살을 결심하고 나면 그런 식이 되죠." 제프가 어두운 목소리로 말했다.

우리는 말없이 서로를 쳐다보았다.

"그런데 알레조는 왜 데려갔죠? 위험은 거기에 있어요."

제프가 그 말을 입 밖에 내는 순간, 나는 답을 알았다.

"그 애는 알레조를 염려하고 있었어요. 그 애 부모가 알레조를 남아 메리카로 되돌려보낼지도 모른다고요."

"아이구, 맙소사. 그래서 알레조를 데리고 도망갔다, 그건가요?"

잠시 침묵이 흘렀다.

"당신은 왜 내게 이럴 가능성이 있다고 말하지 않았죠? 그 애가 이런 행동을 할 수 있으니까 조심해야 된다는 얘길 우리한테 했어야죠."

"이런 일이 일어날 줄 몰랐어요. 당신이 아이 하나를 데리고 도망가 버릴지도 모른다고 생각하지 않았던 것과 마찬가지로요." 나는 화가 나서 되받아쳤다.

"어쨌든, 당신은 지금 그 동기에 관해서는 확신하는 것 같군요. 결론에 아주 쉽게 도달하는 걸 보면. 그러니 그 애가 그걸 행동으로 옮길 수도 있다는 걸 알고 있었던 게 틀림없어요."

"난 몰랐어요. 나라면 그렇게 하겠어요? 당신이라면 그렇게 하겠어요? 어젯밤 우린 둘 다 뱅크스-스미스 부부의 반응에 화를 냈잖아요. 그럼 왜 우린 그럴 가능성이 없죠? 왜 내가 굳이 쉴라를 의심해야 하죠?" 내가 소리쳤다.

제프가 험악한 얼굴로 나를 노려보았다.

❧

나는 제프가 아무리 난처한 상황에서도 항상 유머 감각을 잃지 않는 사람이라고 생각해왔다. 하지만 이번 경우는 달랐다. 그는 진짜로 나한테 화가 나서 마치 내가 쉴라의 정서 문제와 관련해 대단한 비밀이라도 숨겨온 듯이 행동했다. 뭘 숨기고 있었던 것도 아닌 데다, 나도 이번 일로 무척 놀랐기 때문에 기분이 상했고 울화까지 치밀었다. 하지만 이런 태도는 우리 상황을 해결하는 데 전혀 도움이 되지 않았다. 오히려 이런 태도 때문에 우리 두 사람은 이 위기의 처음 15분간 사태를 객관적으로 보지 못하고 있었다.

쉴라가 알레조를 데리고 도망간 걸로 내가 확신하고 있다는 제프의 말은 옳았다. 그 전에는 한 번도 쉴라가 그런 짓을 할지도 모른다고 생각해보지 않았지만, 일단 일이 벌어지고 나니 모든 것이 앞뒤가 들어맞는 것처럼 보였다. 그 애는 필사적이었고 그래서 필사적인 수단을 필요로 했다. 당연히 해야 할 첫 번째 조치는 학교를 이 잡듯 수색하는 것이었다. 서로를 비난하는 초기 단계를 극복한 제프와 나는 미리엄 선생 혼자서 아이들을 맡을 수 있게 도와준 다음, 학교 건물을 둘로 나누었다.

열쇠를 가진 모든 방과 벽장과 창고를 하나씩 차례로 뒤져나가기 시작했다. 열쇠가 빠진 방도 좀 있었다. 쉴라가 알레조를 데리고 도망갈 작정이라 해도, 우리 모두가 가버릴 때까지 학교에 숨어 있을 수도 있다는 게 내 유일한 희망이었다. 그래서 나는 그야말로 이 잡듯이 샅샅이 훑어보았다. 하지만 학교 안에서는 아무것도 찾을 수 없었다. 다시 제프와 합류해 밖으로 나가 운동장과 길 건너편 공원까지 샅샅이 뒤졌다. 나는 초조해하며 계속 시계를 보았다. 아이들을 집에 데려다줄 소형 버스들과 택시가 도착할 순간이 두려웠다. 그러면 우리는 알레조를 태워갈 운전사에게 아이가 없다는 걸 인정해야 할 것이다. 제프는 차분해지긴 했지만 신경은 여전히 날카로웠다. 그래서 난 감정을 내 속에만 묻어두었다.

유감스럽게도 아무리 찾아봐도 전혀 흔적을 찾을 수 없었다. 열두

시 삼십 분이 되자 미리엄 선생이 아이들을 데리고 밖으로 나왔다. 알레조를 데려갈 택시가 들어서는 걸 보는 순간, 우리는 패배를 인정할 수밖에 없었다. 나는 운전사에게 아무런 설명도 없이 그냥 알레조가 택시로 가지 않을 거라고만 말했다. 운전사는 왜 막판에 와서 그렇게 바꿔서 성가시게 하느냐고 툴툴거렸다. 그 사이에 제프는 로젠탈 박사와 알레조 부모에게 전화를 거는 달갑지 않은 임무를 수행하러 안으로 들어갔다.

미리엄 선생은 오후에 다른 약속이 있었기 때문에 서로 멀뚱이 쳐다보고 있는 제프와 나만을 남겨두고 집으로 가버렸다.

"휴, 맙소사. 왜 이렇게 끝이 났지? 그렇게 잘해왔는데. 정말 대단한 체험이었는데. 왜 이런 식으로 끝이 났지?" 제프가 투덜거렸다.

로젠탈 박사가 현장에 나타난 건 그 다음이었다. 그의 거대한 몸체가 교실 문을 들어서는 순간 나는 상황의 심각성을 피부로 느낄 수 있었다. 그는 한 번도 우리 교실에 와본 적이 없었다. 제프와 내가 매주 보고서를 올렸고 또 환자 부모와의 간담회에도 몇 번 참석했던 터라 그도 프로그램에 대해 상세히 파악하고 있긴 했지만, 이 프로그램은 사실 완전히 우리 주도로 이루어지고 있었다. 지금 이곳에 들어서는 그를 보자 갑자기 자식의 잘못을 해결하러 온 엄한 부모 같다는 느낌이 들었다. 제프와 나는 병원의 다른 사람들보다 훨씬 젊었고, 그만큼 경험도 부족했기에, 다른 정신과 의사들의 다듬어진 격식에 비해 우리는 항상 아이들처럼 보였을 것이다. 다른 때라면 이런 생각을 쉽게 떨쳐낼 수 있었겠지만, 지금 흰머리와 우아한 짙은 양복을 입은 이 키 큰 남자를 보는 순간 생각나는 것이라곤 오로지 자신이 얼마나 멍청한 애송이인가 하는 것뿐이었다.

박사는 교실을 가로질러 제프와 내가 있는 탁자로 다가와 작은 걸상 하나에 앉았다.

"그 소녀가 그럴 위험이 있다는 걸 알았습니까?" 그가 내게 물었다.

나는 대체로 곤란한 상황에서도 상당히 침착하게 처신하는 편이었으나 이때는 그러질 못했다. 점심때가 지나 배가 고픈 데다 걱정스러웠고, 이 모든 게 내 잘못일지도 모른다는 막연한 죄책감으로 녹초가 되어 있던 터였다. 로젠탈 박사의 질문이 더 직설적이긴 했지만 내게는 지난 한 시간 반 동안 제프가 품고 있던 의문과 너무나 흡사하게 들렸다. 결국 난 울음을 터뜨렸다.

제프는 당황했던지 어색하며 외면했지만, 로젠탈 박사는 놀랄 정도로 부드러운 태도로 의자에서 일어나 탁자를 돌아 내 옆으로 왔다. 그는 내 어깨에 손을 올려놓았다.

"걱정하지 마십시오. 잘될 겁니다."

그가 그렇게 생각하다니 기뻤다.

알레조의 아버지는 한 시 삼십 분에 도착했다.

"무슨 일이죠? 도대체 어떻게 된 건가요? 그 소녀는 누구죠?" 그가 물었다. 제프처럼 그도 걱정 때문에 화가 잔뜩 나 있었다. 그는 주먹을 쥐고 우리를 보고 손을 내둘렀다. "당신들은 왜 지키고 있지 않았죠?"

로젠탈 박사가 나서서 우리를 설명해야 할 필요에서 구해주었다.

"저는 선생님께서 알레조를 콜롬비아로 되돌려보내려 한다고 알고 있습니다." 그가 뱅크스–스미스 씨에게 말했다.

이 말이 그를 완전히 무방비 상태로 만들었다. 그는 어안이 벙벙해서 로젠탈 박사를 쳐다보았다.

"그렇지 않습니까?" 로젠탈 박사가 밀고 나갔다.

"저……" 뱅크스-스미스 씨는 잠시 당황해서 우리 셋을 차례로 쳐다보았다. "이게 그 일과 무슨 관련이라도 있다는 겁니까?"

"알레조를 데리고 도망간 소녀는 알레조와 아주 친밀한 애착 관계를 형성해왔습니다. 그 애는 알레조를 고아원에 되돌려 보낼까봐 걱정하고 있었습니다."

뱅크스-스미스 씨가 시선을 바닥으로 떨구었다.

로젠탈 박사가 이어서 말했다. "전 알레조가 위험에 처해 있다고는 생각하지 않습니다. 우리 직원이 겪어본 바로는 분별 있고 세상 물정에 밝은 소녀라고 하는군요. 그러니 제 생각에는 우리가 이 상황을 침착하게 이성적으로 다뤄야 한다고 봅니다. 이런 일이 일어나서 참으로 유감스럽습니다만, 저는 곧 잘 해결될 것이라 믿습니다."

나는 그 순간 로젠탈 박사의 지원이 너무나 고마워서 입이라도 맞추고 싶을 지경이었다. 일이 벌어지고 나서 처음으로 나는 아마 그렇게 나쁜 상황은 아닐지도 모른다고 느끼기 시작했다.

꜅

또 한 번 학교와 그 주변을 철저하게 수색했다. 로젠탈 박사는 학교 수위에게 연락해 우리가 들어갈 수 없었던 방들의 열쇠를 가져오게 했다. 그래서 다시 한 번 구석구석 샅샅이 뒤질 수는 있었지만, 유감스럽게도 그들의 행방불명에 무슨 실마리가 될 만한 건 하나도 찾을 수 없었다.

우리는 네 시에 병원으로 다시 돌아왔다. 그곳에서 뱅크스-스미스 박사를 만났다. 로젠탈 박사가 뱅크스-스미스 씨의 분노를 워낙 성공적으로 가라앉힌 덕분에 그는 학교에서 탐색대의 일원으로 같이 참여하기까지 했다. 이제 그의 아내가 회의실에서 대화에 합류하여 이런 상황에서 예견되는 알레조의 행동과 관련하여 도움이 될 만한 사실들을 우리에게 전해주었다. 또 직장에 있는 쉴라 아버지에게도 연락을 해둔 터라 우리 모두 그가 도착하기를 기다리고 있었다.

렌스태드 씨를 기다리며 모두들 커피잔을 들고 병원 복도에서 서성이고 있을 때, 로젠탈 박사가 내게 다가와 말했다.

"내 방에 잠깐 와주십시오."

회의실 주변의 밝은 불빛과 조급한 부산스러움과는 대조적으로 불을 켜지 않은 로젠탈 박사의 방은 어둡고 조용했다. 병원장인 그는 제일 크고, 코니스 장식이 빙 둘러진 천장과 마호가니 벽난로가 있는 후기 빅토리아식의 우아한 방을 쓰고 있었다. 바닥에는 두꺼운 카펫이 깔려 있었고, 임상용의 침상과 함께 워낙 푹신해서 제프가 '자궁의자'라고 부르는 멋들어진 가죽 의자들이 놓여 있었다.

"그 소녀에 관해 좀 더 얘기해보세요. 성장 배경은 어떤가요?" 로젠탈 박사가 내게 물었다.

"그 애는 전에 제 학생이었습니다."

이미 회의실에서 간략하게 설명했던 쉴라와의 관계를 이번에는 자세히 이야기했다. 나는 박사에게 그 애의 불우한 배경과 버림받고 학대받은 성장사를 털어놓았다.

로젠탈 박사는 고개를 끄덕이고 책상 쪽으로 가서 창문턱에 놓여 있는 전축을 틀었다. 모차르트의 피아노 협주곡 20번이 흘러나오기 시작했다. 그는 머리를 똑바로 세우고 음악에 귀를 귀울였다. 알레그로의 음울한 첫 소절이 불길한 전조처럼 느껴졌다.

마침내 로젠탈 박사가 입을 열었다. "상당히 이해할 만하군요, 그렇죠? 여기 한 아이가, 그 자신이 어머니로부터 버림받은 아이가 있습니다. 그 애는 콜롬비아에서 버려졌던 소년과 자신을 동일시합니다. 그리고 소년은 구조받았지만, 이제 다시 버림받으려 하고 있습니다."

나는 고개를 끄덕였다.

그가 나를 바라보았다. "이건 사실 그 애에 관해 많은 걸 말해주고 있어요. 그 애는 심성이 착한 소녀입니다."

"제 생각엔…… 제가 최근에 쉴라와 있었던 일을 제대로 파악하는 거라면…… 훨씬 더 심각한 동일시가 있을지도 모릅니다. 실은 쉴라와 저는…… 저, 그러니까 그 유기(遺棄) 문제에 저 자신이 복잡하게 얽혀 있습니다. 그 애는 제가 알레조 부모와 똑같은 역할을 했다고 생각하는 것 같습니다. 자기를 제 학급에 데려와 이전 생활에서 벗어나게 도와주고, 더 안정된 환경과 더 신뢰할 수 있는 어른들과의 관계에 익숙해지게 하고 나서는 학년이 끝나자……"

무거운 침묵이 흘렀다. 침묵을 채워야 할 음악이 오히려 그것을 두드러지게 만들고 있었다.

"그럴 생각은 아니었습니다. 저로서는 아주 좋은 경험으로 생각하는 것을 그 애는 유기로 해석한다는 사실도 받아들이기가 어렵구요… 그 애는 자기 엄마한테 버림받은 건 기억조차 못하면서 제가 한 것은 기억하고 있습니다. 그리고 이제 이런 일이……"

"음," 로젠탈 박사는 더 이상 말이 없었다. 그는 의자 뒤로 깊숙이 몸을 기댄 채 천장의 무늬를 올려다보았다. 음악이 우리를 휩쓸고 지나갔다.

로젠탈 박사의 방에서 나와 보니 쉴라 아버지가 회의실에 와 있었다. 일터에서 부랴부랴 달려온 탓인지 지저분한 작업복과 땀으로 얼룩진 셔츠를 입고 있었다. 금속을 앞에 댄 그의 작업화가 의자 다리와 회의용 탁자에 부딪힐 때마다 딱딱 소리가 났다. 그를 보는 순간, 나는 그를 이곳으로 부른 게 실수였다는 걸 깨달았다. 단정치 못한 모습도 당혹스러웠지만 더 나빴던 건 그의 입이었다. 나는 누구도 대여섯 살 때 저지른 일들을 가지고 열네 살이나 된 애를 비난할 수는 없을 거라고 생각하면서 어린 시절 쉴라의 섬뜩한 측면을 애써 무시해왔다. 하지만 렌스태드 씨는 그 당시 일을 누가 왈가왈부하지도 않았는데, 굳이 나서서 쉴라가 경찰에 잡혀들어간 적이 있다고 고백했다. 내가 이의를 제기하자, 그는 맞다면서 그 애가 내 반에 있었던 이후로는 거의 10년 동안 말썽을 일으킨 적이 없다고 인정했다. 하지만 그러고 나서 그는 다시 그 애가 위탁 가정들에서 계속 도망쳤기 때문에 심각한 문제를 일으켰고 결국엔 도망칠 수 없는 어린이집으로 보내졌다고 덧붙였다. 그가 얘기를 마칠 즈음, 뱅크스-스미스 씨 부부의 눈은 분노로 이글거렸다. 그들은 경찰을 불러야 한다고 단언했다.

여섯 시 사십오 분에 경찰관 둘이 도착했다. 한 사람은 듀란트라는 이름의 덩치 크고 건장한 경관이었고, 다른 한 사람은 메써슨이라는 이름의 짧은 금발에 금속성 광채가 나는 눈을 가진 여자 경관이었다.

로젠탈 박사와 쉴라 아버지, 뱅크스-스미스 씨 부부, 그리고 제프와 나는 그때까지도 병원의 회의실 탁자에 앉아 있었다. 제프와 내가 두 경관에게 다시 한 번 상황을 애기했다. 너무 오랫동안 감정이 흥분된 상태로 있었기 때문에 그때쯤엔 감각이 마비되어 있었다. 그래서 나는 그냥 있었던 그대로만 이야기하고, 굳이 특정 측면에 의미를 부여하려 애쓰지 않았다. 그런 다음 듀란트 경관과 다른 사람들은 회의실에 남고, 제프와 나는 알레조의 파일과 여름학교 프로그램에 대해 좀 더 자세히 설명하기 위해 메써슨 경관을 데리고 우리 방으로 갔다. 다시 회의실에 돌아와보니 누가 주문했는지 모르지만 나인틴스 스트리트에서 배달한 샌드위치가 놓여 있었다. 그때까지도 점심을 먹지 못했던 제프와 나는 그것들을 허겁지겁 먹어치웠다.

시간이 거의 멈춘 것 같았다. 경찰들이 왔다 갔지만 우리는 이제 뭘 해야 할지 모르는 채로 그냥 그대로 자리를 지키고 있었다. 오후와 초저녁의 눈코 뜰 새 없던 다급함과는 반대로 이제는 기다리는 것과 먹는 것 말고는 할 일이 없었다. 식품점에 다시 주문을 했고 누군가가 길 건너 도넛 가게에 가서 도넛 한 상자를 사왔다. 로젠탈 박사는 새로 커피를 끓였고 제프는 자판기에서 마실 것들을 뽑아왔다. 하루 종일 끼니를 거른 채 바쁘게 뛰어다니다가, 갑자기 할 일 없이 그곳에 앉아 있자니 먹을 것으로 자꾸 손이 갔다. 나는 금방 과식을 했다. 하지만 포만감은 내가 느끼고 있던 무력감에 음침하고 울적한 기분만을 더했을 뿐이다.

오후 아홉 시경 화장실에서 돌아오는 길에 병원 현관 주변을 어슬렁거리고 있던 렌스태드 씨를 만났다. 그는 집에 가길 원했다. 사실 도착한 순간부터 집에 가고 싶었던 게 아닌지 의심스러웠지만, 안절부절

하는 그의 지금 모습에는 뭔가 절박함이 있었다.

"난 우리가 뭘 하자는 건지 모르겠어요." 그가 따분한 듯 말했다. "이곳에 있어봤자 아무 소용 없소. 그 앤 여기 오지 않을 테니 말이오."

나는 고개를 끄덕였다.

"그냥 그 애가 지치길 기다리면 돼요. 그게 전부요. 쉴라를 상대할 때 당신들이 할 수 있는 일은 그것밖에 없소."

"이런 일이 얼마나 자주 일어났지요?" 내가 물었다.

그는 어깨를 으쓱했다. "상당히 자주요."

"그 앤 어디로 가죠?"

그가 다시 어깨를 으쓱했다. "나한테는 도대체가 말을 안 하는 데다가 나도 안 물어봤소. 지 엄마를 꼭 빼닮았다구요. 지가 하고 싶은 건 지가 하고 싶을 때 어떻게든 다 하구 말죠. 그러니 난 그냥 집에 앉아 말썽이나 일으키지 않기를 바랄 뿐이죠."

"최근에는 경찰에 잡혀 들어간 적이 없죠, 그렇죠?" 그의 대답을 두려워하면서 내가 물었다.

그가 고개를 흔들었다. "없어요."

우리 사이에는 잠시 침묵이 흘렀다. 이중문을 통해 여름날 해질 녘의 어스름이 깔리고 있는 바깥을 흘깃 쳐다보았다.

"쉴라가 위탁 양육을 받던 때도 이런 일들이 있었다면서요? 그 얘기 좀 자세히 해주시겠어요? 쉴라는 그런 얘기를 저한테 별로 하지 않더군요. 위탁 양육은 몇 번이나 됐었죠?"

렌스태드 씨는 양 볼을 부풀리며 숨을 혹 내쉬었다. "꽤 되죠. 모르겠소. 한 열 집쯤?"

"열 집이요?"

나는 깜짝 놀라 되물었다. 서너 집쯤 되리라고 생각했던 것이다.

"어떤 어떤 경우였나요? 아버님께서…… 집을 떠나 있을 때요?"

"그렇소." 그가 고개를 끄덕였다. "내가 메리스빌에 있을 때하고. 또 주립병원에 누워 있을 때하고. 두 번 들어갔죠. 알다시피 약물 치료를 받았거든요."

그는 난처한 듯 어색하게 웃었다.

"하지만 열 번이나, 왜죠? 6, 7년 동안에?"

"갠 전혀 적응을 못했소. 첫 번째 집에선 잘 있었지. 그러니까 그 애가 아마 여덟 살 때였을 거요. 처음으로 위탁 가정에 들어갔을 때가. 그리고 그 사람들은 겉보기에는 좋은 사람들 같았죠. 날 면회하라고 갤 데려다주곤 했으니까. 그때는 내가 메리스빌에 있을 때였는데 한동안은 한 달에 한 번씩 그 애를 데려다 주더라구요. 그러다가 갑자기 중단됐는데, 알고 보니 그 늙은 놈이 쉴라와 빠구리를 했다는 게 드러났죠. 나한테는 그지없이 선량해 보이는 낯짝을 하고 있던 놈이 오밤중에 내 새끼랑 빠구리를 했다니."

나는 그의 얼굴을 살폈다.

"갠 거기에 대해서는 아무 말도 안 하고 그 집에서 도망쳤소. 사실 그 애는 한 마디도 안 했지만, 그놈이 쉴라 다음에 그 집구석에 맡겨놓은 애를 결딴 내놓은 걸 보면 내 새끼한테도 무슨 짓을 했을지 알겠더라 이 말이오."

오, 맙소사, 이게 끝나지 않은 일이란 말인가?

"그놈이 그 앨 도망자로 만들었다구요. 갠 전에는 한 번도 도망친 적이 없었는데 이제 화가 나면 언제라도 도망쳐버리죠. 정말 멧토끼랑 똑같다구요. 여기저기 계속 다른 집에 맡겨졌지만, 아무도 그 애가 도망가는 걸 막지 못했죠. 지 엄마 피가 흘러서 그런 거라고 내가 그 사람들한테 말해줬지. 가고 싶을 때는 사라져버리죠. 저기 있는 양반들은," 그가 회의실을 향해 몸짓을 했다. "아무도 그 앨 못 찾을 거요."

18

아무리 기다려도 소득이 없어 결국 우리는 포기하고 경찰에 사건을 맡겨둔 채 집으로 돌아가야 했다. 집에 왔으나 잠을 이룰 수가 없었다. 쉴라와 관련된 모든 일들이 머릿속을 빙빙 맴돌았다. 그 애가 여섯 살 때 내가 했던 것으로 충분했고 내가 뭔가 달라지게 만들었다는 생각이 사실 너무나 안이했다는 건 이제 명확해졌다. 이제 밤의 어둠 속에서 잠을 못 이루고 뒤척이고 있노라니 내가 달라지게 한 건 아무것도 없다는 생각 쪽이 오히려 당연해 보였다.

이튿날은 토요일이었다. 나는 병원에 가지 않았다. 어쨌든 거기서 우리가 할 수 있는 일은 거의 없었다. 하지만 나는 전화기 곁을 떠나지 않았다. 오후에 알렌이 옥수수 지대의 한적한 시골 마을들에 하나 둘 씩 있는 영세 골동품 가게와 중고품 가게들을 찾아 돌아다닐 계획을 갖고 잠깐 들렀다. 무슨 일이 일어났는지 설명하자 그는 놀라워하면서 그런 일에 나만큼 열심인 사람은 본 적이 없다고 몇 번이나 되풀이해서 말했다. 동정적이긴 했지만 약간 당황한 듯했다. 그가 그렇게 화창한 여름날 토요일 오후를 도심에서 보내리라고 기대하긴 힘들었다. 결국 알렌은 얼마 안 있어 떠났고 나는 혼자서 남은 하루를 보냈다.

전화기는 바쁘게 울려댔다. 로젠탈 박사는 어떻게 되어가는지 알려고 전화를 세 번이나 했다. 메써슨 경관이 한 번 전화했고, 알레조의 담당 정신과 의사인 프리먼 박사도 한 번 했다. 제프는 두 번 했다. 그리고 무슨 소식을 들은 게 없는지 물어보려고 오후 늦게 내가 렌스태드 씨에게 전화를 걸었다. 내가 전화를 했을 때 메써슨 경관이 그 집에 있었기 때문에 나는 그녀와 또 한 번 얘기를 나누었다. 여전히 아무 소식도 없었다.

나는 저녁을 차려서 TV 앞으로 가져갔다. 하지만 별로 볼 만한 게 없어서 신문을 다시 읽고 십자말풀이를 했다. 나는 마음을 종잡지 못하고 헬스클럽으로 수영하러 갈까 하는 생각도 했다. 지금 시점에서 운동을 좀 하는 것도 괜찮을 것 같았고 격렬한 운동을 하고 나서 자쿠지 욕조에 몸을 담글 생각을 하니 정말 구미가 당겼지만 결국 안 가기로 마음을 굳히고 설거지를 하려고 접시를 치워 부엌으로 가져갔다.

문에서 노크 소리가 들렸다.

쉴라? 그 생각이 정면에서 날아온 화살처럼 심장에 와 꽂히면서 나는 한껏 희망에 부풀었다.

"잠깐만요."

손을 비눗물에서 꺼내 물기를 닦으면서 내가 소리쳤다. 노크 소리가 또 한 번 더 요란하게 이어졌다. 나는 서둘러 문을 열었다.

제프.

"여긴 어쩐 일이에요?" 내가 물었다.

"지금은 우호적인 인사군요. 내가 제대로 들은 거라면." 이렇게 대꾸하며 안으로 들어온 그는 슬쩍 방을 둘러보았다. "그러니까, 여기가 헤이든 집이군요. 저기 있는 그림들 멋진데요."

"여긴 어쩐 일이에요?"

"여기 와봐야겠다는 생각이 문득 들었어요. 당신도 전화기 옆에 있고, 나도 전화기 옆에 있죠. 우리 둘이 함께 전화기 옆에 같이 있을 수 있겠다 싶어서요. 체스할 줄 알아요? 내 체스판을 갖고 왔어요. 트리비알 퍼슈트(Trivial Pursuit, 잡학 지식에 대한 질문에 답하는, 1980년대에 유행했던 보드 게임의 일종—옮긴이)를 해볼 수도 있겠지만, 둘이만 하기엔 적당하지 않을 것 같군요. 그런데 난 트리비알 퍼슈트를 아주 잘해요." 그는 이렇게 말하면서 빙긋 웃었다.

"그럴 거예요."

그가 내 서가를 훑어보았다.

"그런데, 당신이 썼다는 그 책은 어디 있어요?"

"아직 출판되지 않았어요. 내년 4월은 지나야 나올 거예요. 하지만 저쪽에 원고가 있어요."

제프가 그쪽으로 가 원고를 집는 동안 나는 부엌으로 돌아가 개수대 물을 비우고 설거지를 끝냈다. 몇 분이 흘렀을까, 제프가 손에 내 원고 몇 장을 들고 부엌으로 불쑥 들어왔다.

"이건 뭐죠, 헤이든?"

"뭐요?"

"바로 여기, 1장 1페이지. '그것은 신문 6면의 연재만화 하단에 박힌 겨우 몇 줄에 불과한 기사였다. 기사는 이웃집 아이를 유괴한 여섯 살짜리 여자아이의 이야기를 전하고 있었다.'"

그가 나를 쳐다보았다. "이 애가 쉴라인가요?"

나는 공포에 휩싸였다.

그는 계속 읽었다.

"……그 소녀는 세 살 난 남자아이를 숲으로 끌고 가 나무에 묶은 채로 불을 질렀다. 병원에 실려간 남자아이는 현재 생명이 위독한 상태이고, 소녀는 수감되었다."

제프는 읽기를 멈추고 나를 노려봤다.

"당신은 우리한테 이런 얘기를 한 적이 없잖아요?"

"생각 못 했어요."

"생각 못 했다고요, 헤이든? 그 애는 전에도 이런 짓을 했는데 당신은 생각도 못 했다고요?"

그건 사실이 아니었다. 사실 나는 그 일을 충분히 오랫동안, 특히 어젯밤 깨어 있으면서 생각했지만 그 일이 이번 일과 어떻게 들어맞는지 확신이 서지 않았다. 그 사건은 정말 끔찍하게 들렸다. 아니 끔찍했다. 그러나 그 일이 지금 쉴라가 저지른 일과 관계가 있을까? 그건 장담할 수 없는 일이었다. 법정에서 받아들일 수 없는 증거를 댈 때처럼 지금 이 단계에서 그 일을 언급해봤자 사람들에게 편견만 심어줄 뿐 도움될 게 없지 않겠는가, 하고 제프에게 말했다.

그가 눈을 부릅떴다. "조심해요. 당신은 이번 일에서 자신이 판사와 배심원이라도 되는 것처럼 처신하고 있어요."

"이 일을 끄집어낼 필요가 있다고 생각해요?"

"글쎄요, 적어도 로젠탈 박사한테는요. 사실 이 일이 하찮은 사건이라고 하기는 힘들잖아요, 안 그래요? 당신이 여태까지 해준 얘기만으로는 그 애가 어렸을 때 이런 일을 꾸몄을 거란 느낌을 받은 적이 없어요. 그 어린애를 거의 죽일 뻔한 것 같은데."

"그건 딱 한 번이었어요. 도와달라는 외침이었죠. 그 애는 두번 다시 그런 짓을 안 했어요."

이것은 쉴라와 나 사이에서 한 번도 드러내놓고 말하지 않았던 영역이긴 했지만 내가 느끼기에는 진실이었다. 그 애가 우리 반이었을 때 그 애가 당한 유기와 학대, 그 애가 우리 기대에 부합하기 어려워하는 문제들을 포함해, 우리는 그 애 삶의 모든 측면들에 관해서 이야기했지만, 그 유괴에 관해서는 한 번도 건드리지 않았다. 사실 나는 그 애가 우리 반에 있던 그 5개월 동안 꽤 자주 그 일에 대해 생각해보곤 했지만, 한 번도 그 애한테 그걸 놓고 이야기를 강요한 적은 없었다. 그 당시 경력상으로 나 자신이 능숙한 심리학자도 아니었던 데다가, 쉴라가 그 문제를 논의하고 싶어하지 않는데 구태여 내가 그 이야기를 강요할 입장은 아니라고 느꼈던 것이다. 또 그 애 역시 한 번도 그 문제에 관해 말하지 않았다.

제프는 이 새로운 사실을 알고는 언짢아했다. 제프는 누구나 상황이 허락하면 '그럴 수 있다'는 게 마치 사실이 아닌 것처럼 "쉴라라면 그럴 수도 있었을 것"이라는 표현을 계속 썼다. 그러다가 그 문제의 법적 측면이 대두했다.

"이걸 말하지 않았다가 무슨 일이 벌어지면 그 사람들이 우리를 고소할 수도 있어요."

나도 지지 않았다. "그 사람들은 마음만 먹으면 쉴라를 여름 프로그램에 참여시켰다는 이유만으로 얼마든지 우릴 고소할 수 있어요. 그 앤 줄곧 위험인물이었던 셈이니까요. 하지만 제발, 그런 짓을 저질렀을 당시의 그 앤 조그만 어린애였어요. 나도 여섯 살 때 가게에서 허쉬 초콜릿을 훔치곤 했어요. 그게 지금 날 위험인물로 만들었나요? 물론 아니에요. 내가 사리를 알 만큼 나이를 먹자 사람들은 그런 짓을 안 할 거라고 기대했고, 또 그런 짓을 안 할 사람으로 대해주었기 때문이에 요."

"헤이든, 이건 허쉬초콜릿과는 전혀 다른 문제예요."

"아니에요, 문제는 그 애가 아주 어렸을 때 했던 일을 가지고 이제 와서 그 애를 범죄자 취급할 수는 없다는 거예요."

제프가 고개를 흔들었다. "아니에요, 헤이든. 문제는 이 소녀가 이 미 어린 남자애를 유괴한 전력이 있다는 거예요. 그리고 우리가 그걸 알면서도 아무에게도 말하지 않는다면 우린 곤란한 상황에 처할 거예 요."

결국 제프가 논쟁에서 이겼고 우리는 로젠탈 박사에게 전화를 했 다. 그는 진지하게 경청했다. 안 돼요, 제발 경찰은 안 돼요, 네? 내가 부탁했지만 로젠탈 박사는 부드럽게 제프와 똑같은 면을 지적했다. 그 렇게 해서 30분 후, 우리 집 부엌 식탁에는 제프와 나와 함께 듀란트 경관이 앉아 있게 되었다.

모두가 집으로 돌아가고 나서 난 정말 몹시 낙담했다. 도대체 그 애 는 무엇이 문제일까? 그렇게 굉장한 재능과 가능성을 가진 아이가 이 렇게 번번이 일이 잘못 풀리다니. 뜨거운 욕조에 몸을 담그며 나는 고 민들까지 씻어내버리려고 애썼다.

노크 소리가 다시 들렸다. 베갯머리에 있는 시계를 흘낏 보니 열한 시 삼십 분이 다 되어가고 있었다. 듀란트 경관이 메리스빌에서 있었 던 유괴 사건을 좀 알아보고 나서 의문 사항이 있으면 다시 찾아오겠노라는 말을 남기고 갔었다. 나는 침대에서 힘없이 나와 잠옷 가운을 걸치고 문으로 다가갔다. 이 남자는 그게 이미 끝난 일이란 걸 모르는 걸까?

그런데 아니었다. 아파트 건물 복도의 침침한 불빛 아래 서 있는 사람은 쉴라와 알레조였다.

"들어가도 돼요?" 그 애가 물었다.

"아, 그럼. 그래, 어서 들어와."

나는 얼결에 말하면서 애들이 들어오게 옆으로 비켜섰다. 쉴라는 소파에 털썩 주저앉았고 알레조는 그 옆에 쓰러졌다. 알레조는 얼마 전까지 울고 있었던 모양이었다. 눈자위가 불그스레하게 부풀어 있었다. 쉴라는 그냥 피곤해 보였다.

"어디에 있었어? 모두가 너희를 찾고 있는 거 알고 있어? 경찰이 개입했다는 것도 알아?"

쉴라가 얼굴을 찌푸렸다.

"먹을 것 좀 주시겠어요? 우린 너무 배가 고파요."

내가 만든 참치 샌드위치를 게걸스럽게 먹어치운 아이들은 다시 땅콩 버터와 토스트에 달려들었다. 그동안 나는 이 상황을 어떻게 다뤄야 할지 판단하려고 계속 머리를 굴렸다. 그 애가 여기 있는 걸 다른 사람들한테 너무 성급하게 알리려 했다가는 다시 도망갈지도 모른다는 생각이 들었지만, 알레조 부모가 얼마나 걱정하고 있는지 알고 있는 나로서는 알레조가 안전하다는 걸 한시바삐 알려주고 싶어 마음이 급했다.

알레조가 그 문제에 답을 내려주었다. 땅콩 버터를 치우려고 보니 알레조가 탁자에 볼을 대고 잠들어 있었다.

"이리 와, 이쁘아."

나는 이렇게 말하면서 몸을 굽혀 그 애를 안아들었다. 알레조를 침실로 데려간 나는 신발을 벗기고 이불을 잘 덮어주었다. 그 애는 정말한 번도 깨지 않았다.

다시 부엌에 들어가보니, 쉴라도 탁자 옆 의자에 축 늘어져 앉아 있는 품이 알레조와 다를 바 없었다. 쉴라는 한 손으로 머리를 받친 채내가 못 보게 손가락으로 눈을 가리고 있었다.

"너희들이 여기 있다고 전화를 걸어야겠어." 내가 말했다.

"알아요." 그 애는 힘없이 중얼거렸다.

"왜 이런 짓을 했을지? 우리가 얼마나 걱정했는데, 쉴라."

나를 올려다보는 그 애의 얼굴은 풀이 죽어 있었다.

"화내지 마세요. 그냥 알레조한테 했던 것처럼 제게도 그래주세요, 네? 그냥 '이리 와, 이쁘아'라고 하면서 네가 돌아와서 기쁘다고 말해주세요."

알레조의 부모가 도착했을 때 알레조와 쉴라는 둘 다 잠들어 있었다. 나는 워낙 잠이 깊이 들어 불빛이나 소음 정도로는 잠을 깰 리 없는 알레조를 소파로 옮기고, 대신 쉴라를 침대로 옮겼다. 알레조는 그애 부모가 입을 맞추고 포옹하는 통에 잠시 깼지만 그들이 차 안으로 데려가기도 전에 다시 잠이 들고 말았다.

방금 야간 근무를 끝낸 듀란트 경관이 집에 가던 길에 들렀다. 그에게 침실을 보여주자 그는 문간에 서서 어두운 방 안에서 잠든 쉴라를 살펴보았다.

"멍청이." 그는 이렇게 투덜거리더니 거실로 돌아왔다.

"이제 어떻게 되지요?" 내가 물었다.

"아이 부모의 고소 여부에 달려 있습니다. 그 사람들이 어떻게 하느냐에 따라 다르죠."

"그냥 여기서 끝날 수도 있나요?"

그가 붙임성 있게 어깨를 으쓱했다. "가능하죠."

그는 내 눈을 똑바로 보았다. "이 애가 정말 그렇게 괜찮은 앤가요?"

"네."

"그럼, 쟤한테 똑똑하게 좀 굴라고 하세요."

19

이튿날 아침 느지막이 일어난 쉴라는 방금 겨울잠에서 깨어난 늙은
암곰처럼 거실 안으로 비틀거리며 들어왔다. 이미 열한 시가 넘은 시
각이었다. 나는 바닥에 앉아 일요판 신문을 읽던 중이었다. 그 애는 팔
걸이 소파에 털썩 주저앉더니, 신문을 잔뜩 펴놓고 앉아 있는 나를 바
라보았다.

"맙소사, 신문을 몇 개나 받아 봐요?" 그 애는 여전히 졸린 듯 얼굴
을 비비며 물었다.

"오렌지 주스 좀 갖다 줄까?"

쉴라는 하품을 하더니 다시 얼굴을 문질렀다. "온몸이 다 뻣뻣해요.
밤새 꼼짝도 않고 잔 것 같아요."

그러더니 갑자기 뭔가 깨달은 듯한 표정이 스쳐갔다. 아파트를 흘
깃 둘러보고 나서 다시 나를 쳐다보더니 중얼거렸다.

"어떻게 여길 왔는지 기억이 잘 안 나요. 하지만 어떻게 다시 잊어버릴 수 있겠어요?"

"그래, 우리에겐 진지하게 해결해야 할 문제가 있어."

"네, 산더미처럼 엄청난 문제죠, 안 그래요?" 쉴라는 여전히 중얼거리듯이 말했다.

🐌

어젯밤에 내가 전화를 걸지 않았던 딱 한 사람이 쉴라 아버지였다. 그래야 한다는 건 알았지만, 너무 늦은 시간인 데다 자기 딸이 없다고 해서 잠 못 이룰 사람이 아니라고 여겼기 때문이다. 하지만 쉴라가 일어나 돌아다니자 나는 먼저 아버지에게 전화하라고 재촉했다.

"지금 바로 집으로 가야 해요?"

아버지한테 전화해서 지금 어디 있는지 알리기 전까지는 다른 건 아무것도 못한다는 걸 내가 분명히 하자 그 애가 물었다.

"가고 싶지 않니?"

"그냥 조금만 더 여기 있을게요. 부탁이에요, 네?"

"자, 우선 너부터 정리하도록 하자, 괜찮지? 샤워를 해서 몸을 씻어. 난 아침 식사를 준비할게. 그런 다음 이 사건이 어떻게 전개될지 한 번 보자. 그러고 나면 나중에 내가 집에 데려다줄 수 있을 거야. 괜찮지? 하지만 네 아빠한테는 지금 전화해."

쉴라는 마지못해 동의했다.

그날 아침의 쉴라는 평상시와 달리 조그만 일에도 상처받을 것처럼 보였다. 아마 알레조를 데리고 다니면서 겪은 혹독한 굶주림과 피로 때문이었으리라. 이유야 어쨌든 그 애의 궁핍이 꾸밈없이 드러났다.

가장 가슴 아팠던 순간 중의 하나는 그 애가 씻으러 들어왔을 때였다. 옷이 워낙 더러워서 내가 옷을 빨아 줄 동안 내 낡은 운동복을 입고 있으라고 했다. 그 애가 샤워를 마치고 나오는 소리를 듣고 나는 더러운 빨랫감을 가지러 욕실로 들어갔다. 쉴라는 거울 앞에 서 있었는데 젖은 머리칼에서 물이 뚝뚝 떨어졌다.

"지금 제 머리 마음에 드세요?" 그 애가 빗으로 머리를 빗어내리며 물었다.

나는 예의상 거짓말을 할지 아니면 완곡하게 사실대로 말할지 생각하느라 잠시 주저했다.

그 애가 내 망설임을 읽었는지 채근했다. "싫어하시죠, 그렇죠? 멍청해 보인다고 생각하시는군요."

"아니야, 설마. 난 그냥 네 머리칼이 워낙 예쁘다고 생각해왔거든. 난 늘 곧게 뻗은 직모가 부러웠는데 내 머리는 곱슬이라 어찌해볼 수가 없었어. 그런데 네 머리칼은 정말 윤기 있고 멋있었지."

머리칼을 뒤로 넘겨 하나로 묶고 난 쉴라가 거울에 비친 자기 모습을 가만히 쳐다보았다. 그러고 나니까 어렸을 때 얼굴과 비슷해 보였다. 처음으로 나는 내가 알고 있던 어린 소녀가 거울을 통해 나를 쳐다보고 있는 걸 보았다. "내가 왜 이렇게 하는지는 나도 몰라요. 왜 이렇게 보이려 드는지. 아무도 안 좋아하는데."

"난 네가 꽤 괜찮은 패션 감각을 지녔다고 보는데. 난 그런대로 좋아하는 편이야. 특이하거든. 하지만 특이하다고 잘못된 건 없어. 그리고 진짜 괜찮아."

"선생님이 절 좋아해주길 무척 바랐어요." 그 애는 조용히 말했다. "모두가 날 좋아해주길 바라죠. 하지만 그렇게 할 수 있다고 생각하는 지점까지 이르면 곧바로 나 스스로 나를 막아요. 왜 그런지는 몰라요. 이걸 입으면, 드레스나 옷 같은 거요, 모두들 아주 예쁘다고 여길 거야라고까지 생각하죠. 하지만 그러고 나면 또다른 내가 그걸 못 입게 하는 거예요. 나는 그걸 치워버리고 다른 옷을 고르죠. 모두를 화나게 만들 만한 걸로요. 뭘 해야 할지는 알아요. 그렇게 하고 싶어요. 하지만 절대로 못 그래요."

나는 부드럽게 웃었다. "그건 사춘기라서 그럴 뿐이야. 사춘기 때는 다 그래."

"아니에요. 대부분은 아마 그렇겠죠. 하지만 제 경우에는 아니에요. 여태까지 살아오면서 늘 그런 식이었으니까요. 하다못해 어렸을 때도, 속으로는 사람들이 날 좋아하길 간절히 바라면서도, 사람들이 마음에 들어할 만한 건 절대 할 수가 없었어요."

❧

오후가 되었고 이제는 알레조의 유괴 사건을 정면으로 대면할 필요가 있었다. 전화벨이 아침 내내 쉬지 않고 울렸다. 그래서 마침내 쉴라를 포함해 당사자들 모두가 병원에서 만나기로 결정되었다. 여전히 불안했고 아직도 경찰이 개입할 가능성은 충분하다는 걸 알고 있었지만,

당국에 이 문제를 넘기기 전에 모두가 만나서 기탄없이 얘기하자는 제안은 내게 청신호로 받아들여졌다.

나와 집에 있는 동안, 쉴라는 눈에 띄게 불안해했다. '달라붙는다'는 말이 열네 살짜리에게도 적용될 수 있다면, 쉴라가 바로 그랬다. 그애는 방에서 방으로 나만 졸졸 쫓아다녔다. 그 애는 자기 머리 모양과 옷차림에 전전긍긍하면서 손톱을 물어뜯고 양손을 쥐어틀긴 했지만, 그 문제를 절대 직접 언급하지는 않았다.

"한순간만 참으면 될 거야."

차에 타며 내가 말했다.

"난 옳다고 생각하는 일을 하려고 했을 뿐이에요. 정말 끔찍해요. 난 옳은 일을 하고 싶었는데." 그 애가 중얼거렸다.

"알아, 이쁜아."

차에 시동을 걸며 나는 쉴라 쪽으로 손을 뻗었다. "이리 오렴." 나는 그 애를 끌어당겨 껴안았다. 그 순간 지나간 세월들이 눈 녹듯 스르르 녹아내렸다. 갑자기 그 애는 다시 작아졌고 내 마음은 그 애를 보호해야 한다는 생각으로 호랑이처럼 용감해졌다.

포옹은 쉴라에게도 똑같은 효과를 냈다. 그 애는 내가 차를 출발시켜 집 앞길을 빠져나가는 동안 나를 바라보고 있었다.

"어떤 일이 생각났는지 아세요? 제가 선생님 반에 들어가 엉망으로 만들었던 거 기억나세요?"

"응."

"그 다음에 어떻게 됐는지 생각나세요? 선생님이 절 데리고 작은 방으로 들어가셨어요. 그리고 선생님 무릎 위에 앉힌 게 기억나요. 전 너무너무 겁났어요. 무슨 일이 있었던 거죠? 교장 선생님이 절 때렸던가 했었죠? 그건 기억이 잘 안 나요. 하지만 그 다음에 일어난 일은 기억나요. 선생님은 거기로 절 데려가서 무릎 위에 앉히고 꼭 껴안아줬어요."

나는 고개를 끄덕였다.

"전 정말 무서웠어요. 마치 누가 내 창자들을 다 빼내서 뱃속이 텅 빈 것 같았어요. 그런데 선생님이 절 안아줬어요. 거긴 어두웠어요. 그건 기억나요. 선생님한테 기대고 누워 있던 거하며 선생님 팔의 감촉도요. 또 선생님이 어떻게 천천히 나를 다시 채워주었는지도요."

나는 그 애를 건너다보며 가만히 웃었다.

"그래, 아주 잘 기억하고 있구나."

다시 침묵이 흘렀다. 밝고 햇살이 강해서 호수로 소풍을 가거나 야외 예배를 보기에 좋은 날이었다. 그것은 차 안을 흐르는 긴장과 선명하게 대비되었다. 나는 신호등을 바라보면서 소풍과 날씨가 얼마나 더워질지 따위를 막연히 생각했지만, 내 마음 한편에서는 쉴라와 방금 나눈 대화의 여운이 완전히 가시지 않고 있었다.

"넌 기억하고 있구나. 내 말은, 아주 어렸을 땐데 말야?" 이 사실을 깨닫고 나는 다시 한 번 그 말을 반복했다.

"그래요." 그 애가 인정했다. "다시 기억이 났어요. 연속적인 기억은 아니에요. 들쑥날쑥하죠. 왜 그런지는 모르겠어요. 그냥 그때 일들이 마음속에 떠오를 뿐이에요."

🐦

그 모임에는 뱅크스-스미스 부부는 물론이고 로젠탈 박사와 제프,

그리고 쉴라의 아버지까지 참석했다. 품위에 걸맞게 뱅크스-스미스 씨 부부는 쉴라를 차분한 이해로 맞아주었다. 로젠탈 박사가 회의실 탁자에 둘러앉은 그 소모임의 사회를 보았다. 그의 부드러운 정중함은 그 모임을 대체로 차분하게 끌어가는 데 크게 기여했다. 하지만 내게 인상적이었던 것은 뱅크스-스미스 부부였다.

우리는 그들에게서 알레조가 피곤하긴 하지만 안전하고 기분 좋은 상태로 집에 있다는 이야기를 들었다. 그 애는 어젯밤 잘 자고 나서 아침도 잘 먹고 지금쯤은 할머니와 만화를 보고 있을 거라고 했다. 프리먼 박사가 점심을 먹고 난 직후에 알레조랑 얘기하러 잠깐 들렀는데 알레조가 그런 일을 겪고도 더 나빠진 것 같지는 않다고 했다는 이야기도 전해들었다. 사실 알레조는 새 장난감을 보여주겠다며 프리먼 박사에게 붙임성 있고 수다스럽게 굴었다고 한다.

"우리가 알아야 하는 것은, 쉴라, 왜 이런 일이 일어났는가 하는 거야."

로젠탈 박사가 입을 떼자, 내 옆에 있던 쉴라는 고개를 떨구었다. 그 애는 아무 말도 하지 않았다.

"그건 옳지 않았어. 너도 이미 알고 있겠지? 알레조를 데려간 건 그 애 부모에게 엄청난 근심을 안겨주었고, 우린 알레조뿐 아니라 네 안전 때문에도 무척 걱정했어."

"제가 큰 문제를 일으켰다는 걸 알고 있어요. 죄송해요. 그럴 생각은 아니었어요."

그 애는 여전히 고개를 떨군 채 중얼거렸다.

"왜 이런 일이 일어난 거지?" 로젠탈 박사가 물었다.

"왜냐하면 제 생각엔……" 쉴라는 고개를 들어 탁자 맞은편에 있는 뱅크스-스미스 부부를 노려보았다. "왜냐하면 저분들이 알레조를 돌려보낼 거라고 생각했기 때문이에요."

"그래서 너는 그 애를 네가 데려가는 게 더 나을 거라고 생각했니?"

쉴라가 고개를 끄덕였다.

"아직도 그렇게 생각해?"

쉴라는 한참 동안 대답하지 않고, 무릎 위에 놓인 손을 비틀어 손가락 관절들이 하얗게 변하는 걸 바라보고 있었다. 드디어 그 애가 고개를 들어 박사를 쳐다보았다.

"네, 아직도 그렇게 생각해요."

"그 애를 어떻게 할 생각이었지?"

그 애는 어깨를 으쓱했다. "모르겠어요. 하지만 그 앨 다치게 할 생각은 아니었어요. 그게 선생님이 물어보시는 거라면요."

"그래, 나도 그럴 거라고는 생각 안 했어."

숨을 깊이 들이쉬며 쉴라가 고개를 들었다. "이왕 말썽을 일으켰으니 제 생각을 말하고 싶어요."

쉴라는 뱅크스-스미스 부부에게로 시선을 돌렸다. "알레조를 돌려보내지 마세요. 그런 건 그 애 자신도 어쩔 수 없어요. 그 앤 그냥 어린 애예요. 똑똑하지 못하면 받아들여지지 않는다는 걸 몰라요. 그 애한테 일어난 일들이 그 애를 망가뜨린 거예요. 그래서 다른 아이들처럼 영리하지 못한 거예요."

이번엔 뱅크스-스미스 부부가 고개를 숙일 차례였다. 나는 뱅크스-스미스 박사의 눈에 눈물이 고인 것을 보았다.

"이렇게 큰 소란을 피울 생각은 없었어요. 어쨌든 저분들이 더 이상 알레조를 원하지 않는다고 생각했기 때문에 이렇게 될 거라고는 생각

못했어요."

"그건 사실이 아니야. 우린 그 애를 사랑해. 우린 그 애를 아무 데도 보내지 않을 거야." 울먹이며 말한 뱅크스-스미스 씨는 고개를 끄덕였다. "우리가 그 애를 사랑하지 않는다는 생각이 들게 해서 미안하구나, 쉴라. 이 일로 잘된 일이 하나 있다면 우리가 얼마나 그 앨 사랑하고 있는지 알게 된 것일 게다."

🐋

마지막에 가서 뱅크스-스미스 부부는 쉴라를 어떤 혐의로도 고발하지 않겠다고 결정했다. 그들은 그 모임 내내 쉴라에게 관대하게 행동했다. 그래서 나는 로젠탈 박사가 쉴라의 성장 환경에 관해 그들과 미리 대화를 나눈 게 아닌지 의심스러웠다. 어쨌든 그 일은 고통과 두려움이 성장의 기회가 되는 드문 경우 중 하나였다. 나는 우리 모두가 이 경험을 통해 더 성숙해졌다는 생각이 들었다.

그 모임을 마치고 나서 쉴라의 아버지와 얘기를 하던 중, 나는 쉴라가 남은 오후를 나와 보내고 저녁때 브로드뷰로 데려다주면 어떻겠냐는 제안을 했다. 그는 모임이 진행되는 동안 끝까지 한 마디 말도 없이 침묵을 지켰는데 그때도 여전히 과묵했다. 나는 그가 경찰 당국과 문제가 생길 것에 단단히 대비하고 있던 터에 모든 게 잘 해결되었다는 사실이 잘 납득되지 않는 게 아닌가 하는 생각이 들었다. 이유야 무엇이든, 그는 돌아가는 상황에 뭔가 혼란스러워하는 듯했고 쉴라가 언제 어디서 어떤 식으로 나타났는지도 크게 신경 쓰지 않는 것 같았다. 그래서 그가 약물에 취했거나 약물에서 막 깨어난 게 아닌가라는 의심이 내 머리를 스치고 지나갔다.

쉴라 역시 불문에 부치겠다는 결정에 매우 놀란 듯했다. 나는 그 애에게서 환호와 자축하자는 말을 기대했지만, 그 대신 내가 발견한 것은 깊은 평온이었다. 그리고 쉴라는 나를 만지고 싶어했다. 우리가 그애 아버지와 얘기하면서 회의실에 서 있을 때 그 애는 내게 슬쩍 팔짱을 끼더니 기댔다. 내가 웃으며 그 애 어깨에 팔을 둘러주자 그 애는 나를 따뜻하게 껴안았다.

나도 그 애를 한 번 껴안아주고는 포옹을 풀려고 했지만, 쉴라는 계속 껴안은 채 놓으려 들지 않았다. "참 기분이 좋아요. 가지 마세요. 선생님을 또 잃기 싫어요."

그 애가 중얼거렸다.

내가 아는 그 애의 기호에 맞춰, 나는 쉴라를 피자집으로 데려갔다가 볼링을 치러 갔다. 그 애는 게임을 별로 잘하지 못했다. 그 일 때문에 아직 피곤한 것 같았지만 그래도 즐거워 보였다. 볼링장을 나오니 건너편 쇼핑몰의 영화관에서 월트 디즈니 사의 〈정글북〉을 상영한다는 광고가 보였다. 나는 충동적으로 보러 가고 싶냐고 쉴라에게 물었고, 그렇게 해서 우리는 그 영화를 보았다.

우리가 영화관을 나왔을 즈음엔 날이 어두워져 있었다. 브로드뷰까지는 한 시간은 족히 걸리는 터라 이제 쉴라를 집에 데려다줘야 했다.

차를 타고 처음 10분간은 이제 막 본 영화에 대해 떠들어댔지만, 그러고 나자 침묵이 뒤따랐다. 그때쯤에 이르러서는 쉴라가 피곤해하는 게 확연히 느껴졌던 데다가 그 애가 차의 흔들림 때문에 졸려한다고 생각했기 때문에 나는 굳이 얘기할 필요를 느끼지 않았다. 몇 마일이 재깍거리며 지나갔다. 차는 도시 변두리에 이르렀다. 어느덧 간선도로의 가로등이 사라지고 차는 시골의 어둠 속으로 뛰어들고 있었다.

어둠 속을 달리며 나는 지난 며칠간의 충격에도 불구하고, 아니 아마 그것 때문에 쉴라와의 관계가 다시 만난 이후로 가장 가까워진 것 같다는 생각을 하고 있었다. 여러 가지 면에서 시달렸던 날이긴 했지만, 그래도 감정적인 면에서는 보람이 있었다.

"다시 그러진 않으시겠죠, 네? 이제 모두 끝난 거죠, 그렇죠?" 쉴라가 부드러운 목소리로 물었다.

나는 그 애를 돌아보았다.

그 애는 안전벨트 꼭지에 머리를 기댄 채 앉아서 앞쪽의 어둠을 지그시 바라보고 있었다. "전 그날 밤이 생각나요."

그 애가 무슨 얘기를 하는 건지 기억해보려고 내 머리가 바쁘게 돌아갔지만, 마침내 포기하고 말았다.

"뭘 얘기하고 있는지 잘 모르겠어."

"아시잖아요. 선생님이 절 놔두고 떠났던 그날 밤 말예요. 선생님이 가버렸을 때요."

"언제 내가 갔는데? 어디로?"

쉴라는 자세를 바로 하고 나를 건너다보았다. "기억하시잖아요. 못할 리가 없어요. 기억해보세요. 내가 차 안에서 장난을 치고 있으니까 선생님이 못하게 하고는 나더러 내리게 했잖아요."

"언제?"

"제가 어렸을 때요. 선생님 반이었을 때, 수업이 끝나고요. 그날 밤에요." 그 애의 목소리에는 동요의 기색이 묻어났다. "선생님이 날 차에 태웠죠, 모두를 차에 태웠어요. 선생님은 뭘 하려고 하셨죠?" 이 마지막 질문은 나보다는 자신에게 묻는 것 같았다.

"우리를 데리고 나가려 했나요? 놀러요? 오늘 밤처럼. 오늘 밤 선생님이 하듯이요."

나는 한순간 당황했다. 그 애가 무슨 얘기를 하는 건지 아무리 기억해내려고 애써봐도 밤에 쉴라를 태우고 나간 기억이라고는 청문회가 끝난 후 채드와 내가 그 애를 피자집에 데려갔던 그때밖에는 떠오르지 않았다.

"내 생각엔 그게 내가 아닌 것 같은데." 나는 과감하게 부딪쳐보았다.

"아니, 선생님이었어요. 기억하고 있어요. 도로를 달리고 있었어요. 불빛들, 가로등이 지나갔고, 그런 다음엔 지금처럼 어두웠던 게 기억나요. 선생님은 길가에 차를 세우더니 나더러 차 문을 열고 나가라고 말했어요."

"그건 내가 아냐, 쉴라."

"맞아요, 선생님 차였던 게 기억나니까요. 작은 빨간 차였죠. 선생님은 그걸 빙고라고 불렀어요. 선생님은 우리를 그 차에 태우곤 했어요. 그러면 우리는 그 작은 빨간 차에게 비―아이―엔―지―오 노래를 불러줬어요."

내 얼굴에 웃음이 번졌다. "그래, 나도 그 차가 생각나. 내 첫 번째 차였거든. 하지만 난 너희들을 두세 번밖에는 차에 태운 적이 없는데다가, 밤에는 한 번도 없었어."

"그땐 밤이었어요." 그 애가 단언했다. "우린 모두 뒷좌석에 앉아 있었어요. 난 문 쪽에 앉아 있었죠, 그리고 다른 문 쪽에는, 내 옆엔……
제이미? 아니에요, 제이미는 없었어요, 그렇죠? 빌리? 그것도 아니에
요. 글쎄요, 이름은 기억할 수 없지만 그 애가 내 옆에 앉아 있었고, 우
린 장난을 치면서 시끄럽게 굴었어요. 방귀 소리 내기였던 것 같아요.
그러자 선생님이 닥치라고 말했어요. 닥치지 않으면 차를 세우고 우릴
내쫓을 거라고요. 우린 그냥 장난을 치고 있었던 것뿐인데, 선생님이
진짜로 화를 냈어요. 난 무서웠어요. 그래서 입을 다물었죠. 그게 그렇
게 오랫동안 날 분통 터지게 만들었어요. 입을 다문 건 저였거든요. 하
지만 제이미는 안 그랬어요. 그 애는 이번엔 아주 커다란 방귀 소리를
냈고 선생님은 방향을 틀어 차를 길가에 세웠어요. 정말 확실히 기억
나요. 왜냐하면 차가 하도 심하게 덜컹거려서 우리 둘 다 비명을 질렀
거든요. 그러자 선생님이 '내려'라고 말했죠. 난 그때 울고 있었어요.
내가 안 그랬다는 걸 아는데 선생님은 화가 머리 꼭대기까지 나 있었
어요. 난 너무 무서워서 내가 안 그랬다고 말할 수가 없었어요. 내가
내려야 한다는 걸 알았어요. 그러고 나자 선생님은 그냥 차를 몰고 가
버렸어요."

그 애는 숨을 깊이 들이쉬었다.

"그러니까 이게 선생님이 다시 돌아온 이후에도 내가 받아들이기
힘들었던 이유였던 것 같아요. 선생님은 계속 '이거 기억해? 저거 기
억해?' 하고 물었지만, 그 당시에 무슨 일이 있었는지 기억하려고 할
때마다 내 머릿속에 떠오르는 거라곤 선생님이 날 버렸다는 사실뿐이
었어요. 선생님은 내가 자신을 특별하다고 생각하도록 만들고 나서는,
날 그냥 밖으로 밀어버렸어요."

나는 경악해서 그 애를 쳐다보았다. "쉴라야, 그건 내가 아니었어!"

"선생님이었어요. 왜냐하면 선생님 차였다는 걸 기억하니까요."

"그건 내가 아니야. 그건 네 엄마였어. 그리고 네 옆에 앉아 있던 애는 제이미가 아니야. 걘 지미였어, 네 남동생. 넌 나랑 네 엄마를 혼동하고 있었던 거야."

쉴라의 표정은 완전히 당혹 그 자체였다. "선생님이었어요. 선생님이 절 내버리고 간 그 사람이라구요. 엄마는 기억도 안 나요."

도로변에 서 있는 휴게소 표지판을 보고 그리로 들어가 차를 세웠다. 휴게소 불빛이 워낙 밝아서 차 안의 어둠과는 대조적으로 모든 것을 선명한 안도감으로 감싸주었다. 하지만 쉴라의 얼굴은 여전히 공포로 물들어 있었다. 혼란스런 기억의 세계들 속에 완전히 사로잡힌 듯한 그 모습을 보니, 내가 자기더러 차에서 내리라고 말하길 기대할지도 모른다는 생각마저 들었다. 그래서 나는 서둘러 엔진을 껐다. 사실 우리가 나눈 대화에 너무나 충격을 받아서 안전하게 운전을 계속할 자신도 없었다. 나는 정신을 바짝 차리고 이 대화에 임해야 한다는 걸 깨달았다.

"쉴라, 밤에 내 차에 널 태운 적은 한 번도 없었어. 청문회가 끝나고서는 채드의 차를 탔고 내 차는 한 두세 번쯤 학급 소풍을 갈 때 탔을 테지만, 그 외에는 한 번도 네가 내 차를 탄 적이 없어."

그 애는 마비라도 된 듯 꼼짝 않고 앉아 있었다. 똑바로 앞을 바라보는 그 애의 눈에는 초점이 없었다. 쉴라는 한동안 그렇게 꼼짝도 않고 있더니 혼란스러워하며 보일 듯 말 듯 머리를 흔들었다.

"난 기억해요." 그 애의 나직한 목소리는 여전히 갈피를 못 잡고 있었다. "나보고 내리라고 했어요. 뒷문으로 와서 문을 열었어요. 난 너무 무서웠어요. 난 울고 있었고 너무 겁나서 그렇게 하고 싶지가 않았어요. 차들이 지나가는 소리가 들렸는데, 난 그냥 자꾸 울기만 했어요. 아무도 날 데리러 오지 않았죠."

"그건 내가 아니었어." 내가 부드럽게 말했다.

"선생님이라고 철석같이 믿었는데."

그 애의 목소리는 점차 울먹이고 있었다. 눈물이 뺨을 타고 흘러내렸다. 그 애는 손으로 얼굴을 감싸며 몸을 앞으로 숙였다.

"아니에요. 그래요, 아니에요." 쉴라는 낙담해서 울부짖었다.

나는 운전석과 옆좌석 사이 공간으로 그 애를 끌어당겨 껴안았다.

"나도 널 떠났기 때문에 그렇게 생각했구나, 그렇지? 미안해, 아가야. 난 그것 때문에 네가 얼마나 마음 아파할지 전혀 깨닫지 못했어."

20

　결국 알레조의 유괴는 쉴라가 더 이상 여름 프로그램에 나오지 않
는 게 좋겠다는 로젠탈 박사와 알레조 부모의 대체적인 정서를 수용하
는 것으로 일단락되었다. 이해할 만한 일이었기에 우리 모두 그것을
받아들였다. 어쨌든 프로그램도 마지막 주에 이른 터라 별다른 차이가
있는 것도 아니었다.

　프로그램에 나오지 않았기 때문에 다음 주 수요일 저녁까지는 쉴라
를 만날 기회가 없었다. 수요일 오후 그 애가 병원으로 전화를 걸어와
내 아파트로 와도 되는지 물었다. 쾌활한 목소리인데도 좀 외롭게 느
껴져서, 나는 자기의 그 유명한 참치와 버섯수프 요리를 저녁으로 만
들어주겠다는 그 애의 제안을 받아들였다. 집에 도착해보니 쉴라는 우
리 아파트 건물의 현관 계단에 앉아 있었다. 무릎에는 식재료를 가득
담은 갈색 종이봉지가 놓여 있었다.

"네 돈을 쓸 필요는 없었는데." 내가 말했다. "아마 우리 집에 재료가 다 있을 거야."

"괜찮아요. 토요일날 신세 진 걸 갚고 싶었어요. 또 일요일날도 있구요."

그 애는 계단에서 일어나 날 따라 아파트 계단을 올라왔다.

쉴라는 그날 밤 원기왕성했다. 5월에 처음 만났던 과묵하고 음울한 사춘기 소녀에 비하면 이 의욕적이고 수다스런 소녀는 같이 지내기가 훨씬 수월했다. 아니 사실 같이 있으니 즐거웠다. 하지만 쉴라의 쾌활함 저변에는 뭔가가 있었다. 그 애가 나 때문에 심히 상처받을 것처럼 보이게 하는 통렬한 뭔가가.

우리에겐 얘기해야 할 것들이 많았다. 쉴라가 나를 자기 엄마와 혼동하고 내가 떠난 일을 자신이 최초로 버림받았던 일과 혼동해왔다는 걸 안 일요일 밤의 사건은 내게 심한 충격을 주었다. 쉴라 역시 그랬던 것 같다. 우리 둘은 정서적으로 너무 심하게 압도당한 나머지, 당시에는 도저히 더 이상 그 문제를 논의할 수가 없었다. 그렇지만 나는 쉴라와 같이 한 번 더 그 문제를 논의해보고 싶었다. 의외의 발견이 가져다준 통찰 덕분에 새로운 눈으로 전체 상황을 볼 수 있게 되었던 것이다.

문제는 그날 저녁 주제가 자연스럽게 떠오르지 않았다는 데 있다. 어쩌면 우리는 여전히 그 발견에 얼떨떨해 있어서 논의할 준비가 되어 있지 않았던 것일 수도 있다. 그 원인을 확실히 알 수는 없었지만, 어쨌든 우리 대화는 변죽만 울리고 있었다.

쉴라는 이 주제에서 저 주제로 오락가락했다. 무척 수다스러웠고, 처음으로 마음속에 지니고 있던 비범한 구상들을 내게 설명하며 자신의 두뇌 능력을 최대한 가동시키는 데 열성을 보였다. 예를 들어 컴퓨터를 상당히 잘하는 편인 쉴라는 학교 컴퓨터에서 프로그램을 짜는 일과 관련해서 꽤 길게 이야기했다. 또 아직도 로마사와 카이사르에 관심이 많아서 학교 컴퓨터에 있는 프로그램을 확장해서 그 사이로 걸어다닐 수도 있는 3차원 모델의 로마 건축물을 축조하겠다는 아이디어를 내놓기도 했다. 학교 컴퓨터가 어떤 건지 알 수 없었던 나로서는 그 애가 수정할 생각을 한다는 프로그램이 어떤 종류인지 상상할 수 없었지만, 그 애가 말하는 걸 듣는 것만으로도 무척 흥미로웠다.

이런 식으로 그날 저녁은 교사 대 학생이나 치료자 대 환자라기보다는, 어쩌면 진작부터 그래야 했을 친구 대 친구로서 즐겁게 흘러갔다. 이제 늦은 시간이었고 그 애를 집으로 보내야 했다. 그러지 않으면 다음 날 일을 제대로 할 수 없을 것이다. 쉴라가 그 문제에 관해 짤막하게나마 언급한 것은 우리 만남이 끝을 향해 가고 있던 바로 그때였다. 그 애는 가봐야 할 때가 다가오자 점점 침울해졌다. 그날 밤을 우리 집에서 자고 가라고 말해주길 쉴라가 간절히 바란다는 건 내심 알고 있었지만 그럴 수 없어서 마음이 아팠다. 그 애는 집으로 돌아가야 했다.

"그런데, 아세요?"

내가 거실 곳곳에 어질러놓은 잡동사니들을 주워모아 치우려고 일어서자 그 애가 말했다.

"전 엄마를 기억조차 못해요. 내 마음은 마치 깨끗한 백지 같아요. 엄마 사진도 한번 못 봤구요. 아빠가 한 장도 가지고 있지 않거든요. 그러니깐 누구나 엄마 같아 보이는 거예요."

침묵이 흘렀고 내가 머그컵들을 집을 때 부딪히는 소리만이 부드럽게 울렸다.

"사람들 사이를 지나갈 때는 가지각색의 얼굴들을 둘러보면서 생각해요. 당신이 우리 엄마예요? 나로서는 알 수 없죠. 엄마도 날 알아볼 수 없을 거구요. 그러면 갑자기 정말 기묘하다는 생각이 떠올라요. 그런 생각을 하다니 말예요. 그 여잔 나를 자기 뱃속에 넣고 다녔어요. 날 만들었다구요. 날 세상에 나오게 했고 내 절반은 그녀한테서 받은 거예요. 그런데 난 그 여자를 길거리에서 마주쳐도 알아보지도 못하는 거예요."

금빛 텅스텐 빛을 내는 탁자용 전등이 팔걸이 소파에 앉아 있는 쉴라를 비추고 있었다. 나는 접시들을 개수대에 집어넣고 돌아왔다. 그동안에도 쉴라의 눈은 계속 나를 쫓고 있었다.

"그 여자가 왜 날 떠났다고 생각하세요?" 그 애는 이렇게 물었다.

전등 불빛 속에서 그 애의 눈에 고인 눈물이 보였다. 흘러내리지는 않았지만 그렁그렁 고여 있더니 고개를 돌리자 불빛을 받아 희미하게 반짝였다.

나는 잠시 어떤 게 최선의 대답일지 생각해봤다. 하지만 내가 뭐라고 하기도 전에 쉴라가 다시 말했다.

"토리? 선생님은 내가 앞으로 잘될 거라고 생각하세요?"

"엄마를 찾게 될 것 같냐는 얘기니?"

그 애는 어깨를 으쓱했다.

"아니요, 꼭 그런 것만은 아니구요. 그냥 잘 풀릴 것 같냐구요? 선생님 생각에는요? 그냥 제가 정상적이 될 가망이라도 있을까요?"

천천히 나는 고개를 끄덕였다.

"그럼, 그렇게 생각하고말고. 그건 그 모든 상황을 받아들이게 된다는 뜻일 거야. 엄마가 널 떠난 후에 일어났던 그 끔찍했던 사건들을 받아들인다는…… 끔찍했던 사건은 두 번이었지. 나도 널 떠났으니까. 난 그럴 마음은 없었어. 아니 적어도 그렇게 느끼게 할 마음은 없었어. 그러나 이제 그랬다는 걸 알아. 그리고 그건 아마 그 두 가지 사건이 일어날 수밖에 없었다는 것, 그 상황에선 어쩔 수 없었으리란 것, 하지만 그건 네 잘못이 아니라는 점을 받아들이는 걸 뜻할 거야. 너한테 일어난 일이지만, 네가 일으켰던 건 아니야. 그리고 결국 용서하고 흘려버려야 해."

"선생님은 제가 그럴 수 있다고 생각하세요?"

나는 고개를 끄덕였다. "그래. 힘은 들겠지. 그렇지만 넌 항상 호랑이였잖니."

이후 그 주 내내 쉴라를 보지 못했다. 우리는 마지막 국면에 접어든 여름 프로그램에다 보호자 간담회와 임상 평가들로 분주했다. 그런 다음 주말이 되자 알렌과 나는 비행기를 타고 그 도시를 떠나 발레를 보러 갔다. 내가 쉴라의 소식을 들은 지 꽤 오래됐다는 걸 깨닫고 전화를 건 것은 그 다음 수요일이 되어서였다. 아무도 전화를 받지 않았다.

나는 사람들과의 교제에서 특별히 싹싹한 편이 아니다. 특히나 전화 거는 걸 좋아하지 않아서, 사람들에게 전화 거는 일을 난처해질 정도로 질질 끌었다. 이런 나쁜 습관을 알고 있는 내 친구들은 대개 자신들이 먼저 연락을 취해주곤 했다. 쉴라의 경우도 대체로 그랬다. 전화하는 쪽은 거의 항상 쉴라였다. 내가 쉴라에게 전화를 걸어야겠다고 작정한 것은 그것이 내 부담이 되고 나서도 다시 3, 4일이 흐르고 나서였다. 또 아무도 전화를 받지 않았다. 그때서야 뭔가 불안해지기 시작했는데, 그건 단지 5월에 우리가 다시 만난 이후로 2주 동안이나 그 애소식을 듣지 못한 경우는 한 번도 없었다는 정도의 수준에서였다.

무응답. 무응답. 무응답. 쉴라가 내게 저녁을 해주었던 그날 밤 이후 3주가 지난 목요일이었다. 다시 전화를 걸자 이번에는 녹음된 메시지가 흘러나왔다. "이 전화번호는 현재 사용되지 않는 번호입니다."

첫 번째로 떠오른 생각은 렌스태드 씨가 전화세를 못 낸 건가 하는 것이었다. 내가 아는 한에서 이것은 분명히 가능한 일이었다. 그럼에도 불구하고 마음이 뒤숭숭했다. 그래서 그날 나는 일을 마치고 나서 어떻게 된 영문인지 알아보려고 직접 브로드뷰로 달려갔다.

멀기도 했고 차도 막혔기에 여덟 시가 넘어서야 겨우 쉴라의·집에 당도할 수 있었다. 갈색 2세대 주택 앞에 차를 댔을 때 거리는 벌써 저녁 어스름에 잠겨 있었다. 다른 가족이 살고 있는 왼편 집에는 불이 켜져 있었고 텔레비전 소리도 들려왔다. 하지만 렌스태드 씨 집은 그냥 캄캄하기만 했다.

문을 두드려봤지만 대답이 없었다. 다시 문을 두드렸다. 여전히 아무 소리도 없었다. 나는 다른 문이 없는지 집의 옆쪽을 돌아보고 나서 다시 한 번 문을 두드렸다. 그들이 집에 없는 건 확실했다. 집의 다른 쪽 옆으로 가서 발꿈치를 들고 창문으로 들여다보려 할 때였다.

"이봐, 거기서 뭐 하는 거야?" 누군가가 소리쳤다.

깜짝 놀라 쳐다보니 그 2세대 주택의 다른 집에 사는 남자가 문 밖으로 머리를 내밀고 있었다. 나는 그에게 물어보기로 했다.

"아, 안녕하세요. 이 집에 사는 사람들이 어디 있는지 아세요? 집에 아무도 없는 것 같군요."

"그 사람들은 이제 여기 안 살아요. 3주 전쯤에 이사 갔어요."

"이사요?" 나는 깜짝 놀랐다.

"그렇수다."

"어디로 갔을까요? 혹시 아세요?"

"몰라요. 안됐지만, 전혀."

그는 이렇게 말하고는 문을 닫고 안으로 사라졌다. 나는 한 대 얻어 맞은 것처럼 얼이 빠져 옆 보도에 서서 그 집만 바라보고 있었다. 이사 갔다고? 쉴라가 나한테 이사갈 거란 이야기를 한 적은 한 번도 없다. 그리고 렌스태드 씨도 그 사건이 일어나던 당시에 만났을 때 전혀 그런 내색을 하지 않았다. 직장도 있었고 야구팀 코치까지 했는데 왜 이사를 갔을까? 그리고 어디로 갔을까?

❧

쉴라와 쉴라의 아버지는 사라져버렸다. 난 믿을 수가 없었다. 그 후 여러 주 동안 내 마음속에는 온갖 감정들이 다 스치고 지나갔다. 충격과 분노와 낙담과 후회와 슬픔 따위의 감정들이. 슬픔의 감정이 특히 두드러졌다. 쉴라와의 관계를 다시 형성하기 위해 족히 석 달이 넘는 시간을 들였는데 모든 것이 물거품으로 변하고 만 것이다.

난 그 사실 자체를 믿을 수가 없었다. 나는 그 사건 전체를 놓고 제프와 몇 번이고 얘기하면서 그들이 어디로 가버렸을지, 그들이 떠나리라는 암시를 주었는데도 내가 놓치고 만 뭔가가 있지 않은지 생각해보려고 머리를 짜내곤 했다. 우리 둘은 함께 그들이 어디로 사라졌는지 알아내려고 노력했다. 이것은 내가 예상했던 것보다 훨씬 힘든 일이었다. 쉴라나 그 애 아버지를 찾을 법적인 근거가 아무것도 없는 우리로서는 직접적인 조사를 해볼 수 있는 기회가 별로 없었다. 거짓말을 하거나 그렇지 않으면 내 목적을 왜곡하는 게 싫었던 나로서는 연역적 추리와 인내와 행운 말고는 기댈 것이 없었다. 앞의 두 가지라면 나도 충분히 갖고 있는 것 같았지만 세 번째 것은 그냥 오기를 기다릴 수밖에 없었다.

생각해보기도 싫었지만 렌스태드 씨가 새로운 범죄를 저질러 감옥에 다시 들어갔을지도 모른다는 생각이 맨 먼저 떠올랐다. 사생활 보호법 때문에 적극 나서서 이 점을 확인해주겠다는 사람을 찾기가 힘들었다. 완전히 벽에 부딪쳤던 내게 남은 유일한 가능성은 채드였다. 나는 그에게 전화를 걸어 찾아줄 수 있겠느냐고 물었다. 그로서도 고객의 비밀을 지켜줘야 한다는 원칙을 견지해야 했기에 많은 일을 해주기는 꺼려지는 듯했다. 하지만 그는 자기 회사의 고객 명단에 렌스태드 씨가 올라와 있지 않다는 사실을 확인해주었다. 그렇다면 그가 다시 교도소에 들어갔을 가능성은 크지 않았다.

제프는 그들이 세금이나 사채업자 혹은 그 비슷한 뭔가로부터 벗어나기 위해 그냥 도망간 건지도 모른다고 추측했다. 그는 우리가 운이 좋다면 그들이 아직 그 도시에 살고 있을 테니 쉴라가 나한테 연락하기를 그냥 기다리면 되는 문제일 수도 있다고 말했다. 그의 의견은 요컨대 쉴라가 연락을 취하길 기다릴 수밖에 없지 않겠느냐는 것이었다. 그 애는 내가 있는 곳을 알고 있다. 연락이 끊어졌던 이전 경우들과 달리, 이제 그 애가 먼저 나를 찾는 과정을 시작할 수 있을 만큼 그 애는 충분히 자라 있었다.

어쨌든 그걸로 끝이었다. 쉴라는 다시 한 번 사라져버렸다.

21

쉴라는 연락하지 않았다. 여름이 가고 가을이 왔다. 아이들이 새로 왔고, 새로운 관계가 형성되었다. 일은 계속됐다.

그러다 10월이 되자 행운이 나를 찾아왔다. 일련의 요행 덕분에 나는 렌스태드 씨가 메리스빌에 있는 주립병원 약물회복센터에 다시 들어간 것을 알아냈다. 그와 전화 통화를 해보려 했지만 성공하지 못했다. 그래서 공휴일인 '콜럼버스의 날'(크리스토퍼 콜럼버스를 기리기 위해 10월 12일로 지정된 미국 공휴일—옮긴이), 나는 차를 타고 직접 그곳으로 갔다.

병원에 도착했을 때는 따스하고 밝은 가을 오후였다. 온통 노랗고 누렇게 물든 포플러 나무와 자작나무들이 기다란 그림자를 드리우는 가을 햇살을 받아 그 찬란한 색들을 더욱 뽐내며 서 있었다.

렌스태드 씨는 나와 함께 기꺼이 면회 장소로 가긴 했지만, 날 보고 놀라거나 반가워하는 기색은 전혀 없었다.

"당신은 왜 우릴 그냥 내버려두지 않소? 당신이 개한테 좋을 건 하나도 없소." 내가 쉴라에 관해 묻자 그가 말했다.

"무슨 뜻이에요?" 내가 물었다.

"당신은 모든 걸 흔들어놔요. 당신이 오기 전까지만 해도 그 애는 잘해가고 있었소. 걘 아주 안정돼 있었고 우린 아무 문제도 없었소."

나는 그를 똑바로 바라보았다.

"모든 원인이 당신한테 있어요. 당신은 쉴라를 흔들어놔요. 그래서 나는 더 이상 당신이 얼쩡거리는 게 싫소. 당신이 뒤흔들어놓기 전까지 그 애는 아주 착실했소."

"쉴라를 혼란스럽게 할 생각은 없었어요. 내가 그랬다고도 생각하지 않구요."

"당신이 개 머릿속에 그전에는 없던 쓸데없는 생각들을 심어놨다구. 그 앤 당신과 어울리기 전까지는 행복했수다."

"하지만 우리가 나눈 얘기들은 그 애가 말하고 싶어했던 것들이에요. 전 그 애한테 일어났던 일을 놓고 그 애가 누군가와 얘기를 나누는 게 필요하다고 생각해요."

"그 애한테 뭔 일이 일어났는데? 그 애한테 뭔 일이 일어났냐구? 난 개를 위해서 안 해본 일이 없수. 그리고 당신이 그 애를 선동했지. 그 어린애를 훔치라고 말야. 당신이 꼬드기지만 않았더라면 그런 일은 절대로 안 생겼을 거야. 그 앤 당신이 접근하기 전까지는 아무 문제도 없었다구."

"죄송합니다, 하지만—"

"그러니까 우릴 그냥 내버려두쇼. 가까이 오지 말라구요. 쉴라에게 당신 도움 따위 필요 없고 나도 당신이 그 애를 더 이상 만나지 말았으면 좋겠소. 그 애 애비는 나요. 난 당신을 못 오게 할 권리가 있다구."
이 말과 동시에 그는 자리를 박차고 일어나더니 병원으로 다시 들어가 버렸다.

나는 훈계를 받고 차로 돌아왔다. 운전대에 자리잡고 앉고서야 비로소 분노가 치밀어 오르기 시작하더니 질책받은 효과를 압도했다. 내가? 내 잘못이라고? 병신 같은 놈.

그럼에도 그 만남의 결과로서 부인할 수 없는 사실은, 쉴라가 어디 있는지 말해줄 생각이 그에게는 전혀 없다는 것이었다. 생각이 있다면, 그건 오로지 그 애를 찾지 않겠다는 다짐을 내게서 받아내거나 내 노력을 방해하겠다는 것뿐이었다. 나는 낙담해서 집으로 돌아왔다.

🐋

겨울이 찾아오고 해가 바뀌었다. 그러는 사이에 옛일을 생각나게 하는 일들이 몇 가지 있었다. 1월의 어느 날 오후 알레조 부모가 병원에 들러 알레조를 정식으로 입양했다고 알려주었다. 그 애는 지금 경증 정신장애아들을 위한 특수학급에 다니고 있는데 많이 좋아졌다고 했다. 또 한 번은 우리 어머니가 참치와 버섯수프가 들어간 요리법을 적어서 내게 보내준 적이 있다. 그리고 꽁꽁 얼어붙은 2월의 어느 날 오후에는 채드가 딸 쉴라를 데리고 우리 사무실에 들렀다. 그는 이 도시에 업무상 볼일이 있어 왔는데, 이제 여섯 살이 된 그의 딸은 처음으로 아빠랑 둘이서만 하는 그 여행에 무척 즐거워하고 있었다. 나무랄 데 없는 옷차림새에 밝고 붙임성 있고 무척이나 예의 바른 채드의 딸 쉴라는 아빠가 사준 손바닥만 한 컴퓨터를 내게 보여주었다. 쉴라의 어린 시절과 그 애의 이름을 딴 한 소녀의 어린 시절, 이보다 더 극명한 대비는 있을 것 같지 않았다.

나는 계속 희망을 잃지 않고 저녁에 집으로 돌아오면 쉴라의 필적이 없는지 우편물들을 훑어보곤 했지만 아무것도 건지지 못했다. 겨울이 지나 봄이 왔고 그러더니 봄도 다시 여름으로 바뀌었다.

우리는 다시 여름 프로그램을 운영했다. 전 해보다 아마추어적인 사건은 훨씬 줄었다. 우리는 특수교사 셋과 보조자 셋, 교대로 근무하는 당직 의사들로 3개 반에 어린이 스물네 명을 수용했다. 제프는 이제 일주일에 한 번밖에 오지 않았지만, 나는 매일 여기서 일했는데 방마다 돌아다니면서 감독하는 자격이었다. 프로그램은 훌륭했지만 지난번만큼 푹 빠지게 만드는 그 무언가가 부족한 듯이 느껴졌다.

7월 초, 나는 쉴라의 생일이 다가오고 있음을 깨달았다. 이제 열다섯 살이 될 터였다. 그리고 그 애가 사라진 지도 1년이 다 되어가고 있었다. 지금 어디서 무엇을 하고 있는지 무척 궁금했다.

여름학교 프로그램을 끝낸 뒤에, 나는 한 달 휴가를 얻어 웨일스로 갔다. 영국의 북쪽 한구석에 있는 메마르고 안개 낀 산들은 내게 제2의 고향과 같은 곳이었다. 그곳이 왜 나를 한눈에 매혹시켰는지는 아무리 생각해도 알 수 없었지만, 나를 다시 돌아오게 만들곤 한다는 것만은 의심할 여지가 없었다. 나는 그곳의 히이드 꽃과 슬레이트로 축조한 돌벽들 사이에서 어떤 타고난 자연스러움을 발견했다. 그것은 내 몸 안에서 우러나오는 뭔가 생래적(生來的)인 것이었다. 그래서 나는 그곳을 찾을 때면 어김없이 맛볼 수 있는 평화를 찾아 그곳으로 돌아가곤 했다.

그 해 여름, 나는 한 무리의 그 지방 사람들을 사귀었는데, 우리는 산에 대한 애정을 공유하고 있었다. 비 내리는 무어 지대(기온은 낮고 습도는 지나치게 높아서 형성된, 웨일스 고지에 있는 넓은 황야 지대—옮긴이)를 헤매고 다니거나 웨일스에 널려 있는 양떼들을 벗삼아 하루하루가 지나갔다. 나는 저녁이면 기네스 생맥주와 웰시 악센트에 흠뻑 젖어 마을 펍(영국의 대중 음식점 겸 술집—옮긴이)의 석탄 벽난로 가에서 보내곤 했다. 내가 사는 도시와 병원과 내 이전 삶 전부가 바다에서 피어오른 안개가 산을 가릴 때처럼 사라져버렸다.

᠊᠊᠊

잊지 못할 휴가들이 으레 그렇듯이 이번 휴가 역시 녹초가 될 정도로 피곤에 전 귀가로 끝이 났다. 나는 거의 눈도 뜨지 못할 지경으로 비틀거리며 비행기에서 내려, 도시로 가는 택시를 탔고 우리 아파트 빌딩 계단을 비틀거리며 올라갔다. 배낭을 내려놓고 집 열쇠를 뒤져 문을 열었다. 아니 열었다기보다는 열려고 했다. 편지 구멍으로 밀어 넣은 우편물들이 바닥에 가득 쌓여 있던 통에 문을 밀자 그것들이 그만 문 밑에 쐐기처럼 박히고 말았던 것이다. 나는 몇 분을 씨름하고서야 문짝 아래에 끼여 있던 우편물들을 성공적으로 빼내고 아파트 안으로 들어설 수 있었다.

들어가서 나머지 우편물들을 치우려고 몸을 굽히는 순간 편지 하나로 시선이 갔다. 나는 당장에 그것이 쉴라의 필체라는 걸 알아보았다. 서둘러 봉투를 찢었다.

토리 선생님께,

어떻게 말을 꺼내야 할지 정말 모르겠군요. 그런데 전 자살하려고 생각하고 있어요. 약을 갖고 있어요. 제 바로 옆에는 약들이 있고, 이제 제게 남은 일이라고는 이 편지를 쓰는 것밖에 없어요. 너무나 외로워요, 토리. 전 뭐든지 되는 일이 없고 노력하는 것도 이젠 지긋지긋해졌어요. 제게 의미 있는 일은 이제 이것밖에 없어요.

그러나 우선 선생님께 이 편지를 쓰고 싶었어요. 선생님이 절 위해 해주신 모든 것에 감사하단 말을 하고 싶었거든요. 전 선생님이 얼마나 절 위해 애써주셨는지 알아요. 그리고 그래 주신 것에 정말 경의를 표해요. 제가 항상 감사하게 여겼다는 것을 선생님이 알아주셨으면 해요. 모든 게 잘 될 수 없었던 게 아쉬워요.

사랑해요, 쉴라가.

그리고 편지지 아래 쪽에는 O자와 X자들이 한 줄로 죽 그려져 있었다. 어린 아이들이 편지에다 쓰는 포옹과 키스의 표시였다.

서둘러 날짜를 찾아보았으나 찾을 수가 없었다. 소인을 확인하려고 봉투를 찾아보니, 소름끼치게도 그 편지는 4주 전 내가 웨일스로 떠나고 난 이틀 후에 부친 것이었다. 슬픔에 얼이 빠진 나는 그냥 멍하니 그걸 노려보고만 있었다.

편지 봉투에 적힌 주소로 보아 쉴라는 그 도시에서 동쪽으로, 차로 한 시간 정도 거리에 있는 어느 마을 근처 어린이집에 있는 것 같았다. 그러나 이제 내가 뭘 할 수 있겠는가? 4주도 전의 일이다. 어떻게 처리됐을까? 그곳에 전화를 걸어 쉴라가 아직도 살아 있나 물어볼까? 쉴라의 성격을 알기 때문에 그냥 해보는 말이라고는 생각되지 않았다. 자살하겠다고 말했으면 그 애는 반드시 그렇게 할 것이다. 나로서는 이 사실을 의심할 여지가 전혀 없었기에 이런 종류의 전화 통화를 감당할 자신이 없었다.

불행하게도 내 귀가를 맞아준 혼란은 이것만이 아니었다. 내가 다루고 있던 청소년 한 명이 간호인을 폭행하고 달아났는데, 하필이면 내가 돌아온 이날 저녁을 택해 내가 뺏은 수제(手製) 칼을 찾겠다고 제프와 내가 쓰던 사무실을 뒤졌던 것이다. 이 일이 워낙 분초를 다투는 긴급한 문제였던 데다가, 소년을 처리하라는 병원 당국의 압력과 스물네 시간에 걸친 귀갓길이 가져다준 탈진 상태까지 뒤범벅되어, 나는 지금 와서 보면 당혹스럽기 그지없는 방식으로 쉴라의 편지를 처리하고 말았다. 여태까지 받아본 중에서 최악인 편지를 받고 나서도, 인정하기 부끄러운 일이지만 사실 나는 아무런 행동도 취하지 않았다.

∙

아무리 해도 그 편지가 잊혀지지 않았다. 그 편지는 밤이고 낮이고 나를 괴롭혔다. 잠깐이라도 조용한 시간이나 특히 한밤중에 잠에서 깨기라도 하면 그 편지는 여지없이 나를 갉아먹곤 했다. 문제는 내가 그것을 어떻게 처리해야 할지 전혀 몰랐다는 데 있었다. 난 그 애가 위협했던 대로 실행했을 거라고 곧이곧대로 믿었기 때문에 이것을 어떻게 누구한테 물어서 확인해야 할지 난감했다. 거기다가 그 절망의 순간에 내게 편지를 썼는데도 난 답장조차 할 수 없었다는 걸 그 애가 전혀 몰랐을 거라고 생각하니 비통하고 부끄러웠다. 대신 그 애는 다른 사람들처럼 나도 자기를 버렸다고 생각했을 것이다.

이 모든 일들은, 예기치 않았고 그다지 반갑지도 않았지만 어쨌든 강도 높은 자기 검증의 기회가 되었다. 난 쉴라와의 관계에서 실패했다. 최종 결과는 결국 이것이었다. 게다가 나 역시 그 애를 기만한 사람들 중 한 명이었다. 그 애가 바로 지적했다시피 여섯 살밖에 안 된 그 애로서는 상상도 할 수 없던 세계를 열어준 사람도 나였고, 그것이 그 애 것이 될 수 있다고 믿게 만든 사람도 나였다. 그 당시 젊고 이상주의자였던 나는 정말로 그럴 수 있다고 믿었다. 그렇게 되고 싶어하자 용감했던 쉴라는 영특하고 똑똑하고 매력적이고 멋진 아이가 되었다. 나는 자신이 더 나은 삶으로 들어가는 입장권을 줬다고 생각했다. 나이가 들고 슬프게도 더 현명해진 지금, 나는 어떤 것도 그렇게 간단하지 않다는 사실을 깨달았다.

그 다음의 몇 달간은 내 삶의 여러 영역들이 한꺼번에 힘들고 파괴적으로 밀어닥쳤던 시기였다. 내 환자 명단은 꽉 차 있었고 보통 때보다 더 많이 신경 써야 할 아이들이 거기에 올라와 있었다. 신체적인 공격을 두 번 당했고 세 번째는 거의 강간당할 뻔했다. 더 나빴던 것은 내 환자의 상당수가 오랜 시간을 투자해도 반응이 거의 없어 일을 해도 보람을 느끼지 못한다는 것이었다.

치료가 절실하게 필요한 아이들이 아니라 내 서비스에 대가를 지불할 능력이 있는 아이들만을 치료할 수 있다는 사실을 알게 되면서, 병원의 자본가적 윤리성에 짜증이 나고 불쾌해지기 시작한 것도 이때부터였다. 그래서 나는 정말로 계속적인 치료가 필요하다고 판단한 몇몇 아이들을 위한 특별 기금을 확보하느라 내 소중한 시간을 허비했고, 또 학교나 가정에서 수월하게 다룰 수 있는 경미한 증상인데도 치료를 고집하는 부유한 부모들에게 분개하기도 했다.

그렇지만 가장 큰 충격은 한겨울에 일어났다. 제프가 불미스러운 일로 병원을 떠난 것이다. 나로서는 일과 관련된 문제나 내 사사로운 영역을 침범하지 않는 한 동료들의 성적 처신은 거의 관심 밖이었다. 어쩌면 내 마음속 깊은 곳에서는 제프가 게이라는 것을 감지하고 있었을 것이다. 하지만 그게 우리가 함께 하는 일에 영향을 미친 적이 없었기에, 나는 그 점에 전혀 신경 쓰지 않았다. 그러나 슬프게도 사회는 그렇지 않았다. 그의 성적 선호를 발견한 병원의 재단이사회는 제프가 아이들과 일대일로 진료하는 것이 현명하지 못하다고 판단했다. 제프에게는 훌륭한 추천서를 가지고 조용히 떠날 기회가 주어졌고, 달리 방법이 없다고 느낀 그는 그대로 따랐다. 그는 캘리포니아에 있는 알코올 중독자를 치료하는 자리로 전속되었다.

나는 곤혹스러웠다. 우리는 몇몇 임상 사례들을 같이 다루면서 우리의 치료 방법을 공동작업 방식으로 확립해가고 있었다. 제프는 끝까지 남고자 재단이사회와 협상하던 도중 돌연히 떠나고 말았다. 그들이 한 치도 양보하지 않자 화가 나서 뛰쳐나간 것이다. 결국 그가 떠나는 것에 아무 준비도 되어 있지 않았던 내게 그 결손을 깨끗이 보완하는 일이 맡겨졌다. 일이 너무나 많았고 나는 뜨악한 상태로 계속 바빴다.

그 해 겨울에서 단 한 가지 밝은 측면은 휴라는 새 남자친구의 출현이었다. 알렌이 사라진 지도 오래되었기에 나는 또 한 번 몇 달 동안의 끔찍한 데이트 의식을 치러야 할 신세였다. 그때 갑자기 죽은 벌레가 덕지덕지 그려진, 10년 된 폭스바겐 자동차를 끌고 다니고 멋진 유머 감각을 지닌 거짓말같이 잘생긴 이 남자가 튀어나온 것이다. 우리는, 상극은 서로 끌어당긴다는 옛 격언이 딱 들어맞는 경우였다. 휴와 나는 도무지 어울릴 것 같아 보이지 않는 커플이었기 때문이다. 알렌이

나 채드와는 정반대로 휴는 자수성가한 대학 중퇴자였다. 그는 스물한 살 때 해충 박멸 사업에 학교 등록금을 박아넣었던 사람이다. 빈틈없는 사업 수완을 가진 데다 작은 생물을 박멸하기 위해 남의 집 지하실과 다락을 기어다닐 만큼 순수한 열정도 있었다. 10년이 지나자 그는 그 도시에서 가장 성공한 해충 박멸 회사를 소유하게 되었다.

특히 내 마음을 끌었던 것은 그의 유머 감각이었다. 사실 그는 터무니없을 정도로 농담을 잘했다. 끔찍할 정도로 진지한 직업을 가진 나로서는 유머가 그냥 물 위에 떠 있기 위해서라도 자주 붙들어야 하는 구명구나 다름없었기 때문에, 아무리 인생이 재미없을 때라도 항상 우스운 면을 찾아낼 줄 아는 사람에게 푹 빠지는 건 시간 문제였다.

그 해는 봄이 꽤나 늦게 찾아왔다. 3월이 되고 나서도 춥고 건조했던 겨울이 불청객처럼 질기게 머물러 있더니, 결국 4월 들어서는 도시를 마비시키고 그나마 조금 엿보이던 봄의 신호들을 박살내면서 모든 것을 파묻어버린 눈보라까지 불러들였다.

이즈음 나는 병원에서 동료들과 여름 프로그램의 운명을 놓고 논쟁을 벌였다. 여름 프로그램에서 제프가 담당하던 부분을 거의 그대로 넘겨받은 프리먼 박사가 나와 아무 의논도 없이 여름 프로그램을 두 배로 확장하는 안을 세워 보조금까지 얻어냈던 것이다. 우리는 이제 그 병원의 환자가 아닌 일단의 중증 자폐아들까지 포함해 마흔여덟 명의 아이들을 감당해야 할 판이었다. 이 모든 것들의 이면에서 돈벌이 계획을 감지한 나는 대단히 불쾌했다. 나는 치료에 진전이 있을 경우, 우리가 그 진전 상황을 감당할 수 있는 아이들만으로 프로그램을 국한시키고자 했지만, 사실 그건 그리 중요한 문제가 아니었다. 그 프로그램에서 내 위치는 점점 주변으로 밀려났다. 결국 나는 싸움을 포기했다. 물론 그것도 충분히 훌륭한 프로그램일 수 있었다. 하지만 그건 제프와 내가 두 해 전 여름에 고안해냈던 것과는 하늘과 땅만큼의 차이가 있었다. 그래서 나는 프리먼 박사에게 모든 걸 넘기기로 결심했다.

5월이 왔고 쥴즈라는 이름의 사무실 동료가 새로 왔다. 그는 외모에서 태도에 이르기까지 모든 면에서 제프와는 딴판이었다. 오랫동안 비뇨기과 의사로 일하다가 아동정신과로 전공을 바꾼 그는 오십을 바라보는 나이였고, 머리에는 있어야 할 것 대신에 한 줌의 흰 아지랑이 같은 것만이 남아 있는 작고 둥글둥글한 사람이었다. 번개 같은 재치와 눈부신 자신감으로 넘쳤던 제프와 달리 쥴즈는 토끼처럼 상냥하고 친절했다. 나는 그가 마음에 들었다. 사실 그를 알게 될수록 그와 일하는 게 즐거웠다. 그는 대화하기가 편한 데다 수평사고(에드워드 드 보노가 개발한 창조적 사고방식—옮긴이)에 아주 능했는데, 그것은 우리 대화가 어떤 방향으로도 도약할 수 있다는 걸 의미했다. 그러나 그는 제프가 아니었다. 아직도 제프가 무척이나 그리웠던 나로서는 제프 책상에 앉아 있는 새 얼굴에 익숙해지기까지 오랜 시간이 걸렸다.

그러던 6월의 어느 날 저녁, 집에 돌아온 나는 다른 우편물들과 함께 바닥에 떨어져 있는 두툼한 봉투 하나를 발견했다. 쉴라의 필적이라는 걸 한눈에 알아볼 수 있었다. 나는 놀라서 얼른 봉투를 뜯었다. 그 안에는 열세 장의 공책 종이가 들어 있었는데, 그중 첫 장은 쉴라가 내게 쓴 매우 짧은 편지였다.

토리 선생님께,
선생님께 편지를 드리고 싶었지만, 마지막 편지를 보낸 뒤라 어떻게 시작해야 할지 몰랐어요. 죄송해요. 어쨌든 전 아직 여기 있어요.

선생님께 이것들을 보냅니다. 이걸 제 친엄마에게 보내고 싶었지만 엄마가 어디 있는지 몰라 선생님께 보내게 됐어요. 괜찮겠지요?

사랑해요, 쉴라가.

나는 그 편지들 밑에 놓인 공책 종이들을 보았다. 한 장 한 장마다 쉴라가 자기 엄마에게 보내는 짧은 편지 하나씩이 적혀 있었다

엄마에게,

엄마를 만나고 싶어요. 엄마가 어떻게 생겼는지 알고 싶어요. 엄마 사진을 구하려고 애써봤지만 아빠한테는 한 장도 없고 다른 친척들 중에도 가진 사람이 없는 것 같아요. 엄마에 대해 알고 싶어요. 저처럼 금발이고 직모인가요? 파란 눈인가요? 밖에 나갈 때마다 내 옆을 지나가는 여자들을 쳐다보곤 해요. 날 알아볼지도 모를 누군가를 찾는 거죠. 엄마는 어떻게 생겼어요? 그걸 알 수 있다면 훨씬 마음이 편할 텐데 말예요.

엄마에게,

왜 떠났어요? 이 질문이 항상 절 괴롭혀요. 그러니까, 엄마는 왜 날 안 데려갔냐는 거에요. 제가 그렇게 나쁜 아이였어요? 제가 그렇게 항상 수다스러웠나요? 제가 지미랑 싸웠나요? 아니면 그냥 애가 둘씩이나 되는 게 지긋지긋했던 건가요?

엄마에게,

엄마는 아빠 때문에 떠났나요? 나도 이제 아빠를 알아요. 마약 없이

는 못 산다는 걸요. 그 때문에 저도 화가 나요. 도망가고 싶고요. 엄마도
그랬어요? 엄마도 참을 수가 없었나요?

편지들을 접어 봉투 속으로 다시 집어넣으며 나는 겉봉에 적힌 내
이름을 들여다보았다. 봉투 위쪽 구석에는 전에 온 편지와 같은 어린
이집의 이름이 씌어 있었다. 나는 부엌으로 들어가 전화기를 집어들고
전화번호 안내로 전화를 걸었다.

22

렌스태드 씨의 갑작스런 잠적은 제프의 짐작대로 빚 때문이었다. 그 당시 우리가 몰랐던 것은 그의 장담과 달리 그는 아직도 정기적으로 마약을 하고 있었고, 그 때문에 뒷골목의 악명 높은 인물들에게 진 빚이 늘어가고 있었다는 사실이었다. 그와 쉴라는 이전에도 몇 번이나 그랬듯이 코앞에 닥친 빚 문제를 피하려고 도망갔을 뿐이었다.

그런데 몇 달 후 그는 결국 잡히고 말았는데 빚쟁이들이 아니라 법망의 형태로서였다. 경미한 마약 범죄를 저지른 그는 다시 주립병원 약물치료센터에 보내졌다. 내가 그를 만났던 곳이 바로 거기였다. 그러는 동안 쉴라는 그가 체포되었던 마을에 있던 어린이집에 맡겨졌다.

이 새로운 상황에 비참해진 쉴라는 그곳에서 달아났다. 그 때문에 그 애는 다시 어느 위탁 가정에 맡겨지게 되었고, 거기서도 달아나자 이번에는 그 도시 동쪽으로 차로 한 시간 정도 걸리는 시골에 있는 어린이집으로 전속되었다. 이런 곳이 흔히 하는 말로 '어린이 농장'으로 알려진 곳인데, 그건 감금 시설에 대한 듣기 좋은 표현이었다. 그 전해 여름 쉴라가 자살하겠다는 짤막한 편지를 내게 보냈던 곳도 여기였고, 이번에 받은 편지 묶음들을 보낸 곳 역시 여기였다.

마침내 쉴라가 있는 곳을 알아낸 나는 당장에 전화를 걸어 그 농장 원장인 제인 티몬즈라는 여성과 통화를 했다.

"샌드리 병원이라고 하셨나요?" 그녀가 깜짝 놀라 물었다. "쉴라 렌스태드가 샌드리 병원에서 치료를 받았다구요? 누가 그 많은 돈을 냈죠?"

특별히 안면도 없는 나에게 유난스럽게 무례한 질문을 한다 싶어 화가 치밀었지만, 나는 그녀에게 쉴라와 내 관계가 상당히 오래되었다고 설명했다. 하지만 그것이 더 이상 직업적인 관계가 아니라 개인적인 관계라는 사실에 대해서는 구태여 설명하지 않았다. 30초간의 전화 통화로도 나는 돈과 지위에 대단한 의미를 부여하는 여성이 수화기 저쪽에 있다는 것을 알 수 있었다. 내가 유명하고 값비싼 민간병원인 샌드리 병원에서 근무한다는 사실이 내 전문 자격증들을 몽땅 합친 것보다 더 많은 기회를 주지 않았나 싶다. 내가 그냥 친구라고 했더라면 아마 쉴라 아버지하고 한 묶음으로 취급당해 만날 일시 같은 건 받아내지도 못했을 것이다.

제인 티몬즈는 쉴라가 그 농장에 온 지 막 1년이 지났는데, 그동안 대체로 다루기 힘들고 비협조적이었으며 다른 사람들과 어울리지도 않고 친구라고는 거의 없는 것 같다고 말했다. 그들은 쉴라의 탈출 시도를 세 번 발각했는데 한 번은 멀리 강까지 도망가는 바람에 경찰을 부를 수밖에 없었다는 이야기도 했다.

그 농장의 대략적인 운영 원칙에 관해 물어봤더니, 내가 이미 예상하고 있던 바를 확인해주었다. 그것은 주로 행동 수정에 의존하는 프로그램으로 아이들은 필요한 모든 권리를 점수제를 통해 얻어야 했다. 나는 또 쉴라가 그 농장에서 풀려날 가망이 있는지도 물어보았다. 제인은 렌스태드 씨가 크리스마스경에 가석방될 예정이라며 사회복지부가 적절하다고 판단하면 그때는 쉴라가 자기 아버지에게 돌아갈 수 있을 거라고 설명해주었다.

제인 티몬즈는 내가 직업적인 자격으로 쉴라를 만난다고 여겼기 때문에, 우리의 만남은 쉴라의 충분한 점수를 전제로 하지 않았다. 다행스럽게도 말이다. 쉴라처럼 정서적으로 지적으로 복잡한 경우에 행동수정은 실패할 수밖에 없는 제도였다.

나는 쉴라의 열여섯 번째 생일 다음 날인 토요일에 그 농장에 도착했다. 오래도록 건조했던 날씨에 뒤이은 화창하고 더운 날이었다. 나즈막한 현대식 건물들로 이루어진 그 농장은 말라붙어 강바닥이 드러난 둑을 따라 자리잡고 있었다. 농장 구역 내에는 나무 한 그루 없었고 풀밭은 한여름의 열기로 황갈색으로 타들어가고 있었다. 가시 철사들만이 햇빛 속에서 번쩍번쩍 빛을 발하고 있었다.

주말이었기 때문에 제인 티몬즈는 없었지만 당직인 젊은 남자가 반갑게 맞아주며 나를 상담역 중의 한 명인 홀리에게로 데려다주었다. 그녀는 쉴라가 포함된 한 그룹의 아이들을 담당하고 있었다. 그녀가 나를 여학생 기숙사 건물로 데려갔다. 쉴라는 그곳의 자기 방에서 나를 기다리고 있었다.

　그곳은 묵직한 자물쇠로 잠긴 수많은 방들과, 닭장용 철망을 두르고 보란 듯이 항상 일그러진 상(像)만을 비춰주는 두꺼운 유리창문들이 끝없이 이어진, 진짜 수용소였다. 쉴라의 방은 왼쪽 끝에서 세 번째였다. 네모진 작은 창문과 자물쇠가 달린 엷은 색 떡갈나무 문은 열려 있었다. 쉴라는 침대에 책상다리를 하고 앉아 있었다.

　"잘 있었어?" 내가 말했다.

　"예."

　쉴라는 한참을 망설이더니 갑자기 내 품속으로 몸을 던져 매달렸다. 나는 그 애를 감싸안았다.

　홀리가 문간에서 우리를 지켜보고 있었다. 나는 쉴라의 고개 너머로 그녀를 쳐다보고 말했다. "잠시 우리 둘이 있게 해주시겠어요?"

　그녀가 잠시 주저하더니 고개를 끄덕였다. "네, 그러죠."

🐋

　쉴라는 지난 2년 동안 엄청나게 변해 있었다. 키는 더 컸지만 살이 빠졌다. 그것도 너무 많이 빠져 있었다. 그 애는 만지면 부서질 것 같아 보였다. 괴팍했던 옷들은 더 낯선 청바지와 푸른 티셔츠로 바뀌었고, 요란한 머리도 사라지고 파마기가 거의 남지 않은 긴 단발머리를 하고 있었다. 그 결과 패션은 고사하고 머리 뿌리 쪽의 어두운 금발과 염색한 파마기가 남아 있는 머리 끝 부분이 지저분하게 뒤섞이고 헝클어진 채로 이리저리 삐져나와 있었다. 너무 오랫동안 손질을 안 하고 그냥 자라게 내버려둔 모양이었다.

쉴라 역시 내가 자기를 관찰하는 만큼이나 열심히 나를 살펴보더니 이렇게 말했다. "선생님은 좀 나이가 드셨어요. 그거 아세요? 주름이 생겼어요."

"그래, 고마워."

"전 선생님 얼굴에 주름이 생기리라고는 한 번도 생각해본 적이 없어요."

"그건 훌륭한 사람들한테만 생기는 거야." 나는 이렇게 말하면서 그 애 방 친구의 침대에 앉았다.

그 방은 작고 무미건조했다. 사방 2.5미터와 3미터 정도로 정말 손바닥만 한 방이었다. 한쪽 끝에는 창문이 하나 달려 있었고, 다소 강렬한 분홍색 침구로 덮인 철제 침대 두 개와 함께 쉴라 침대의 발치 쪽으로 책상 하나가 놓여 있었다. 엔젤이란 이름의 쉴라 방 친구는 자기 침대 위 벽을 록스타 포스터들로 도배를 해놨고, 베개 위에도 온갖 동물 인형들을 놓아두었다. 쉴라 자리에는 아무것도 없었다.

나는 방 안을 둘러보고 나서 다시 쉴라를 보았다. 그 애는 자기 침대로 돌아가 책상다리를 하고 앉아 있었다. 야위고 돌보지 않은 외모에도 불구하고 쉴라는 정말 매력적인 소녀로 자라 있었다. 하지만 전에는 한 번도 느껴보지 못한 우울함이 가득했다.

"그럼 이제 결혼하셨어요?" 그 애가 물었다.

"결혼? 내가?" 나는 놀라서 되물었다. "아니. 왜? 내가 결혼했을 거라고 생각했어?"

"네. 선생님과 제프가요."

"제프와 나? 제프와 난…… 사실 그런 관계가 아니었어. 제프하고는 정말 아무것도 아니었어. 그냥 친구였지. 실제로 동료 이상은 전혀 아니었어."

머리를 갸우뚱하는 그 애의 표정은 믿지 못하겠다는 눈치였다.

"넌 어때? 남자친구 있어?"

내가 물었지만 그 애는 대답하지 않았다. 한순간 침묵이 흘렀다. 정말 잠깐 동안. 그러더니 그 애가 나를 쳐다보았다.

"그런데 제프는 어디 있어요? 제프도 날 보러 올까요?"

내가 "아니"라고 하자 쉴라는 고개를 숙였다.

"아, 그가 왔으면 했는데."

그 애는 몹시 애석한 것 같았다. 나는 방심하고 있다가 불시에 허를 찔린 느낌이었다. 그 애가 제프에게 반감 외에 다른 감정을 느낀다고 생각해본 적이 없었기 때문이다.

"제프는 지금 캘리포니아에 있어."

나는 제프한테 있었던 일을 말해줄까 말까 잠시 망설였다. 해야 한다고 결심한 나는 그의 떠남이 강요된 것임을 분명히 했다.

쉴라는 눈썹을 찌푸리며 진지하게 들었다. 이야기를 마치자 쉴라가 고개를 설레설레 흔들었다.

"가버렸다고요? 그가 영원히 가버렸다고요?"

"유감스럽지만 그래."

"아, 제프." 그 애는 고개를 흔들면서 나지막하게 중얼거렸다. "위대한 것일수록 무너지는 소리는 더 크게 마련이니. 둥근 세상이 사자들을 뒤흔들어 문명의 거리로 뛰어들게 하니, 사람들은 사자 굴 속으로 달아났도다."

듣고 보니 그게 인용된 말이라는 건 알겠는데, 어디서 인용된 말인지는 알 수 없었다.

"선생님은 이게 뭔지 아시겠어요?"

그렇게 물으며 쉴라는 몸을 기울여 침대 밑에서 상자 하나를 끄집어냈다. 쉴라가 상자의 뚜껑을 열어 꺼낸 것은 제프가 열네 살 생일 선물로 쉴라에게 주었던 셰익스피어의 《안토니우스와 클레오파트라》였다. 책의 모서리들은 낡아서 너덜거렸고, 여기저기 테이프가 붙어 있었다. 몇 페이지가 떨어져 삐져나온 모습도 보였다.

갑자기 어디에선가 무거운 침묵이 불쑥 모습을 드러냈다. 쉴라는 무릎 위에 책을 놓고는 닳아빠진 책 표지를 바라보고 있었고, 나는 무슨 말을 해야 할지 막막해하며 그냥 가만히 있었다.

마침내 그 애가 조용하게 말을 꺼냈다.

"전 왜 제프가 나한테 이걸 줬을까 의아했어요. 참 멍청한 선물이라고 생각했죠. 내 말은 누가 셰익스피어 같은 걸 읽으려 들겠냐는 거예요. 재미로요? 질긴 검정 신발에 긴 양말을 신는 촌티 나는 할머니라면 모를까, 난 아니었어요. 그건 확실해요. 그런데 언젠가 경찰서에서 하룻밤을 꼼짝없이 기다려야 했던 적이 있었어요. 시간을 어떻게 때워야 할지 난감했죠. 그래서 이걸 읽기 시작했어요. 쉽게 빠져들지는 않았어요. 그런 고어(古語)투 표현에 익숙해지기가 힘들었거든요. 지금 돌이켜보면 기묘하다는 생각이 들어요. 왜냐하면 다 읽고 보니까 아주 쉬웠거든요. 하여튼 첫날 밤엔 고군분투했어요. 그래서 그 사람이 도대체 왜 나한테 이걸 줬을까 하고 생각했죠. 그러고 나서 여기 왔더니 마치 사막에 있는 것 같았어요. 점수를 얻지 못하면, 그들 식으로 굴지 않으면, 그냥 앉아만 있어야 했어요. 그들의 통제 수단이 바로 권태니까요."

이번에 지은 웃음은 더욱 수수께끼 같았다.

"그래서 이걸 다시 읽기 시작했죠. 그리고 이번엔 끝까지 독파했어요. 다 읽고 나서는 또 읽었어요. 그러고 나서 또 읽고. 장담하지만 이틀 동안 연달아 열 번은 읽었던 것 같아요. 그런 다음에 생각했죠. 정말 너무나 아름다운 이야기라고요. 이 여자는 너무나 멋있어요. 정말 굉장해요. 그리고 이 남자는 그녀에게 모든 걸 바치죠. 그는 세상을 통째로 버렸어요. 정말 말 그대로요. 하지만…… 책의 절반이 넘어갈 때까지도 그들은 다정하게 얘기조차 안 해요. 마음속으로는 사랑하고 있으면서도 만나면 항상 다투고 논쟁하고 괴롭히죠. 훗…… 이걸 읽을 땐…… 뭐랄까…… 확장되는 느낌? 아니에요. 아니, 그건 아니에요."

그 애는 생각에 잠겨 잠시 말이 없었다.

"그건 마치 이런 것과 같아요. 전 지금 이 다락방 같은 곳에 있어요. 이게 내 일상생활이죠. 그리고 내 머리 위 천장에는 채광창이 있는 게 보여요. 하지만 절대로 닿을 수는 없죠. 그런데 이걸 읽으면 내 속에서 뭔가가 자라는 거예요. 나를 들어올리죠. 그럼 난 아주 잠깐 동안이지만 저 채광창을 밀어올리고 밖을 내다볼 수 있어요. 저 너머 세상을 그냥 얼핏 보는 거죠. 무슨 얘긴지 아시겠어요? 어쨌든 난 얼핏 볼 수는 있다구요. 아주 잠깐이지만 나 자신보다 더 큰 뭔가가 있다는 걸 알게 돼요."

쉴라의 얘기를 들으며 나는 깊은 감동을 받았다.

얘기를 해갈수록 쉴라의 말은 점점 더 급하게 굴러가기 시작했다. 마치 내가 말을 막기라도 할까봐 두려운 듯했다. 그 모든 생각들, 그 모든 통찰들이 허공 속에서 빛을 내려고 안간힘을 쓰고 있었다. 나는 그 애가 필사적으로 지적인 것에 매달리려 한다는 것을 느낄 수 있었다.

"이 이야기는 진짜로 모두 사실이에요. 제가 가서 사실과 대조해봤어요. 서구사의 전 과정이 이 두 사람이 한 일에 영향을 받았더라구요. 선생님은 그걸 아셨어요? 클레오파트라는 진짜 굉장한 여자였어요. 정말 강하고 아주 강력한 여왕이었죠. 그러면서도 참 인간적이었어요. 무척 어리석고 무척 재미있는 여자였거든요. 휴, 토리, 이 책은 아무리 생각해도 내가 여태까지 읽어본 책 중에서 가장 멋진 책인 것 같아요."

내가 생각할 수 있는 것이라곤 이런 소녀를 수용소 안에 가둬두고 우리는 도대체 무엇을 하고 있냐는 것이었다. 왜 이 애를 완전히 사로잡을 게 틀림없는 어느 대학의 여름학교 문학강좌나 고대사 연구반이 아닌 이곳에 이 애가 있어야 한단 말인가? 이 소녀를 끌어가줬어야 할 조언자들은 어디에 있단 말인가? 나는 이런 데 재능이 없었다. 셰익스피어에 대한 지식이라곤 율리우스 카이사르의 저작에 관한 내 지식만큼이나 형편없었다. 열여섯 살짜리가 안토니우스와 클레오파트라의 운문에 취해 있다는 사실에 열광하는 가슴을 지닌 영문학 교사는 어디에 있는가?

그 애의 표정에 서서히 슬픔이 자리잡아갔다. 쉴라는 손에 쥔 책을 지그시 바라보면서 한 손가락으로 너덜너덜한 가장자리에 붙인 투명 테이프를 가만히 매만지고 있었다. "있잖아요, 제프 일은 참 안됐어요. 보고 싶었는데. 이 책을 좋아한다고 말해주고 싶었는데."

"아마 제프 주소를 알 수 있을 거야. 네가 제프한테 편지를 쓰고 싶다면 말이야." 내가 제안했다.

"전 제프를 좋아했던 것 같아요. 그때는 이렇게 말할 수 없었을 거예요. 그때 이걸 안 읽었던 게 다행이에요. 절대 이걸 좋아한다고 말할 수 없었을 테니까요. 난 그 사람이 내가 자신을 미워한다고 생각하길 바랐어요." 이렇게 말하고 그 애는 시선을 들었다. "이상하지 않아요? 전 제프를 미워하지 않았어요. 절대로요. 하지만 내가 먼저 그를 미워하지 않으면 그가 날 미워할까봐 두려웠어요." 잠시 침묵이 흘렀다. "이젠 진실을 말하고 싶었는데."

꽃

그 토요일 오후, 우리는 두 시간도 넘게 계속 애기를 나누었다. 쉴라의 방 친구를 포함해 다른 아이들 대부분은 시내로 나갈 수 있는 점수를 충분히 벌어두고 있었다. 그래서 그 애들이 나갈 준비를 하느라고 한바탕 수선을 피우다 나가자 우리끼리만 오붓하게 남아 있을 수 있었다. 우리 둘 다 그게 편했다.

쉴라는 얼마 동안은 유달리 활달했고 말을 많이 했다. 난 그게 너무 오랫동안 혼자서만 지냈기 때문이 아닌지 의심스러웠다. 혼자이고 외로웠던 그 애는 낯익은 내 얼굴을 보자 쉽게 흥분한 것 같았다. 우울함도 거기에 일조했다. 그날 쉴라에 대한 내 전체적인 인상은 대단히 심각할 정도로 침울하다는 것이었다. 모든 생기가 그 애에게서 빠져나가 버렸다. 쉴라는 안토니우스와 클레오파트라에 대한 걸 제외하고는 어떤 것에도 관심을 보이지 않았다. 난 그 애가 너무 의기소침해서 옛날처럼 정교하게 자기 생각을 위장할 수 없겠다는 생각까지 들었다.

그 애에게 자살의 위험이 상존한다는 걸 깨닫고 염려스러워진 나는 지난해 가을에 받았던 편지 애기를 꺼내지 않을 수 없었다. "지난 가을 일은 정말 미안하구나. 편지를 받고도 답장을 안 한 것 말이야."

"아, 네, 그 편지요." 나한테서 고개를 돌린 쉴라는 얼굴을 찡그렸다. "걱정 끼쳐 죄송해요. 지금은 그런 걸 썼다는 게 바보같이 느껴져요."

"아니야, 그렇게 생각해선 안 돼. 그건 대단히 진실한 감정이었어. 내 잘못이야. 난 그때 없었어. 웨일스에 가 있는 바람에 집에 돌아올 때까지는 전혀 모르고 있었어. 돌아와보니 편지 보낸 지 몇 주가 지난 거야. 정말 비참했어, 쉴라야. 네가 편지를 썼는데도 답장을 보낼 수 없었다는 게."

"이제 그 얘기는 하지 말아요, 네?"

그 애를 가만히 쳐다보았다. 쉴라는 고개를 숙인 채 손톱에 묻은 뭔가를 자세히 들여다보고 있었다. 쉴라에게는 언제나 호랑이와 어린 양이 흥미롭게 뒤섞여 있었다. 한편으로는 사납고 용감하면서도 다른 한편으로는 겁 많고 연약했다. 그 애가 호랑이처럼 굴 때는 종종 화가 머리끝까지 치밀곤 했지만, 그러면서도 그게 또한 내가 그 애에게 끌린 이유이기도 했다. 동그란 어깨와 헝클어진 머리를 들여다보며 나는 그 속에 숨어 있는 호랑이를 찾아보려 했다.

"전 엄마에 대해 많이 생각하게 됐어요." 나직하게 말한 그 애는 다시 한동안 입을 다물었다. "그것도 선생님 잘못이에요. 우리가 마지막으로 나눴던 이야기 기억하세요? 차 안에서요. 제가 쭉 선생님과 우리 엄마를 혼동해왔을 때 말예요?"

내가 고개를 끄덕였다.

"전 생각하고 또 생각했어요…… 두 사람을 떼내려고 애쓰면서요. 어디서부터 제가 선생님과 그 일을 뒤섞어버렸는지 모르겠어요. 선생님은 절 버리지 않았어요. 선생님은 그냥 제 교사였을 뿐이에요. 교사들이 으레 하는 걸 하셨죠. 단지 제가 어리석었던 거라고 생각해요. 살

아남으려고 애쓴 거죠."

"어째서 그렇게 된 것 같니?" 내가 물었다.

쉴라는 어깨를 으쓱했다. "모르겠어요. 그 세월들을 생각하지 않고 그것들을 잊어버리는 거죠. 내가 했던 게 바로 그랬으니까요. 모든 걸 잊어버렸죠. 제 말은 잊어버리는 과정을 기억한다는 거예요. 그건 의식적인 거였어요. 전 계속해서 새로운 어딘가로 옮겨다녔어요. 새 위탁 가정으로 가든지, 아니면 아빠한테 돌아가는 식으로요. 그럼 전 속으로 생각하죠. '이제 완전히 새로 시작할 거야' 라고요. 그러고 나면 새로운 학교들이나 그 비슷한 데를 다닐 거고 사람들이 제 이전 생활에 대해서 물어볼 거 아녜요? 그러면 난 그냥 이렇게 말하는 거예요. '기억이 안 나요.' 그러고 나면 정말 순식간에 그 말이 사실이 돼요. 그건 마치 새로 태어나면 그 전에 있었던 일들 전부가 전생의 일이 되는 것과 같아요. 그때는 내가 아니었던 것처럼 되는 거죠."

"그게 엄마를 생각하지 않는 데 도움이 됐니?"

"네. 선생님을 생각하지 않는 데도요. 그리고 맥귀어 선생님을 생각하지 않는 데도요. 그 선생님 반이었을 때도 전 정말 행복했거든요. 난 너무 행복했던 때를 기억하고 싶지 않았어요. 울 것 같아서 그런 때는 생각하고 싶지 않았어요. 나쁜 일들을 기억하는 건 전혀 괴롭지 않아요. '흥, 엿먹어라' 라고 생각하는 걸로 충분하죠. 하지만 행복했던 걸 기억할 때는 왠지 가슴이 찢어질 것 같거든요. 그래서 생각이 날 때마다 난 그냥 '안 돼, 그러지 마' 라고 말하죠. 그러면 금세 모든 게 사라져버려요."

그 애를 바라보았다. 쉴라는 머리를 들어 나를 흘깃 쳐다보더니 다시 시선을 자기 손으로 돌렸다.

"그런데 선생님이 와서 엉망으로 만들었어요. 선생님은 정말 모든 걸 가만히 내버려두는 사람이 아니에요, 그거 아세요?" 애정이 담긴 어조였고 희미하게 웃기까지 했지만, 난 그 말 속에 진실이 담겨 있다는 걸 알았다.

"내가 널 가만히 내버려두길 바랐니?"

생각에 잠긴 기나긴 침묵이 이어지고 나서 엄지손톱을 잡아뜯고만 있던 쉴라가 마침내 천천히 어깨를 으쓱했다.

"모르겠어요. 선생님이 그렇게 해주셨다면 내 인생이 훨씬 쉬워졌을 것 같아요. 어쨌든 선생님은 내게 긴 세월에 걸쳐 많은 슬픔을 주었으니까요. 하지만……" 그 애가 나를 바라보았다. "사실 내가 알았던 대부분의 사람들, 우리 엄마와 아빠와 여기와 위탁 가정들과 사회복지 기관들이 제 삶에 끼어들지 않았더라면 내 인생은 훨씬 쉬웠을 테죠. 그런 점에서는 선생님도 예외가 아니에요."

내가 웃는 걸 보고 쉴라의 얼굴에도 웃음이 떠올랐다.

"선생님한테 그렇게 말해도 괜찮으세요?"

"아니. 아마 사실일 텐데 뭐."

그러고는 다시 침묵이 뒤따랐다. 쉴라는 침대에 누워 머리 밑에 손을 넣고 깍지를 꼈다. 그 애가 말없이 천장을 쳐다보고 있는 동안 나는 엔젤의 록 포스터들을 살펴보았다. 거진 다 내가 듣도 보도 못한 가수들이었다.

"이제 엄마에 대해 무척 많이 생각해요." 쉴라가 나직하게 말했다. "어디에 있을까, 뭘 하고 있을까 하는 것들을요. 전 엄마를 알지도 못해요."

"그런 생각들을 글로 쓴 건 좋은 생각이었던 것 같애."

"전 그 고속도로에서 엄마가 날 버렸을 때 왜 그랬는지 이해하려고 노력하고 있어요. 아마 엄만 그럴 생각은 아니었을 거예요. 사고였을지도 몰라요. 문 손잡이가 열려 있었을지도 모르죠. 그래서 내가 차에서 튕겨나온 건지도 몰라요."

여전히 천장을 바라보고 있는 쉴라의 표정은 점차 자신의 내면으로 가라앉아가고 있었다. "내가 잘 있다는 걸, 내가 엄마를 보고 싶어한다는 걸 엄마가 안다면 아마……"

무슨 말을 해야 할지 알 수가 없어서 나는 계속 침묵을 지켰다.

마침내 쉴라가 나를 쳐다보았다. "선생님이 우리 엄마라고 생각해서 그런 편지들을 보낸 건 아니에요."

"응, 나도 알아."

"이제 그렇게 생각하고 있지는 않아요. 전 그냥…… 그게 편지니까 부쳤던 거예요. 편지란 건 부쳐야지 의미가 있는 거니까요."

"이해해, 그리고 그것들을 받게 돼서 기뻐."

"절 위해 보관해주세요, 그래 주시겠어요? 언젠가 엄마를 찾게 되면 그 편지를 엄마에게 줄 거니까요. 엄마가 날 알게 되길 바라거든요. 그 오랜 세월 동안 내가 어떻게 느껴왔는지 알게 되길요. 그래서 결심했어요. 여기서 나가게 되면 엄마를 찾기로요."

23

엄마에게,

제가 그동안 얼마나 불행했는지 아세요? 제가 그동안 어떤 삶을 살아 왔는지 아세요? 왜 저한테 그렇게 하셨죠? 한밤에 자리에 누워서 이런 생각들을 해요. 왜 내가 엄마 마음에 들지 않았는지 알아내려고요. 그 런데 엄마는 그게 어떤 건지, 버려진다는 게 어떤 건지 아세요?

나는 쉴라가 대단히 염려스러웠다. 그 애가 고립되고 우울한 상태 로 있다는 걸 알고 나니 언제 또다시 자살을 해결책으로 불쑥 떠올릴 지 걱정스러웠던 것이다. 게다가 어린이집 직원들이 그 애의 그 같은 욕구를 쉽게 인지할 것 같지도 않았다. 그런 시설들이 대개 다 그렇듯 이, 그곳도 직원들이 부족한 데다가 업무가 지나치게 많았다. 특히나 직원의 이직율이 형편없이 높았다. 직원들 대부분이 빈약한 훈련밖에 받지 못한 시간제 근로자들로 최소한의 임금을 받으며 거의 주급제로 왔다 가곤 했다. 이런 상황에서 아이들과 어떤 깊이 있는 관계를 발전시키긴 힘들었다. 상주 직원들 가운데 제인 티몬즈와 두 명의 부원장만이 정서장애 아동에 관한 특수훈련을 받았는데, 그나마 그 농장에서 2년 이상 일한 사람은 한 명뿐이었다. 제인 자신도 쉴라보다 약간 더 오래 그곳에 있었던 정도였다.

의미 있는 관계를 발전시킬 수 있을 만큼 그 애 주변에 오래 있어줄 어른이 없다는 사실만으로도 쉴라의 경우에는 걱정할 만한 이유가 되는 판에, 거기에서는 특히나 쉴라에게 맞지 않는 스키너(미국의 행동주의 심리학자—옮긴이) 식의 엄격한 방법이 아이들의 행동을 통제하고 수정하기 위해 사용되고 있었다. 이 방식은 무엇보다 직원과 아이들 사이를 소원하게 만들고 비인격적인 접촉을 조장하는 면이 있었다. 게다가 쉴라는 강제를 쉽게 받아들이지 않는 성격이었는데, 그 애는 실제로 점수 제도를 강제라고 해석했다. 그래서 그 애는 재빨리 자신의 내면으로 들어가버렸다. 이 때문에 고립은 사실상 더 심화되었다.

불행히도 나는 많은 걸 할 수 있는 위치에 있지 않았다. 직업상의 이유로 그 애를 만나는 것이 아니었기 때문이다. 제인 티몬즈는 이것을 몰랐지만, 알려주지 않는 게 현명할 것 같아 나는 아무 말도 하지 않았다. 그러나 지나친 월권행위는 하지 않는 편이 더 낫다는 걸 알았기에, 나는 원할 때면 언제라도 쉴라를 만날 수 있도록, 제인에게 내 방문을 요구한다기보다는 알리는 것으로 자신을 한정시켰다. 또 종종 제인과 '협의'도 했다. 나는 제인이, 쉴라가 그 농장에서 어떻게 생활하는지 내가 전문가 입장에서 듣고 싶어하리라고 지레짐작하고 있는 걸 눈치채고 그 기회를 활용했다.

가능하면 토요일 오후마다 쉴라를 보러 갔다. 내가 사는 도시에서 차로도 꽤 되는 거리였지만 나는 그 드라이브를 즐겼고 또 이따금 휴와 같이 가기도 했다. 그는 낚시 도구를 가져가 내가 쉴라와 얘기를 나누는 한두 시간 동안 강 아래쪽으로 사라지곤 했다. 그 해 여름의 상당 부분이 그렇게 흘러갔다.

제인 티몬즈는 쉴라의 사회성이 무척 삭막하다고 표현했다. 쉴라가 멋쟁이 사교가가 아니라는 건 나도 이미 짐작하고 있던 바였다. 이 사실은 그 애가 우리와 함께 일했던 그 해 여름에도 확실하게 드러났다. 쉴라는 여자든 남자든 친구라고는 단 한 명도 언급하지 않았다. 하지만 이 문제를 놓고 쉴라를 추궁해본 적은 없었다. 내가 그 문제에 관해 뭔가 도움을 줄 위치에 있지 않기 때문이기도 했고, 그 애의 아이큐가 정상적인 또래 관계를 맺는 데 지장을 주고 있다고 느꼈기 때문이기도 했다. 특히 쉴라와 같은 상황에서는 이 문제를 다루기가 곤란했다. 결국 나는 시간과 성숙만이 최선의 해결책이라고 느끼게 되었다.

"뭐라고 하셨죠?" 제인이 물었다. "어떻게 됐다고요? 영재급 아이큐요?"

"네, 아시다시피."

"아니, 몰라요. 무슨 아이큐요?" 그녀가 되물었다.

충격이었다. 쉴라가 여섯 살이던 해, 나와 동료들이 그 비범한 재능을 확인하기 위해 기울였던 그 모든 노력들, 그런데 그게 쉴라의 기록에 없단 말인가?

"쉴라의 아이큐는 180이 넘어요." 내가 말했다.

"뭐라고 그러셨어요?" 제인의 눈이 화등잔만 해졌다. "180이요? 농담이시겠죠."

"기록에 적혀 있지 않나요?"

"180이요? 쉴라 랜스태드가요? 우리 쉴라 랜스태드가요? 놀리시는 거죠, 네? 누구한테 들으셨어요?"

"제가 그 자리에 있었습니다. 그래서 알죠. 전 당시 그 애 담임이었거든요. 테스트를 치를 때요."

제인이 의자에 털썩 주저앉았다. "이런, 여태까지 아무도 그런 이야기를 해준 적이 없어요."

홀리와 함께 복도를 내려오면서 내 마음은 다른 사람의 인생을 이렇게 아무렇게나 다루는 제도에 대한 분개로 가득했다. 홀리가 열쇠로 문을 따주었다. 언제나 그렇듯이 쉴라는 방에 혼자 있었다.

"넌 여기서 나와야 해." 내가 말했다.

"그러시겠죠."

"아니, 정말이야, 쉴라. 여긴 네가 있을 곳이 아냐. 도대체 왜 네가 여기에 있지? 죄를 지은 것도 아닌데. 왜 네가 여기 갇히게 됐지? 감옥에 있어야 할 사람은 네 아빠야."

침대에 책상다리를 하고 앉아 있던 그 애가 나를 올려다보았다.

"그래요, 참, 여기에 오신 걸 환영합니다."

나는 책상에서 의자를 빼내 앉았다. 침묵이 찾아와 갑작스런 내 분노를 서서히 누그러뜨렸다.

"좀 있으면 익숙해질 거예요, 토리. 사는 게 다 그렇죠. 싸워봐야 소용없어요."

"난 인정할 수 없어."

"난 할 수 있어요. 그래야 했으니까요."

엄마에게,

지미는 지금 뭘 하고 있어요? 이젠 그 애가 나보다 더 키가 클 것 같네요. 어림해보니까 그 애는 적어도 열네 살은 됐지 싶어요…… 전 그 애가 나보다 두 살 어렸는지, 아니면 더 어렸는지 정확히 기억이 안 나요. 열여덟 달 차이였던 것도 같은데, 그런가요? 이런 생각을 계속하면서 기억해내려고 애쓰고 있어요. 친동생을 잊어버렸다고 생각하니, 참 기분이 묘해요.

제인 티몬즈는 내가 쉴라의 비사교성에 대한 문제를 같이 떠맡아주기를 바랐고, 또 이 문제가 내가 탐색하고 싶었던 사안인 건 확실했지만, 그날 오후는 적당하지 않았다. 적어도 이 두세 시간 동안은 쉴라 자신이 끌어간다고 느끼길 바랐기에 난 그 애가 끄는 대로 가곤 했다.

다른 때도 대개 그렇듯이 그날 오후에도 쉴라는 침울해 있었다. 그 애는 침대에 반듯이 누워 천장을 응시했다. 산책을 가는 게 어떠냐고 제안해봤으나 쉴라가 거부했다. 밖으로 나가는 것이 허용되지 않았던 그 애로서는 가시철망 울타리 안을 빙 둘러보는 것만으로는 어떤 의미도 찾을 수 없었을 것이다.

"뭐 하고 싶은 것 없니?"

마침내 내가 이렇게 물은 건 점점 무겁게 가라앉는 침묵으로 으스러질 것만 같은 기분이 들 때였다.

"아무것도요. 정말이에요."

다시 말이 없었다. 쉴라는 여전히 침대에 누워 있었지만 한 손을 이마 위로 올려놓았다.

"저……" 그 애는 잠시 말을 멈추고는 이마의 머리선을 손가락으로 더듬었다. "제가 선생님 반이었을 때 기억하세요?"

"응."

"제 머리를 어떻게 해주셨는지 기억나세요? 난 그게 정말 좋았어요. 선생님이 머리를 빗겨주고 예쁘게 모양을 내주는 거요." 그 애가 나를 바라보았다. "선생님…… 그러니까 제가 선생님께 맡기면…… 저, 바보 같은 이야기지만 어쨌든 제 머리를 좀 손질해주시겠어요?"

"그래, 그래 보자."

쉴라는 침대에서 일어나 브러시를 가지고 화장대로 갔다. 작은 거울 앞에 잠시 멈춰 서서 브러시로 몇 번 빗질을 해보던 쉴라는 거울에 비친 자기 모습에 얼굴을 찌푸렸다.

"가위를 얻을 수 있으면 머리를 잘라주실래요?"

"아, 난 가위질은 못해. 솜씨가 형편없어."

그 애가 브러시를 내게 내밀었다. "끝 부분을 좀 잘랐으면 좋겠어요. 제발요, 토리? 지금 같은 모습에 진력이 났어요."

✿

나는 쉴라의 머리를 부드럽게 브러시로 빗기고 나서 다시 빗으로 빗어내렸다. 여러 해 동안 염색과 탈색에 시달린 머리는 엉망이었다. 제인에게서 가위를 빌려와, 쉴라가 부탁한 대로 파마기가 남은 끝머리를 잘라내어 다듬고, 염색한 부분도 뭉텅 잘라냈다. 그렇게 되자 엉성한 솜씨로 들쭉날쭉 잘라낸 머리가 거의 어깨 높이까지 껑충 올라갔다. 그러고 나서는 그냥 브러시로만 빗겼다.

쉴라는 확실히 내가 이렇게 해주는 걸 즐기는 듯했다. 그렇게 머리를 매만지면서 농장에서 격리되어 있은 이후로 아마 꽤 오랫동안 아무도 그 애를 만지지 않았을 거란 생각이 떠올랐다. 처음에는 이 생각에 깜짝 놀랐으나 생각할수록 그게 사실일 거란 생각이 들었다. 사실 내 마음속을 스치고 지나간 것은 쉴라가 아마도 어린 시절의 대부분을 긍정적인 신체 접촉 없이 보냈을 거란 생각이었다.

"너 남자친구 있니?" 내가 물었다.

"저요? 여기서요? 있을 리가 없잖아요."

"남자친구를 가져본 적이 있니?"

쉴라는 바로 대답하지 않았다. 머리를 빗겨주던 중이라 등을 돌리고 있었기 때문에 그 애의 표정을 볼 수는 없었지만 망설이고 있다는 걸 느낄 수 있었다.

"없어요." 마침내 그 애가 대답했다.

"있기를 바라지는 않니? 남자애들 좋아해?"

"선생님 말은, 내가 레즈비언이기라도 하다는 건가요?" 몸을 팩 돌려 나를 쳐다보는 그 애의 얼굴은 인상을 쓰고 있었다. "내가 남자친구가 없다는 이유만으로 선생님이 날 그렇게 생각할 권리는 없어요. 선생님은 지금 내가 선생님한테 머리를 빗겨달라고 한 이유가 바로 그거라고 생각하실 테죠. 젠장, 이리 줘요. 브러시 달란 말이에요."

"아냐, 그런 말이 아니었어. 또 그러면 어쨌다는 거야? 난 상관 안 해. 내가 제프의 취향에 신경 쓰지 않은 것처럼 네 취향에 대해서도 마찬가지야. 쉴라야, 그건 사사로운 문제야. 난 그냥 물어본 거야."

"아니, 왜요? 남이야 남자친구가 있든 말든 선생님이 무슨 상관이에요? 나는 선생님이 어떤지 물어보지 않잖아요, 안 그래요?" 그 애는 발칵 성을 냈다.

"알았어, 알았어. 미안해."

"흥." 쉴라는 콧방귀를 뀌며 다시 침대로 올라갔다. "제인이 부추긴 거죠, 그렇죠? 참 오만 참견 다 하는 여자예요."

"그래. 미안해."

침묵. 쉴라는 손에 든 브러시를 노려보고 있더니, 그것을 들어올려 머리 한쪽을 쭉 빗어내렸다. 좀처럼 깨지지 않는 침묵이 길어질수록 슬픔이 자라났다. 한순간 그 애가 울려는 것이 아닐까 하는 생각이 들었다.

"그래요, 난 남자친구 없어요." 그 애의 목소리는 차분했다. "그리고 그래요, 한 번도 없었어요. 난 남자애들을 좋아해요. 제프를 좋아했죠. 진짜 남자라고 생각했어요. 그런데……" 잠시 말이 끊어졌다. "하지만 결국 귀착점은 모두 섹스예요, 토리. 난 남자 성기라면 신물이 나게 봤다구요."

"그것 이상의 것이 있을 거야, 쉴라."

"난 아이를 낳을 수 없어요. 알고 계셨어요? 삼촌이 그때 그 짓을 하고 나서는요. 기억하세요? 제가 선생님 반에 있을 때였죠. 난 아이를 낳을 수 없어요. 그런데 거기에 다른 무슨 이유가 있을 수 있죠?"

나는 무슨 말을 해야 할지 몰라 그냥 앉아만 있었다.

"내가 원하는 건 누군가가 나를 껴안아만 주는 거예요. 무슨 소린지 아시겠어요? 나를 품에 안아주고 그 보답으로 더 이상 아무것도 기대하지 않는 사람이요. 하지만 그런 사람이 있으리라곤 생각 안 해요. 그래서 저는 남자친구 따위는 가지지 않겠다고 결심했죠."

엄마에게,

이번 주 신문에서 25년 전에 살해된 사람을 발견했다는 기사를 읽었
어요. 아무도 그녀가 실종된 것을 몰랐다는군요. 모두들 그녀가 그냥
어디 멀리 가버린 줄로만 알고 아무도 찾으려고 신경 쓰지 않았다는 거
예요. 그들은 그녀가 돌아오고 싶지 않나보다고 생각했대요. 전 엄마한
테도 이와 비슷한 일이 일어났을까봐 정말 걱정스러워요. 엄마를 찾고
싶어요. 엄마와 이야기를 나누고 싶고, 잘 계신지 알고 싶어요. 전 엄마
가 다시는 돌아오지 않은 이유가 이게 아니었는지 확인하고 싶어요.

그 다음 토요일에 찾아갈 때는 잡화점에서 산 머리 손질 재료들을
가져갔다. 별 건 아니었다. 컨디셔너 한 병과 스타일링 무스와 눈을 가
릴 만큼 자란 앞머리를 올려줄 파란색 헤어밴드가 전부였다. 하지만
이 선물을 보자 쉴라는 무척 기뻐했다.

"와! 굉장해요!" 봉투에 달려들어 연다기보다도 찢어 벌린 쉴라는
헤어밴드를 꺼내 머리에 끼어넣었다. "이런 걸 해보고 싶었댔어요. 하
지만 앞머리를 짧게 치고 다녀서 할 이유가 없었죠. 그래서 한 번도 해
본 적이 없어요. 하지만 이건 멋져요. 왜 이걸 사셨어요?"

나는 어깨를 으쓱했다. "네가 좋아할 것 같아서."

"네, 좋아요. 고마워요."

쉴라는 그러고도 1, 2분 동안 물건들 하나하나를 자세히 살펴보았
다. 그 애는 컨디셔너의 뚜껑을 열고 손가락으로 만져보더니 다시 뚜
껑을 닫고 사용법을 읽었다. "여기서는 이런 물건들을 절대 사용 못하

게 할 거예요. 선생님더러 도로 가져가게 하겠죠. 무스 같은 걸로 불을 지르기라도 할 줄 아나봐요. 맹세코 그렇다니까요."

난 엔젤의 침대에 앉았다. 적어도 두 다스는 될 것 같은 작은 솜인형들이 엔젤의 베개 위에 죽 늘어서 있던 터라 침대에 내 체중이 실리자 그중 몇 개가 떨어졌다. 나는 그쪽으로 몸을 기울여 다시 잘 놓았다.

"아빠가 언제 가석방되는지 알아냈어요. 10월 28일이에요."

쉴라가 말했다.

"어떻게 할 거야?"

그 애는 어깨를 으쓱하고는, 무스 용기를 기울여 손바닥에 좀 짜냈다. 그러고는 손을 코에 대고 냄새를 맡아보더니 거품을 양 손바닥으로 문질렀다.

"아빠는 어떻게 하실 거래? 직장은 잡으신대?"

"아빠는 브로드뷰로 돌아갈 거예요. 브로드뷰엔 아빠 친구들이 있으니까요. 거긴 아빠가 자란 곳이거든요. 우리 할머니는 쭉 거기 사시다가 돌아가셨어요." 그 애가 머리에 무스를 발랐다.

쉴라가 다른 친척들을 언급하기는 이번이 처음이었다. 나는 여섯 살짜리 쉴라에게 끔찍한 고통을 준 쉴라의 삼촌 제리 말고도 다른 가족들이 있다는 걸 알게 되었다. 하지만 쉴라는 자신의 부모 형제를 빼고는 다른 친척들에 관해 얘기한 적이 거의 없었다.

"글쎄, 어쨌든 좋은 소식이구나. 네가 여기서 나갈 수 있다는 의미니까."

쉴라는 입술을 비틀어 자신의 어정쩡한 불만을 내비쳤다. "모르겠어요. 내가 과연 아빠한테 돌아가고 싶은지 잘 모르겠어요. 이번엔 진짜로 마약을 끊을 거라고 골백번도 더 말했지만 도루묵이었으니까요.

이번이라고 별다를 것 같지는 않지만, 그렇다고 이런 개똥 같은 곳에
더 갇혀 있고 싶지도 않아요. 정말이지, 진력이 났어요."

나는 아무 말도 하지 않았다.

그 애가 힐끗 나를 쳐다보았다. "내가 뭘 하려고 하는지 아세요? 엄
마를 찾으러 갈 거예요. 내가 엄마랑 살 수 있을지 없을지 알아보려고
요."

"어떻게 찾으려고 그래?"

"아무한테도 말하지 마세요." 쉴라는 누가 엿듣기라도 하듯 슬쩍 주
위를 살폈다. "전 돈을 모아왔어요. 아빠가 가끔 돈을 좀 보내주거든
요. 그래서 지난번에 시내에 나갔을 때, 도서관에 가서 캘리포니아에
있는 신문사 주소를 알아내서 신문사에 광고를 실어달라고 돈을 부쳤
어요. 내가 누구라는 것과 엄마를 찾고 있다는 광고를요."

"캘리포니아는 굉장히 넓은 곳이야. 신문 하나로는 당해낼 수가 없
을 거야."

"예, 그렇겠죠. 알아요. 하지만 돈이 더 생기면 광고를 더 낼 거예
요. 그중의 하나는 엄마가 보겠죠. 틀림없어요."

나는 그 애의 얼굴을 똑바로 보았다. "그런 다음엔?"

"음, 그렇게 되면 엄마랑 연락이 될 거 아녜요, 그죠? 그럼 아마 엄
마랑 같이 살게 되겠죠."

"쉴라, 내 생각은 그렇지 않아……"

그 애는 내게 얼굴을 찡그렸다. "지금 물 먹이는 소리 하려고 그러
죠? 그럴 줄 알았어요."

"아니야, 그게 아냐. 난 그냥 이 문제를 서두르지 말라고 말할 참이
었어."

"난 내가 뭘 하려는지 알아요. 엄마는 내가 자기를 찾으려고 애썼다는 걸 정말 고마워할 거예요. 입양되었던 애들이 커서 친부모를 찾아가면 그 친부모들이 다들 기뻐한다는 애기는 선생님도 맨날 듣잖아요."

"다들 그런 건 아니지."

"그러면 엄마는 안정이 될 거고 또 동생도 거기 있을 거고……"

"쉴라야, 너무 많은 걸 기대하지는 마."

그 애는 바짝 약이 오른 표정으로 어깨를 축 늘어뜨렸다. "선생님한테 이야기하지 말았어야 했어요. 그러지 말아야 한다는 걸 알고 있었는데. 웃기지 말라고 말하고 있잖아요."

"그렇지 않아, 쉴라, 난 단지―"

"나도 알아요, 토리. 하지만 선생님 생각대로 되지는 않을 거예요. 젠장, 난 아빠하고 살기 싫어요. 지옥 같은 여기에 있기도 싫구요. 난 엄마랑 있고 싶어요. 엄마는 내가 기를 쓰고 찾아온 걸 기뻐할 거예요. 그건 아주 오래전 일이었어요. 아마 사고였을지도 몰라요. 난 그냥 차 밖으로 떨어졌던 걸 거예요. 엄마가 알았을 때는 너무 늦었겠죠. 엄마는 내가 괜찮다는 걸 알면 기뻐할 거예요."

24

엄마에게,

난 엄마랑 살고 싶어요. 아빠랑 사는 건 지긋지긋해요. 무슨 나쁜 일이 생겨서 그런 건 아니에요. 나쁜 일은 오랫동안 생기지 않았으니까요. 그냥 아빠 식으로 사는 데 신물이 났을 뿐이에요. 아빠에 대한 걱정, 술 마시는 것에 대한 걱정, 마약하는 것에 대한 걱정, 돈 떨어질까봐 걱정, 아빠가 또 문제를 일으키면 어떻게 하나 걱정, 그러면 난 이제 또 어떻게 되나 하는 걱정들은 이제 지긋지긋해요. 난 엄마랑 지미랑 살고 싶어요. 제발, 잠깐이라도 그렇게 살 수 없을까요?

"여기서 날 나가게 해줄 수 있어요?" 여느 때처럼 토요일날 찾아가니 쉴라가 물었다. "여기서는 돌아버릴 것 같아요."

"다른 어린이집을 찾아주었으면 하는 거니?"

"아니에요. 제기랄, 아니라구요. 그냥 나가게 해주세요. 꺼내주세요. 전 3개월 동안이나 밖에 못 나가봤어요. 선생님 집에 가보고 싶어요. 데려가주시겠어요?"

"제인이 허락해줄지 모르겠어. 넌 트랙 성적(현재까지의 점수—옮긴이)이 별로 좋지 않으니까."

"하!" 그 애가 웃긴다는 듯 말했다. "전 트랙 성적(육상 경기에서의 트랙—옮긴이)이 아주 좋다구요. 누구보다도 빨리 달릴 수 있어요." 신소리를 하며 쉴라는 낄낄거렸다.

"그래, 그런데 바로 그것 때문에 내가 겁먹는 거야. 그리고 제인도 네가 도망갈 기회를 또 주려고 하지는 않을 거야."

쉴라는 화가 나서 나지막하게 신음 소리를 냈다. "난 선생님한테서는 도망가지 않을 거예요. 토리, 아시잖아요."

솔직히 말해서 나로서는 알 수 없었다. 쉴라가 거짓말을 한다고 생각했던 건 아니다. 쉴라가 자신이 쓸 줄 아는 그 모든 책략에도 불구하고, 내게는 언제나 대단히 솔직했다는 건 알고 있었다. 지금 그 애의 솔직성을 의심할 이유는 전혀 없었다. 하지만 그 애는 타고난 기회주의자였다. 문득 기회가 주어졌을 때 그 애가 도망가고 싶은 유혹에 저항할 수 있을지 없을지, 나로서는 판단하고 싶지 않았다.

"제발요, 네? 그냥 한 번만 해봐줄 수는 없어요?" 그 애가 간청했다. "전 정말 여기 있는 데 질렸어요." 쉴라는 잠깐 말이 없더니 표정이 환해졌다. "제가 요리를 해드릴게요. 생각나세요? 지난번에 해드렸던 것처럼요? 좋아하셨잖아요? 제발요?"

"내가 요청한다면, 그게 뭘 의미하게 되는지 알지?"

"뭐요?"

"점수 제도. 넌 점수를 얻어야 할 거야."

쉴라는 연극처럼 한쪽 팔을 크게 휘둘러 눈을 가리더니 침대에 벌렁 자빠졌다.

"아, 빌어먹을, 선생님까지. 맙소사, 토리."

"넌 협조해야 해, 쉴라. 네가 하기로 되어 있는 일들을 했더라면 넌 아마 여기서 나갔어도 몇 달 전에 나갔을 거야."

"나 참, 나더러 그런 멍청한 게임을 하라구요? 그런 시시껍절한 걸 모아서 어따 쓰게요? 그 우라질 점수 따위를요? 선생님은 누가 내 인생을 점수 따위로 좌지우지하게 내가 가만 놔둘 거라고 생각하세요? 나 원 참."

나는 그 애를 노려보았다. "우리 집에 가고 싶다면 하겠지."

"젠장, 토리. 선생님은 좀 다를 줄 알았어요."

성이 난 그 애는 얼굴을 찌푸리더니, 다시 침대에 벌렁 자빠졌다.

호랑이는 동요하고 있었다. 불현듯 나는 쉴라가 고민하고 있다는 걸 깨달았다. 신이 난 나는 그 애를 부추겼다.

"이리 제인을 데려오자. 점수 프로그램을 세우고 네가 그 점수를 다 채우면 당장 그 주말에 우리 집에 갈 수 있게 해주겠다는 약속을 받아내는 거야, 어때?"

"시시해요."

"그럼 좋아. 네 마음대로 해."

쉴라가 일어나 앉았다.

"난 그럴 생각이 아니었어요. 맙소사, 선생님은 오늘 기분이 좋지 않군요. 무슨 일이에요? 화라도 났어요?"

난 덤덤하게 웃었다.

그 애는 약이 올랐다는 표정으로 나에게 이를 드러내더니 종이를 꺼내려고 침대 끝으로 기어갔다. "알았어요, 그럼 제인을 데려와요. 이 우라질 놈의 걸 해치워버리자구요."

점수를 따려고 마음먹자, 쉴라는 눈 깜짝할 사이에 점수를 채웠다. 제인은 기가 막힌 것 같았는데, 바로 이게 쉴라가 이끌어내고 싶었던 반응이 아니었나 싶다. 사실 쉴라가 우울함을 걷어치우고 갈수록 어린 이집에서 영향력을 인정받게 되자, 제인은 정신이 번쩍 드는 이 새로운 사실에 좀 불안한 듯 보였다.

토요일이 두 번 더 지나자 쉴라는 내 차 안에 앉아 도시로 돌아가고 있었다. "이야, 정말 멋져요." 쉴라는 계속해서 떠들어댔다. "나무들, 저 나무들 좀 보세요. 거기서 제일 보고 싶었던 게 이거예요. 거긴 사막 같았어요."

내 아파트로 돌아온 쉴라는 이 방 저 방을 들여다보았다.

"휘유, 여기로 다시 돌아오다니 기분이 이상해요. 제가 여기에 마지막으로 왔을 때 생각나세요? 그 꼬맹이하고 왔던 밤요. 알레조 말이에요. 아휴, 꿈만 같아요. 아니, 아니에요. 그날이 마지막 밤이 아니었어요, 그렇죠? 여기 와서 제가 음식을 해드렸죠. 그 후에요. 아, 토리, 태어나기 전에 일어난 일처럼 느껴져요." 쉴라가 말을 멈추고 나를 돌아보았다. "언젠가 제가 제 삶의 일부를 어떻게 잘라내버릴 수 있었는지 얘기하던 거 기억하세요? 누군가 다른 사람에게 일어난 일인 듯이 느끼게 만든다는 거요?"

나는 고개를 끄덕였다.

"이번 경우에도 그런 일이 일어났어요. 뭐 그럴 생각은 없었어요. 이걸 잊으려고 애쓴 건 아니에요. 하지만 이제 돌아와보니까, 그렇게 느껴지네요. 진짜 꿈처럼요. 마치 전생의 나를 방문하고 있는 것 같아요. 왜냐하면…… 다른 사람들이 내가 떠날 때 모습 그대로 살아가고 있는 곳으로 다시 돌아와본 적은 없는 것 같거든요."

부엌을 왔다 갔다 하던 쉴라는 냉장고에 자석으로 잔뜩 붙여놓은 사진들을 발견하고 그 앞에 서서 자세히 들여다보았다.

"캠핑 갔을 때 찍은 사진들이야." 내가 말했다. "봐, 내가 제일 큰 송어를 잡았어."

"같이 있는 이 남자는 누구예요?"

"휴야. 이따가 만나게 될 거야. 오늘 저녁 식사를 하러 가기 전에 우리를 데리러 오기로 했거든."

"그러니까 이 사람이 지금 섹스하는 남자예요?"

"내 표현과는 많이 다르구나." 내가 대꾸했다.

"선생님은 이 사람이랑 섹스해요, 틀림없어요."

쉴라는 여전히 사진들을 들여다보고 있었다.

"쉴라야, 그건 '사사로운' 범주랄까, 그런 것에 속하는 문제야."

그 애가 몸을 돌렸다. "우린 친구죠, 그렇지 않나요?"

"글쎄, 그렇지……"

"그러니까, 나한테 그걸 얘기한다고 잘못된 건 없어요, 안 그래요? 선생님은 이 사람하고 섹스하죠, 그렇죠?"

"섹스, 아니야. 사랑을 나누지, 맞아. 차이가 있어."

그 애는 어깨를 으쓱했다. "나한텐 모두 섹스하는 거예요."

난 오후에 쉴라를 쇼핑몰에 데리고 나가기로 작정했다. 너무 여러 달 동안 갇혀만 지냈던 터라 쉴라는 북적거리는 광경과 소음을 즐기고 싶어했다. 토요일 오후의 쇼핑몰보다 더 북적대는 곳은 없었다. 우리는 서둘러 점심을 먹었고, 나는 나가기 전에 이를 닦으려고 잠시 욕실로 들어갔다.

이를 닦는데 뭔가 나지막하게 두드리는 소리가 들려 욕실 밖으로 나가봤다. 거실 모퉁이를 돌자 쉴라가 전화기를 손에 들고 있는 게 보였다.

"누구랑 전화하고 있어?" 나는 깜짝 놀라 물었다.

"아무도요."

별로 믿어지지가 않아 나는 그 애를 똑바로 쳐다보았다.

쉴라는 멍청한 표정을 짓고 있었다. "죄송해요. 장난치고 있었어요. 그냥 쓸데없이요. 죄송해요. 그런데, 보세요, 전화기 버튼을 갖고 연주를 할 수 있거든요. 그냥 한번 해보고 싶어서……"

나는 여전히 미심쩍어 시선을 돌리지 않았다.

"자, 이리 오세요. 선생님께 '반짝 반짝 작은 별'을 들려드릴게요."

나는 전화 사건으로 약간 불안해졌다. 그 애가 그냥 장난 삼아 전화 버튼을 두드렸을 뿐이니 신경 쓸 필요가 없다고 할 수도 있었지만, 내 직감은 그렇지 않다고 말하고 있었다. 오후 내내 그 사건이 던져놓은 의문들이 나를 갉아먹고 있었다. 누구에게 전화를 걸고 있었을까? 왜 걸었을까? 그리고 왜 나한테 말하려 하지 않았을까?

덕분에 그날 오후에는 대체로 신경이 팽팽하게 긴장되어 있었다.

쉴라의 도망 전력으로 보아 쇼핑몰은 그 애를 데리고 가기에 위험한 곳이었다. 나는 예전에 우리가 함께 지냈을 때처럼 그 애가 즐겁고 편한 시간을 보내게 하고 싶었다. 그리고 내가 자기를 신뢰한다고 그 애가 믿는 게 중요하다는 것도 알고 있었다. 하지만 냉혹한 진실은, 사실 나는 그 애를 신뢰하지 않는다는 것이었다. 이런 아이들을 다루는 일을 너무 오래 하다보니 의심밖에 남은 게 없는 터에, 그 비밀 전화 사건까지 겹쳤으니 경계심이 날카로워지지 않을 수 없었다.

하지만 그 후 드러난 대로 걱정할 건 아니었다. 쉴라는 쇼핑센터에 구경 간 걸 무척 좋아했다. 그 애는 가게마다 일일이 다 들어가보고, 만질 수 있는 건 거의 다 손을 댔다. 옷, 모자, 보석 따위들을 걸쳐보고, 도넛, 캐러멜 콘, 쿠키, 피자와 아이스크림 등 끔찍하게 많은 군것질거리들을 몇 병의 오렌지 주스와 함께 뱃속으로 쓸어넣었다. 그 애는 쓰레기통으로 들어가기 일보 직전인 것 같은 청바지 천으로 만든 펑크 스타일의 옷들에 푹 빠졌다. 미리 찢어놓은 윗도리에는 편리하게도 안전핀까지 달려 있었고, 스커트는 엉덩이나 겨우 가릴 정도였다. 그 애는 벌써 자기 돈으로 아주 조잡한 티셔츠 하나를 샀기 때문에 내가 그 옷을 사주겠다고 나섰다. 그 애의 괴팍스런 패션 감각을 다시 한 번 본 값치고는 그리 비싼 가격이 아니었다.

집에 돌아와보니 휴가 이미 와 있었다. 이 때문에 쉴라는 깜짝 놀랐다. 나한테서 열쇠를 받아 아파트 문을 열었는데 설마 집 안에 다른 사람이 있으리라고는 생각도 못했던 것이다. 그 애는 놀라 비명을 지르며 내가 있던 복도로 달려나왔다.

영원한 익살꾼인 휴는 쉴라와 내가 문에 들어설 때까지 기다렸다. 그리고는 그 애를 한번 쳐다보더니, 팔을 위로 번쩍 치켜들고는 아까

의 쉴라처럼 깜짝 놀란 비명을 지르며 침실로 도망쳤다.

쉴라가 입을 딱 벌렸다. "맙소사, 누구예요?"

"난 강도예요. 저리 가." 침실에서 속삭이는 목소리가 흘러나왔다.

"진짜예요?" 그 애가 물었다.

"저이가 휴야." 나는 이제 그만 됐다는 걸 알리기 위해 불쾌감을 가득 실어 말했다.

그 전 주에 있었던 한 결혼식에서 내가 썼던 작은 꽃무늬 모자를 머리에 얹은 휴가 모습을 드러냈다.

"그렇습니다." 그가 낮은 더블베이스 톤으로 목소리를 깔며 말했다. "제가 토리의 친구, 휴입니다."

쉴라의 눈은 화등잔만 하게 커졌다. "그래서 난 제프가 나쁘다고 생각했어요." 그 애가 중얼거렸다. "맙소사, 토리, 어디서 저런 사람들을 찾아내요?"

⁂

그날 저녁은 즐거웠다. 외출 준비를 하느라고 욕실에서 한참을 지체한 쉴라는 새로 산 조야한 티셔츠 따위들을 껴입고 내 화장품을 잔뜩 바른 얼굴로 나타났다. 휴가 우리를 데려간 일식집에서는 칼을 예술적으로 정교하게 휘두르는 주방장이 식탁에 음식을 차려주었다. 한 번도 젓가락을 사용해본 적이 없던 쉴라는 헛젓가락질을 하고 웃다가 또 헛젓가락질을 하면서 무릎에 계속 음식을 떨어뜨렸다. 보통 때의 쉴라는 잘 웃는 편이 아니었다. 그 애의 자부심과 자의식은 마음껏 웃는 걸 감당할 만큼 아직 튼튼하지 못했다. 하지만 이 특별한 날 저녁의 쉴라는 자기가 서투르게 젓가락질하는 모습을 우스운 걸로 받아들일 수 있었고, 더 중요한 것은 휴가 엉터리 같은 소리를 해도 참고 오히려 맞장구까지 칠 수 있었다는 점이다. 사실 휴가 하는 말은 너무 어이가 없어서 우리 셋 다 배를 잡고 웃느라고 쉴라만이 젓가락질을 할 수 없었던 게 아니었다.

저녁을 먹고 나서는 공상과학 영화를 보러 갔다. 휴가 턱없이 큰 컵에 가득 든 팝콘을 사와, 같이 먹을 수 있도록 쉴라와 나 사이에 앉았다. 영화가 시작되기를 기다리며 두 사람은 팝콘을 공중에 던져서 입으로 받아먹는 데 재미를 붙였다. 나는 이 떠들썩함이 조금씩 거북해지기 시작했다. 우리가 다른 사람들의 신경을 건드리고 있는 게 느껴졌기 때문에, 누가 불평을 할까봐 조마조마했던 것이다. 그렇군요, 이제 얌전히 있는 게 좋겠군요, 휴가 인정했다. 쉴라가 휴의 한쪽 팔을 껴안으며 휴에게 반쯤 기댔던 건 쉴라로서는 정말 보기 드문 애정 표현이었다.

그날 밤 휴가 떠나자 쉴라와 나는 내 아파트에서 각자 잘 곳을 정했다. 그 애가 거실 소파에서 자겠다기에 나는 공간을 넓히기 위해 소파의 등받이 쿠션을 치워주었다.

"그 사람 마약했어요?" 잠자리를 만들면서 쉴라가 물었다.

"누구? 휴? 아니, 항상 그래."

"와." 그 애는 쿠션 위에 시트를 펴느라고 말을 멈췄다. "그 사람 마약 안 하는 거 확실해요? 하고 있는데도 선생님이 모르는 거 아니냐구요?"

"아니야. 그냥 휴다운 행동이야. 그에게 끌렸던 것 중의 하나가 그건 것 같아. 나는 유쾌한 사람을 좋아해."

그 애는 고개를 끄덕였다. "사람들이 마약이나 술 같은 것에 취하지 않고도 그럴 수 있다고 생각해보지 않았어요. 선생님이 자신을 그렇게 행복하게 만들 수 있는 줄 몰랐어요."

쉴라가 소파에 눕자 나도 잠잘 준비를 했다. 나는 몸을 씻고 나서 잘 자라고 말한 후 침실로 들어갔다. 꽤 늦은 시간이었던 데다가 피곤했다. 그래서 불을 끄고 얼마 안 돼 곧바로 잠이 들었다.

문득 놀라서 잠에서 깼다. 방은 어두웠다. 몸을 돌려 침대 옆에 놓인 시계를 보니 잠이 든 지 겨우 한 시간 반밖에 지나 있지 않았다. 그런데 방에 누군가가 들어와 있다는 섬뜩한 느낌이 들었다. 침대에서 몸을 굴려 자리에서 일어났다.

"쉴라?" 어둠 속을 향해 속삭였다.

한순간 아무 반응이 없더니 문 옆의 어둠 속에서 쉴라가 걸어 나왔다. "죄송해요, 선생님을 깨울 생각은 아니었어요."

"뭐 하고 있어?"

금방 대답을 안 하기에 나는 불을 켜려고 손을 뻗었다.

"켜지 마세요!"

간청을 하는 바람에 그만뒀다. 가만 보니 침대 한쪽 바닥에 소파에 있던 그 애 담요가 깔려 있었다. 쉴라는 앞으로 나오더니 담요 위쪽에 베개를 놓았다.

"뭐 하고 있었어?" 내가 다시 물었다.

"잠이 안 와요." 작고 아이 같은 목소리였다. "거실은 좀 낯설어요.

혼자 자는 데 별로 익숙하지 않거든요. 엔젤의 코 고는 소리랑 부스럭대는 소리에 익숙해 있었는데. 여기서 자도 괜찮아요?"

"난 코 안 고는데."

그 애가 킥킥 웃었다. "괜찮아요."

쉴라는 바닥에 누워 담요를 끌어당겼다. 그리고는 침묵이 내려앉았다. 졸렸던 나는 깜빡 잠이 들었다.

"오늘 저녁 즐거웠어요." 쉴라가 어둠 속에서 나직하게 말했다. "휴가 좋아요. 선생님은 행운이에요."

"그래."

"정말 재미있게 보냈어요. 정말 아주 오랜만에 마음껏 웃어봤어요."

"흐흠."

"나도 언젠가 휴 같은 남자친구를 얻었으면 좋겠어요."

꾸벅꾸벅 조느라 내가 뭐라고 했는지도 알 수 없다.

"토리?"

나는 정신을 수습했다. "응."

"정말 그랑 섹스해요?"

"전에도 들었던 질문 같은데." 내가 중얼거렸다. "넌 내 성생활에 유달리 관심이 많은 것 같구나."

"그냥 선생님이 그런 걸 하리라고 상상이 안 돼서 그래요."

난 어둠 속을 향해 웃었다.

"사실 내가 그걸 원하게 될지 자신이 없어요." 그 애가 말했다. "내겐 너무 끔찍하게 보이거든요. 농담이 아니에요. 절대로 내 자유의지로는 하고 싶지 않을 것 같아요."

"마음에 드는 사람이 나타나면 그때는 전혀 다르게 느껴질 거야."

"아니에요, 그렇지 않아요."

깊고 서글픈 침묵에 뒤이은 적막이 어둠 때문에 더욱 깊어지고 있었다. 그러더니 마침내 그 애 목소리가 들렸다. "토리?"

"응?"

"제가 남자친구를 가질 수 있을 거라고 생각해요? 제 말은, 만일 내가 섹스를 안 하려 들면 누가 내 남자친구가 되려 하겠냐는 거예요?"

"진짜 남자친구라면 섹스보다 더 큰 것 때문에 너를 사랑할 거야. 그리고 누가 아니? 네가 다르게 느낄지. 그 사람을 만지고 싶고 그 사람이 널 만지게 하고 싶은 건 사랑할 때 생기는 자연스러운 감정이니까."

그 애는 아무 반응도 없었다.

"쉴라야, 넌 지독한 경험을 했어. 어린아이가 절대 겪어서는 안 되는 소름끼치는 경험들이었지. 넌 말 그대로 강간을 당해왔어. 그건 비극이야. 그러나 이건 섹스가 아니라 자연스런 감정이야. 이건 사랑이야, 사랑의 일부지, 그리고 사랑하게 되면, 그게 널 행복하게 해줄 테니까 너도 그렇다는 걸 알게 될 거야."

그러고 나서 대화는 중단되었다. 다시 생각에 잠긴 침묵이, 그 다음에는 그냥 침묵이 느껴졌다. 나는 다시 이불을 잘 덮고 눈을 감았다.

"난 그가 휴 같았으면 좋겠어요. 그 사람처럼 재미있었으면요." 그 애가 말했다.

"그래, 나도 그랬으면 좋겠다. 휴는 좋은 사람이야."

침묵.

"자, 분위기 깨고 싶지는 않지만, 너무 늦었어. 이제 자지 않으면 내일 아침에 온몸이 찌뿌드드할 거야."

방바닥 쪽에서 낄낄거리는 소리가 들려왔다. 그리고 침묵이 왔다.

다시 그 애 목소리가 어둠 속에서 나지막히 들려왔다. "선생님, 오늘 밤이 뭘 생각나게 하는지 아세요?"

"뭔데?"

"선생님의 옛날 남자친구랑 있던 때 기억나세요? 그 사람 이름이 뭐였죠? 채드? 그 사람이 선생님이랑 나랑 피자집에 데려갔던 때 생각나요? 오늘 밤도 그때 같았어요. 그때처럼 재미있었어요."

"그거 기억해?" 그 애가 열네살 때 기억이 안 난다고 말했던 걸 확실히 기억하고 있던 터라 나는 이렇게 물었다.

"네, 어느 정도는요. 세세한 일들까지는 아니고요. 하지만 그때의 느낌들은 기억이 나요. 정말로 행복하다고 느꼈어요. 선생님이랑 그랑 있으면서 너무나 기분이 좋았거든요. 진짜 엄마 아빠랑 같이 있으면 아마 이렇게 느껴지겠지 하고 생각하던 게 기억나요."

나는 어둠 속을 향해 가만히 웃었다. "그래, 그날 즐거웠던 게 기억나."

"오늘 밤도 그래요, 비슷해요. 있잖아요, 가족 같은 걸 느꼈어요. 음…… 소속감이라고 할까요."

"그래."

"전 그런 느낌이 참 좋아요. 나랑 같이 있는 사람들이 문을 열고 날 밖으로 밀어버릴 기회만 호시탐탐 노리고 있지 않다고 생각하니까 참 좋아요."

25

엄마에게,

요즘에 난 말썽을 많이 일으켰어요. 이게 아마 엄마가 옛날에 그렇게 행동해야 했던 이유겠죠. 이해할 수 있을 것 같아요. 왜냐하면 그게 아마 엄마가 할 수 있었던 유일한 일일 테니까요. 하지만 이제 전 훨씬 더 나아졌어요. 제가 잘하는 것들을 알려드릴게요.

1) 요리를 할 줄 알아요.
2) 집안일을 깔끔하게 잘해낼 수 있어요.
3) 여기서 나가면 직장을 얻어 돈을 벌 거예요.
4) 학교에선 대부분 A를 받고 우등생이에요(그런데, 우등생이었던 건 전에 다니던 학교에서였어요. 여기엔 그런 게 없어요. 하지만 다른 학교로 간다면 우등생이 될 거예요).
5) 이제 엄마가 바라는 걸 할 거예요. 그걸 알 만큼 나이 먹었거든요.

10월이 왔다. 내가 그 애의 유일한 방문객임을 알기에, 난 거의 매주 쉴라를 보러 갔다. 초가을 동안 그 애의 향상은 놀라울 정도였다. 그 애는 이제 토요일 오후를 농장 밖에서 보내려는 희망으로 열심히 점수를 땄으며 제인은 한 주 동안 대단히 협조적이었다고 기록하곤 했다. 다른 또래들과 어울리는 건 여전히 피했지만 이것은 내게 그다지 큰 근심거리는 아니었다.

그 애 아버지의 가석방이 그 달 말로 다가옴에 따라 쉴라를 퇴소시키는 계획도 동시에 진행 중이었다. 제인은 렌스태드 씨에게 자리잡을 시간을 주려고 11월 중순까지는 그 애를 농장에 붙잡아둘 작정이었다. 지난번 불쾌했던 만남 이후 두 번 다시 렌스태드 씨에게 연락을 안 해본 터라 내가 쉴라와 다시 만나고 있다는 걸 그가 아는지 모르는지는 알 수 없었다. 그 결과 내 모든 정보는 제인에게서 나왔다. 제인은 내게 그가 사회복지부에서 쉴라를 되찾아가려면 먼저 안정된 생활을 한다는 증거를 제시해야 한다는 전제 조건을 달아놓았다는 이야기를 해주었다. 하지만 10월이 되자 제인은 교도소 재활 프로그램을 통해 브로드뷰에 그의 취직자리가 마련됐고 이제 살 집만 구해지면 된다는 소식을 전해주었다.

쉴라는 이 모든 소식과 동정을 담담하게 받아들였다. 적어도 세 번은 전에도 이런 일들을 겪었기 때문에 '눈으로 봐야지만 믿겠다'는 식의 회의주의를 견지하고 있었던 것이다.

그리고 물론 다른 문제가 있었다.

"토리! 토리! 여기 좀 보세요."

내가 독립기념일 전 토요일에 도착했을 때 쉴라는 흥분해서 손짓을 했다. 내가 방으로 들어서자 그 애는 등 뒤로 잽싸게 문을 닫은 후 침대로 펄쩍 뛰어 올라갔다.

"앉아봐요. 보여줄 게 있어요."

쉴라는 침대에 엎드려 침대 밑에서 소지품들을 넣어둔 상자를 꺼냈다. 종이상자의 뚜껑을 열어 편지 한 장을 빼낸 쉴라는 그 편지를 가슴에 꼭 누른 채 내게 빙긋 웃어 보였다.

"뭔지 맞춰보세요! 이게 뭔지 맞춰보세요!" 그러나 알아맞추기도 전에 그 애는 벌써 내 손에 그 편지를 쥐어주었다. "엄마한테서 온 거예요."

나는 그 애에게서 편지를 건네받았다.

"제가 광고 냈던 것 기억하세요? 있잖아요, 신문에 말예요. 글쎄, 그게 효과가 있었어요! 엄마가 광고를 보고는 이 긴 편지를 내게 보내왔어요."

그 편지는 길었다. 조그맣게 흘려쓴 필체로 양면을 꽉 채워 쓴 편지지가 열 장에서 열두 장쯤은 되어 보였다. 나는 편지를 펼쳐서 무릎 위에 놓고 읽기 시작했다.

처음 몇 줄을 읽는 사이에 마음이 무거워졌다. 편지를 쓴 사람의 어투에는 이상하게 절망적인 분위기가 있었다. 그녀는 자기 딸을 다른 사람에게 입양시켰다고 하고 나서는 몇 페이지에 걸쳐 정서적인 문제와 학대받던 결혼 생활에 대해 얽히고 설킨 복잡한 이야기를 했다.

"쉴라야, 이렇게 얘기하긴 싫지만…… 이게 네 엄마인지 잘 모르겠구나."

"엄마가 맞아요. 이 사람은 자기 딸이 네 살이었대요. 제가 네 살이었어요." 쉴라가 대꾸했다. "제 말은 네 살짜리 여자애한테 이런 일이 일어나는 건 흔치 않다는 거예요."

"너하고 똑같은 상황은 많지 않겠지. 하지만 이 여자는 정확한 상황을 언급하지 않고 있어. 게다가 '딸을 포기하고 입양시켰다'고 이야기해. 네 엄마가 했던 건 '딸을 포기하고 입양시켰다'고 할 수 있는 게 전혀 아니야."

"네, 알아요, 하지만 그녀는 당황했어요." 쉴라가 반박했다. "이 여자가 얼마나 당황스러워하고 있는지 한번 보세요. 이 여자의 삶 전체가 뒤틀려 있어서 그래요. 그리고 나는 그게 어떤 건지 알아요. 난 우리 엄마가 그런 일이 일어난 데 대해 정말 미안하게 생각하고, 또 내가 어디 있는지 알기만 하면 나를 되찾기를 바란다는 걸 알아요."

고개를 들어 쉴라를 보았다. 난 그 애 눈에서 그런 표정을 참 자주 보았더랬다. 그 애절한 상처받기 쉬운 표정 때문에 그 애는 다시 여섯 살처럼 보일 수도 있었다. 그만큼 필사적으로 그 애는 이게 사실이길 바라고 있었다. 내가 손을 내밀어 어깨를 만지려고 했지만 그 애는 뒤로 물러났다.

"이 여자는 내 이름이 쉴라라고 말하고 있어요. 내 이름을 알고 있어요." 그 애가 고집했다.

"이쁜아……"

"하지만 그렇게 말하고 있잖아요."

"네가 그 여자에게 말했어. 광고에 네 이름이 있었어, 그렇지?"

"하지만 그렇게 말하고 있잖아요. 도대체 누가 이름 같은 걸로 거짓말을 하겠어요? 자기 딸이 아니라면 왜 나한테 연락할 생각이 들었겠어요?"

"왜냐하면 이따금 그런 사람들이 있기 때문이야. 사실과 사실이 아닌 걸 구별할 수 없는 사람들이."

갑자기 그 애의 눈 속에 분노의 불길이 타올랐다. "그게 나군요, 흥? 내가 바로 그렇다고 생각하는군요. 미쳤다고. 계속 말해보시죠, 토리. 그게 선생님이 말하고 싶은 것일 테니까요."

"내가 말하려는 건 그게 아냐. 난 이 여자에 대해 말하고 있어. 이걸 쓴 이 여자 말야, 네가 아니고. 내가 보기에 이 여자는 네가 자기 딸이길 바라고 있는 것 같아. 더 가서 그렇다고 믿을지도 모르지. 하지만 넌 이 여자 딸이 아니야."

"딸이에요! 이 여잔 우리 엄마예요. 그렇다는 걸 안다구요. 편지를 끝까지 읽어봐요. 선생님은 몇 장밖에 안 읽었잖아요. 이 여잔 편지에서 지미 이야기를 하고 있어요. 이 여자는 지미 이야기를 하면서 내게 남자 형제가 넷이나 더 있다고 하더군요. 남동생들이요. 재혼을 했으니까요."

어깨가 축 처졌다. "그렇지만 넌 광고에 지미 이름을 냈어, 쉴라. 이 여잔 이 편지를 쓰기도 전에 벌써 네 남동생 이름이 지미라는 걸 알았어. 너 자신이 이 여자에게 말해주었기 때문이야."

그 애의 눈에서 눈물이 굴러떨어졌다. "정말 못됐어요. 선생님은 내가 엄마를 찾는 걸 바라지 않는군요."

나는 다시 그 애에게 팔을 뻗었다. "쉴라, 이리 와봐."

냉정을 찾으려고 안간힘을 쓰며 그 애는 내게서 더 물러앉았다.

"쉴라, 나도 네가 엄마를 찾았으면 좋겠어. 그것보다 기쁜 일은 다시 없을 거야. 그렇게 되면 네가 얼마나 행복해할지 아니까. 하지만 난 네가 지금까지 받아온 상처보다 더 지독할지도 모를 상처를 받는 게 싫어. 그리고 나는 지금 일어나고 있는 일이 그런 게 아닐지 겁이 나."

"가세요."

"쉴라야……"

"가세요. 어서요. 이번 주엔 선생님을 만나고 싶지 않아요. 그냥 가세요."

✿

그 주 동안에는 더 이상 "엄마에게"라고 쓴 짧막한 편지들이 오지 않았고, 내가 다음주 주말에 찾아갔을 때도 쉴라는 더 이상 그 편지에 대해서 말하지 않았다. 쉴라가 보통 때 같은 다정한 모습이 아닌 걸 보니 지난번 논쟁에서 내가 심한 상처를 주었다는 걸 알 수 있었다. 쉴라는 여전히 나와 거리를 두고 있었다. 나는 내가 먼저 그 문제를 꺼내지 말고 그 애가 다음 행동을 할 때까지 그냥 따뜻하고 격려하는 태도로 지켜보는 게 더 나으리라고 느꼈다. 우리는 쾌활하게 애기를 나눴다. 화제의 대부분은 농장을 떠나기 위해 그 애가 준비해야 할 일들로 모아졌다. 쉴라는 그 농장에 딸린 작은 학교에서 브로드뷰의 큰 고등학교로 전학하기로 되어 있었다. 그래서 그 애는 그곳의 교과과정이 어떻게 편성되어 있는지 알고 싶어했다. 우리는 어떤 과목들을 선택하는 게 좋을지 이야기했는데, 나는 대학에 진학하는 데 유리한 과목들을 선택하는 게 이롭다고 설명했다.

고등학교 졸업 이후의 쉴라의 삶이라는 주제가 거론되기는 이때가 처음이었다. 이제 고학년이라 그런 판단의 필요성은 진작에 대두되었지만, 그때까지는 한 번도 쉴라의 진학 문제를 우리 화제로 삼지 않았다. 그것은 학교가 쉴라 스스로 잘 감당해가는 듯이 보이는 영역이기도 한 데다 쉴라의 현재 자체가 너무나 혼란스러워서 미래를 생각하기 위해 주의를 돌리기가 어려웠기 때문이기도 했다. 그런데 충격적이게도 쉴라는 학교를 졸업하고서 어느 대학에도 갈 생각이 없다고 했다.

"농담이겠지."

"아니에요. 가고 싶지 않아요."

"넌 꼭 가야 해."

"아니에요. 학교라면 지긋지긋해요. 그냥 내 힘으로 살았으면 싶어요. 내가 주인으로 살 수 있는 집을 갖고요. 학교를 나오자마자 또다시 학교로 들어가진 않을 거예요."

기가 막혔다. 쉴라의 아이큐, 고대사에 대한 그 애의 관심, 라틴어와 고문 독해 재능으로 보아 그 애가 고등교육을 원하지 않으리란 건 상상도 못한 일이었다. 나는 대학 생활이 고등학교 때와 얼마나 많이 다른지, 그런 생활 양식을 찾는 게 얼마나 쉬운지 설명하려고 애썼다. 환경이 특별히 교육적으로 바람직하지 않았는데도 쉴라는 오래전부터 혼자 힘으로 공부할 수 있는 능력을 발달시켜왔다. 난 그런 능력이 앞으로 대학 사회에서 얼마나 유용한지, 또 그 애가 성공할 가능성이 얼마나 높은지 구구히 지적했다.

그러나 아무리 말해도 소용이 없었다. 쉴라는 그 전 주와 달리 화를 내지는 않았다. 그만큼 이 논의에 관심을 보이지 않은 것이다. 이것은 그 애에게 중요한 영역이 아니었기에 그 애는 자기 의견을 정당화하려고 애쓰지 않았다. 하지만 그 애는 계속 요지부동이었다. 학교를 마치고 나면 자기는 직장과 자신의 아파트를 구해서 살아갈 작정이라고 했다. 대학은 기다릴 수 있다고 하면서.

그 다음 수요일, 사무실에서 쥴즈와 커피를 마시며 한가하게 잡담을 나누고 있는데 전화벨이 울렸다. 전화는 우리 두 사람의 책상 사이에 있는 의자에 놓여 있어서, 둘이 동시에 전화를 받으려고 움직였지만 쥴즈가 더 빨랐다. 그는 수화기를 들고는 짐짓 얼굴을 찌푸렸다.

"아세요? 내가 전화를 받으면 꼭 당신 전화더라구요." 그가 수화기를 건네주었다.

전화를 걸어온 사람은 제인 티몬즈였다.

"문제가 생겼어요." 그녀가 말했다. "쉴라가 사라졌어요."

"어디서요? 언제요?"

"오늘 아침, 옷을 사러 애니가 쉴라를 맥그리거 백화점에 데려갔어요. 사실 솔직히 말해서 우리는 이 시점에서 그 애가 도망가리라고는 생각도 못했어요. 어쨌든 나갈 날짜가 3주도 안 남았으니까요. 거기서 그 애가 화장실에 가길래 애니는 바로 밖에 서 있었대요. 한데 나오질 않더라는 거예요."

"어떻게 된 거예요? 창문 같은 게 있었어요?"

"그렇다는군요. 하지만 2층이었다구요. 그 애가 어떻게 달아났는지, 또 거기서 어디로 갔는지 도무지 알 수가 없어요. 지붕은 평평했대요. 하지만……"

이 짧막한 대화 동안 쉴라는 다시 한 번 내가 아는 쾌활하고 생기 있는 소녀에서 나로서는 상상이 잘 안 되는 세계에 속한 이방인으로 탈바꿈해갔다.

제인이 이어서 말했다. "제가 알고 싶은 건 그 애가 거기에 안 왔나

하는 거예요."

"안 왔어요."

"음……"

"제가 도와드릴 일이 있습니까?"

"아니, 없어요. 우린 경찰에 연락했어요. 그 애가 그렇게 멀리 갈 수는 없을 거라고 보지만, 아버지가 있는 메리스빌의 교도소에도 연락했구요." 잠시 침묵이 흘렀다. "그 애가 어디로 갈지 모르세요? 친구나 뭐 그런 것에 대해서는요?"

내 마음속에 떠오른 첫 번째 생각은 물론 그 애 엄마였다.

"편지가 한 장 있었어요……" 나는 이렇게 말을 꺼낸 다음 그쪽 방면으로 쉴라가 어떤 노력을 해왔는지 간략하게 설명했다.

"네, 우리도 알고 있었어요." 제인이 말했다.

"그래요?" 쉴라가 이 문제를 그곳 직원에게 이야기했다는 암시를 준 적은 한 번도 없었기에 나는 깜짝 놀랐다.

"일상 점검이죠. 우리는 정기적으로 아이들 물건을 점검합니다. 그 애가 캘리포니아에 있는 신문사에 편지를 썼다는 걸 알고 있었어요. 전 그걸 제재하지 않았어요. 해롭지 않을 것 같았거든요. 또 누가 알아요? 그 아이를 돌봐줄 수 있는 친척이라도 나타난다면 정말 그보다 더 잘된 일이 어디 있겠어요. 그 애 아빠가 가장 좋은 보호자라고는 할 수 없잖아요, 안 그래요?"

"그러면 그 편지에 대해서도 아셨어요? 북부 캘리포니아에 사는 여자한테서 온 편지요."

"네, 봤어요. 홀리가 지난주에 나더러 보라고 가져왔더군요. 안됐더군요, 그죠?"

쉴라의 물건이 뒤져지고 그 애의 행동이 아무렇게나 처리되었다는 사실이 너무나 불쾌했던 나로서는, 더 이상 쉴라의 실종과 관련해서 내가 이 문제를 얼마나 중요하게 느끼는지 자세히 얘기하고 싶지 않았다. 제인을 상대했던 기간 내내 그녀를 특별히 좋아한 적도 없었지만, 지금은 경멸스러웠다.

그 단 한 통의 전화가 그 문제에 관해 내가 들은 마지막 소식이었다. 제인은 다시 전화하지 않았다. 목요일과 토요일, 두 번에 걸쳐 내가 먼저 농장에 전화를 걸었지만 제인과는 통화하지 못하고, 쉴라가 어디 있는지 아직 찾지 못했다는 부원장의 말만 들었다.

と

쉴라가 도망치고 나서 처음 며칠 동안은 그 애에게서 연락이 오거나, 알레조 때처럼 우리 집 문 앞에 나타날지도 모른다고 생각했다. 그 애의 신체적 안전이 염려되어 마음이 불안하긴 했지만 그래도 금방 자연스럽게 해결되리라는 믿음을 잃지 않았다. 한마디로 어린 여자애가 그냥 사라져버리는 게 얼마나 오래 갈 수 있겠는가라는 믿음이었다.

그렇지 않다는 걸 알기까지는 꽤 오랜 시간이 걸렸다. 날들이 흘러 한 주가 지났고, 다시 두 주, 세 주가 흘러갔다. 렌스태드 씨는 교도소에서 석방되어 브로드뷰로 돌아갔으나 쉴라는 여전히 실종 상태였다.

난 믿을 수가 없었다. 그 애가 흔적도 없이 그냥 사라져버릴 수 있다는 게 믿기지 않았다. 그리고 나는 처음으로 경찰과 다른 사회복지 기관들이 도망친 아이들 문제를 어떻게 다루는지 악몽 같은 현실에 직면하게 되었다. 또 이때가 처음은 아니었지만 쉴라의 세계가 내 세계와 얼마나 다른지 실감하지 않을 수 없었다.

그 애를 걱정하지 않는 건 불가능했다. 오만 가지 생각이 다 들었고 그 애가 진짜로 캘리포니아에 사는 그 정신 나간 여자를 찾아갔으리란 생각도 많이 했다. 아니면 가장 최선의 경우를 가정한 시나리오로, 그 애가 자기 엄마와 지미와 재결합해서 항상 꿈꾸던 그런 삶을 사는 모습을 그려보기도 했다. 그리고 그렇게 됐기 때문에 나한테 연락을 안 했을 거라고 자신을 납득시키려고 애썼다. 하지만 유감스럽게도 최악의 경우를 가정한 몇몇 시나리오들이 여전히 나를 내리누르고 있었다.

11월이 왔고 이제 나는 또다시 내 삶에서 쉴라가 돌연히 사라졌다는 사실에 익숙해져야 했다. 이런 경험들이 항상 그렇듯이 결국 시간이 내 좌절감과 나를 갉아먹는 근심까지 치유하기 시작했다. 어느 날 저녁, 나는 우연히 서랍 앞쪽에 보관하고 있던 '엄마에게'로 시작하는 한 다발의 편지들을 발견했다. 나는 그 편지들을 꺼내 지난번 아이들의 다른 추억거리가 들어 있는 다락 위 상자 속에 집어넣었다. 다음 날 아침에는 늘 책상 위에 놔두던 《한 아이》의 원고를 무심결에라도 시선이 가지 않을 위치로 옮겨놓았다.

※

나는 바비라는 이름의 작고 말을 안 하려 드는 네 살짜리 남자애와 놀이치료를 하던 중이었다. 다른 정신과 의사에게서 평가를 해달라는 부탁을 받고 내게 맡겨진 그 애는 어려운 증례를 보이는 경우여서 아무도 그 애가 말을 안 하는 이유를 알아낼 수 없었다. 그리고 그 치료 과정을 비디오테이프에 담는다는 걸 모두들 알고 있었기에, 방해받을 일이 생기리라곤 전혀 생각지 않고 있던 중이었다. 그런데도 내가 비누방울을 불어서 바비에게서 떠듬거리는 소리를 유도하느라고 흥분해 있던 바로 그때, 삐삐가 울렸다. 무시하려고 했지만 내게서 반응이 안 오자 삐삐가 다시 울렸다.

화가 난 나는 일어나서 치료실 벽에 달린 전화기로 가 한 손으로는 접수대에 전화를 걸고, 다른 손으로는 비디오 카메라를 끄려고 했다. 이런 우스꽝스런 모습에 놀란 바비가 늘 끼고 다니는 담요를 카메라를 향해 던지는 바람에 우리의 테이프 작업은 이상하게 끝나고 말았다.

"저기, 삐삐를 친 사람은 저예요." 접수대에서 일하는 로잘리가 말했다. "방금 선생님 앞으로 온 팩스를 받았는데 이리 내려와서 한번 보시는 게 좋겠어요."

"지금 바로요? 지금 치료 중인데."

"네, 토리 선생님, 지금 바로 오셔야 할 것 같아요."

※

나는 바비를 데리고 건물 앞쪽에 있는 사무실로 내려가 내 우편함에서 팩스 종이를 꺼내 읽었다.

떠나라, 오 인간의 아이여!
강과 광야로.
요정과 함께, 손에 손잡고.
세상은 네가 이해할 수 있는 것보다 더 많은 비탄으로 가득하니.
토리, 세상과 맞지 않는 사람들도 있게 마련이에요. 어린왕자는 그걸 깨달았어요. 클레오파트라도 그랬고 저 역시 그런 것 같아요. 여기에는 제가 설 자리가 없어요. 전 어딘가 다른 곳에서 왔나봐요. 전 여기 속해 있지 않아요. 세상은 제가 이해할 수 있는 것보다 더 많은 비탄으로 가득 차 있어요.

절 위해 애써주신 것 감사해요. 그리고 저한테 팩스 보내려 하지 마세요. 가게에서 이걸 보내고 있어요. 답장은 바라지 않아요.

사랑해요, 쉴라가.

"오, 하느님." 팩스를 읽고 난 나는 중얼거렸다.

"그래요." 로잘리가 대꾸했다. "이걸 받자, 선생님이 한시바삐 이걸 보는 게 좋겠다고 생각했어요."

"난 이 애를 붙잡아야 해요." 팩스 종이를 훑어보니 작은 타이프 글씨로 꼭대기에 팩스를 보내는 쪽의 팩스 번호가 찍혀 있었다. 난 로잘리 책상에 있던 전화를 부여잡고 전화번호 안내로 전화를 걸었다. 그 팩스는 북부 캘리포니아에서 온 것이었다. 몇 분이 안 지나서 나는 쉴라가 팩스를 보낸 상점의 전화번호를 얻었다. 당장에 전화를 걸었다.

"여보세요. 네, 당신이 방금 제게 팩스를 보내셨죠. 아마 한 여자애가 보냈을 거예요. 열여섯 살짜리요. 그 애가 아직 거기 있나요? 이건 아주 중요한 일이에요. 그 애랑 꼭 통화해야 해요."

전화를 받은 사람은 수화기를 끊지 않고 내려놓았다. 기다리는 동안 백 년은 지난 것 같았다. 그러더니 찰칵 하는 소리와 함께 말소리가 들려왔다.

"여보세요?"

쉴라였다.

26

"쉴라? 쉴라. 나야, 토리야."

아무 대답도 없었다. 하지만 그 애가 여전히 거기 있는 건 확실했다. 나는 우리 사이에 놓여 있는 그 먼 거리를 가로질러 전달되는 쉴라의 약한 숨소리를 들을 수 있었다.

"쉴라야? 괜찮니?"

"어떻게 날 찾았어요?"

"들어봐. 괜찮아? 어디에 있니? 그곳이 어디니?"

"여긴 복사 가게예요." 그 애가 말했다.

감각이 마비된 듯한 목소리였다. 내가 워낙 신속하게 팩스를 추적했기 때문에 그 애가 놀라서 어떻게 반응해야 할지 모르나보다는 생각이 잠깐 스쳐갔다.

"너 괜찮니?"

"선생님하고 얘기하고 싶지 않아요."

"안 돼, 쉴라, 전화기 내려놓지 마. 제발, 제발이야."

"그냥 날 혼자 놔두세요, 네?" 그 애의 목소리는 울먹거리고 있었다. 희미하게 숨이 헐떡이는 듯한 소리가 들렸지만 그 애는 그걸 억제하려고 안간힘을 쓰고 있었다.

"안 돼, 쉴라. 내게 말해봐, 어서. 조금만이라도 얘기하자꾸나. 그동안 뭐 하고 지냈는지 말해보렴."

침묵.

"무슨 일이 있었니?"

돌연 숨을 훅 들이쉬는 소리.

"쉴라야, 전화 끊으면 안 돼."

"끊으려는 게 아니에요." 전화선 저쪽에서 아주 작은 목소리가 들려왔다.

"안 좋은 일이라도 있니?"

"아니에요."

"무슨 일이 있었어? 나한테 말할 수 있겠니?"

"여기선 말할 수 없어요. 사람들이 다 듣고 있어요."

"너랑 얘기하고 싶어. 정말이야. 다른 전화기는 없어? 없다구……
기다려봐, 끊지 마. 기다려. 잠깐 생각 좀 해보자."

"엄마를 찾을 수가 없어요, 토리." 그 애가 말했다. "아무리 찾아도 찾을 수가 없어요."

"아, 이쁜아."

"아, 병신같이, 전 울 것 같아요. 아, 안 돼요. 여기서 울고 싶지 않아요. 아, 안 돼요."

"쉴라야, 내가 널 데리러 갈게."

"네?"

"무슨 짓 하지 마, 응? 알았지? 그러면 내가 가서 널 데려올게. 널 집에 데려올 거야. 어디 있는지 말해주겠니? 어디서 지내고 있니?"

다시 흐느낌이 심해졌다. "지내는 데가 없어요. 전 완전히 혼자예요."

"알았어, 그럼 들어봐, 지금 있는 곳에 있어. 난 팩스 번호를 갖고 있거든. 내가 교통편을 알아보고 그리로 다시 팩스를 보낼게. 하지만 거기 있으면서 날 기다려야 해. 그리고 무슨 짓 하면 안 돼. 알았지? 약속해줄래?"

그 애는 울고 있었다. 괴로움 때문인지 안도감 때문인지 알 수 없었지만 그 애는 흐느끼면서 내가 다시 팩스를 보낼 때까지 그 복사 가게에 있겠노라고 약속했다.

그 후 한 시간은 그야말로 미친 것 같았다. 그 애는 북부 캘리포니아의 좀 작은 도시에 있었는데 그곳은 민간항공이 다니지 않는 곳이었다. 사실 그곳은 내가 사는 도시에서 매일 한 대 이상 비행기가 다니는, 그곳에서 가장 가까운 도시인 샌프란시스코에서도 차로 두 시간이나 더 걸리는 곳이었다. 여기서 샌프란시스코까지의 비행 시간은 두 시간이었다. 그러니 출발부터 도착까지 적어도 네 시간은 걸린다는 이야기였다. 그런데 재난이 닥쳤다. 좌석을 예약하려고 공항에 전화를 걸었더니, 추수감사절 주말이 다가오고 있던 터라 다음 비행기뿐만 아니라 그 다음 비행기까지 이코노미 좌석은 예약이 몽땅 다 끝나 있었다. 아무리 빨라도 다음 날 점심 때까지는 여기를 떠날 수 없다는 소리였다. 끔찍했다. 나는 불안정한 상태에 있는 그 애 혼자서 여기로 돌아오라고 놔두는 것보다, 내가 그 애를 데리러 가는 게 대단히 중요한 문제라고 느꼈다. 특히나 그 애는 한 번도 비행기를 타본 적이 없어서 비행기 탑승 절차도 잘 몰랐다. 또 지금 그 애가 있는 캘리포니아 지역 경찰이나 사회복지부 같은 곳에 외부 도움을 청한다고 했을 때 그 애가 어떻게 반응할지 자신할 수가 없었다.

이런 낭패의 와중에 다시 삐삐가 울렸다.

"빌어먹을 놈의 것." 나는 쥴즈를 쳐다보며 중얼거리고는 차고 있던 삐삐를 확 떼서 책상 위로 집어던졌다.

쥴즈가 여전히 울리는 삐삐를 바라보다가 나를 쳐다보고는 물었다. "받아야 하지 않을까요?"

녹초가 된 나는 로잘리에게 전화를 걸어 전화 건 사람을 바꿔달라고 했다.

"살려줘요, 살려줘요! 죽어가고 있어요! 구해주세요, 의사 선생님! 빨리요! 까베르네 쇼비뇽 와인과 티본 스테이크 주입!" 전화 건 사람은 다 죽어가는 목소리로 이렇게 외쳤다. "오늘 밤 여섯 시?"

"휴! 솔직히 말해 이런 짓 하면 안 된다는 거 알잖아요."

그는 언제나처럼 전혀 반성하지 않았으나, 그의 목소리를 듣게 되니 너무 반가워 화를 낼 수가 없었다. 나는 그에게 쉴라의 끔찍한 이야기 전부와, 가능한 한 빨리 그 애에게 가는 게 아주 중요한데 그게 불가능하게 돼버렸다는 얘기를 했다.

신중하게 얘기를 듣고 난 휴가 대답했다. "일등석을 예약해요. 그건 매진되지 않았을 거예요."

나는 콧방귀를 뀌었다. "휴, 난 일등석은 고사하고 이코노미석도 살 형편이 안 된다구요. 그러니 그런 식으로 그 애를 데려올 수 없다는 건 확실해요. 설사 좌석이 있다 해도 내가 능력이 안 돼요. 게다가 돌아오는 건 더 문제예요. 그때는 추수감사절 직전이어서 완전히 매진됐어요. 거기서는 정말 한 장도 안 남았을 거예요."

"내가 지불할게요." 그가 말했다. "내가 표를 사줄게요. 그리고 차를 렌트할 수 있을 거예요. 그 애한테 가려면 어쨌든 차를 빌려야 하잖아요. 그러면 거기서부터 집까지 차로 그냥 오면 되잖아요. 걱정하지 말아요. 내가 처리할게요, 알았죠?"

그의 관대한 제안에 어안이 벙벙해진 나는 정말 무슨 말을 해야 할지 알 수가 없었다.

"흠, 그 애는 착한 애예요. 그리고 인생에서 뭐 그까짓 돈 몇 푼이 대수겠어요?" 그는 내 침묵에 이렇게 대답했다.

꩑

나는 쉴라에게 그 도시에서 밤늦게까지 문을 여는 곳으로 내가 생각해낼 수 있는 유일한 곳이었던 맥도날드에서 만나자고 했다. 그곳이라면 그 애가 비교적 안전하게 기다릴 수 있고, 나도 낯선 도시에서 수월하게 찾을 수 있을 것 같았기 때문이다. 나는 휴가 사준 일등석 표로 샌프란시스코까지 가서, 거기서 다시 예약한 렌트카로 해변을 따라 올라가 쉴라를 태운 다음 집으로 돌아올 예정이었다. 1,300킬로미터가 넘는 여정이었다.

이렇게까지 할 필요가 있느냐는 생각은 단 한 번도 머릿속에 떠오르지 않았다. 항상 좀 충동적인 편인 나는 휴가 '꿩장한 일들'이라고 이름 붙인 것들에 몰두하는 경향이 있긴 했지만, 이와 달리 행동한다고 마음이 편할 것 같지는 않았다. 난 항상 주어진 상황에서의 내 역할에 대해 일종의 직관 같은 확신을 느끼곤 했는데, 비록 그게 먼저 행동하고 나중에 생각하게 만드는 경향은 있었지만, 그래도 뒤에 가서 후회할 일들을 한 적은 거의 없었던 것 같다. 이번 경우에도 나는 쉴라를 직접 데리러 가는 것이 옳다고 느꼈다. 사실 너무나 옳은 일이어서 다른 대안 같은 건 생각해보지도 않았다.

맥도날드의 밝은 노란색 아치 불빛 아래 차를 댄 시각은 밤 열 시 십오 분이었다. 창문을 통해 쉴라가 보였다. 탁자 위에 등을 구부리고 있는 모습이 외로워 보였다. 나는 시동을 끄고 차에서 내렸다.

내가 문으로 들어서는 걸 보고도 그 애는 일어서지 않고 그냥 고개만 들어 나를 쳐다보았다. 그 애 얼굴에 떠오른 희미한 웃음, 그 표정에는 내가 안도감으로 받아들일 만한 게 있었다. 탁자로 다가간 나는 몸을 굽혀 그 애를 껴안았다. 그 애도 내 모직 재킷의 겨드랑이 접음선을 단단히 움켜쥐면서 기꺼이 내게 안겼다.

맞은편 의자에 앉으며 그 애를 자세히 살펴보았다. 그 애는 처음 우리 반에 왔을 때 그랬던 것처럼 불결함 그 자체였다. 빗지 않은 긴 머리는 오랫동안 감지 않아 기름에 절어 있었고, 손톱에는 때가 까맣게 끼었으며 손등은 다 터 있었다. 옷은 구겨질 대로 구겨져 때에 절었고 몸에서는 옛날처럼 고약한 냄새가 풍겼다.

"배고프지?" 내가 물었다.

"저, 감자튀김을 좀 먹었어요. 뭘 좀 먹는 게 좋을 것 같아서요. 그렇지 않으면 내쫓길 것 같아서요."

나는 배가 고프지 않았다. 비행기에서 늘 먹던 것들과는 전혀 다른 일등석 음식을 잘 먹었던 터라 햄버거는 오히려 그 기분을 깨는 것이었지만, 나는 카운터로 가서 빅맥 하나씩과 감자튀김 큰 것 하나를 사가지고 왔다. 장시간의 운전을 눈앞에 두고 있던 터라 졸음을 쫓을 커피가 필요할 거라는 생각에 보온병을 챙겨왔던 나는 카운터에서 일하는 소녀에게 거기다가 커피를 가득 채워달라고 했다. 그리고 쉴라가 먹을 밀크셰이크도 샀다.

자기 햄버거를 게걸스럽게 먹어치운 쉴라는 내가 배가 고프지 않다고 하자 내 것까지 가져다 먹기 시작했다. 나는 다시 오랜 시간을 거슬러 올라가 예전의 그 애 모습을 보았다. 학교 급식에서 나온 음식을 양손으로 집어 허겁지겁 입 안으로 쑤셔넣을 만큼 몹시도 굶주렸던 그 여섯 살짜리 여자애를. 오늘 밤엔 체면치레를 별로 하지 않는 걸로 보아 요 며칠 동안 거의 먹지 못했던 것 같았다.

"그래, 어디서 잤어?"

내가 묻자 그 애는 어깨를 으쓱했다.

"잘 수 있는 데면 어디서나요."

"도대체 돈은 얼마나 갖고 있어?"

"지금요? 85센트요. 처음엔 23달러 50센트가 있었는데, 버스표를 사고 나니까…… 아껴 쓰려고 애썼는데…… "

쉴라는 변명하듯 웃었다.

그 애가 먹는 동안 우리는 그렇게 아무 일도 없었다는 듯 이야기를 나누었다. 나는 그 애가 우리 집에 왔던 그때, 버스 시간표와 가격을 알아보려고 전화를 썼다는 것을 알았다. 그 애는 농장에서 아이들에게 주는 보조금의 일부를 떼어내 조금씩 자금을 마련해왔다는 이야기도 해주었다. 이런 이야기들을 듣고 있자니 무척 흥미진진했다. 왜냐하면 나조차도 전혀 의심을 품지 않을 만큼 대단히 정교한 계획이었다는 걸 확인할 수 있었기 때문이다. 그러나 우리는 그 애가 왜 그랬고 그 결과가 무엇이었는지에 대해서는 말하지 않았다. 이야기를 나누는 동안 나는 한 발 물러서서 객관적인 관찰을 게을리하지 않았다. 절망적인 자살 충동의 징후는 여전히 거기에 있었다.

쉴라가 다 먹고 나자 나는 시계를 보았다. "자, 이제 출발하는 게 좋을 것 같구나."

쉴라는 그냥 그대로 앉아 있었다.

내가 그 애를 쳐다보았다.

"토리, 전 그 농장으로 돌아가고 싶지 않아요. 거기로 데려가려고 여기까지 오셨다면, 차라리 집에 그냥 계셨던 게 더 나았을 거예요. 전 안 갈 거니까요. 거긴 묘지 같아요. 전 거기는 딱 질색이에요."

"아니야. 잘 해결될 거야. 네 아빠가 브로드뷰에 집을 마련했어. 아빠는 정착했어……"

그 애는 여전히 앉아 있었다.

"어서, 이쁜아, 가자."

그 애는 길고 큰 한숨을 내뱉더니 어깨를 축 늘어뜨렸다. 그리고는 힘없이 자리에서 일어나 나를 따라왔다.

맥도날드에서 빠져나와 주(主)도로를 달리다가 고속도로로 들어섰다. 나는 운전, 특히 장거리 운전을 즐기는 편이다. 운전하다보면 느긋한 해방감을 맛볼 수 있기 때문이다. 한껏 속도를 내다보면 무제한의 자유로움으로 확장되는 느낌이 들어 거의 초월적인 기분을 맛볼 수 있다. 더구나 쉴라를 차에 태워 집에 데려가는 중요한 임무를 수행하고 있다는 생각에 나는 무척 기분이 좋았다.

쉴라는 옆자리에 푹 꺼져 앉아 있었다. 몇 마일을 갈 동안 아무 말도 하지 않았다. 처음에는 그 애가 금방 잠이 들 거라고 생각했다. 왜냐하면 누가 봐도 피곤해서 당장에 쓰러질 것같이 보였기 때문이다. 하지만 그렇지는 않았다. 그 애는 차 문에 팔꿈치를 대고 턱을 받친 채 앞쪽을 보며 그냥 앉아 있었다.

길은 완전히 텅 비어 있었다. 집으로 가는 일직선 노선을 택하다보니 우리는 고속도로가 아니라 동쪽으로 향하는 간선도로를 달리고 있었다. 그 시간에 차를 모는 사람은 아무도 없었다. 사실 한참을 달려도 불빛 하나 볼 수가 없었다. 하다못해 농장 건물에서 새어나오는 불빛조차 없었다.

차 안의 밀폐된 공간 속에 있게 되니 일부러 쾌활함을 가장했던 맥도날드에서보다 쉴라의 고통이 더 확실하게 전달되어왔다. 손을 뻗치기만 하면 만질 수도 있을 듯싶게 진하디진한 고통이. 한참을 달리면서도 어떻게 하는 게 최선일지 판단할 수가 없었다. 그냥 가만히 앉아 있을까? 이야기를 하도록 분위기를 만들어보나? 아니면 집에서 1,300킬로미터나 떨어진 곳에서 밤을 도와가며 차를 모는 이런 일이 완벽하게 정상인 듯이 계속 태연하게 있으면서, 그 모든 것들이 자연스럽게 드러날 때까지 기다릴 수도 있겠지.

쉴라는 턱을 받치고 있던 손을 내려 팔짱을 꼈다. 그 애는 얼굴에 흘러내린 머리칼을 후— 하고 불더니 고개를 돌려 나를 바라보았다.

"어떻게 이런 일을 하셨죠? 이 멀리까지 와서 절 데려가는 거요?"

"널 사랑하니까. 그뿐이야."

그 애는 내게서 고개를 돌리고 한참 동안 창밖의 깊은 어둠만 바라보고 있었다. 마침내 돌아봤을 때 그 애의 볼에서는 눈물이 흐르고 있었다. 눈물은 운전대 계기판의 어슴푸레한 녹색 불빛을 받아 희미하게 반짝거렸다.

"말하고 싶니?" 내가 물었다.

그 애는 고개를 흔들더니 한 손을 올려 눈물을 닦았지만 눈물은 계속 흘러나왔다. 다시 한 번 닦았지만 그래도 여전했다. 그 애는 눈에 띄게 당황해하더니 눈물을 도저히 멈출 수가 없자 비통한 분노를 터뜨렸다.

"내 핸드백에 휴지가 있어." 내가 뒷좌석을 가리키며 말했다.

"이렇게 될 줄은 몰랐어요. 난 울고 싶지 않아요."

"괜찮아, 이쁜아, 난 상관없어."

"난 상관 있어요." 그 애가 응수했다. "난 울고 싶지 않아요. 울게 놔두기 시작하면 절대로 멈출 수 없을 거예요."

"오랫동안 그걸 두려워했구나, 그렇지?"

고개를 끄덕이자 눈물이 더 많이 흘러내렸지만 그 애는 여전히 눈물을 참으려고 안간힘을 썼다.

"정말 분통 터지네! 난 지고 싶지 않아요. 울고 싶지 않다구요. 우는 건 날 약하게 만들 뿐이에요."

"아니야, 약하게 만들지 않아."

"이건 공평하지 않아요! 옳지 않다구요. 선생님은 여기 와선 안 됐어요. 그런 말을 해주는 사람은 우리 엄마여야 했어요. 잘난 선생이 아니구요." 쉴라는 고개를 들어 나를 바라보았다. "이런 말투 용서하세요, 토리. 하지만 선생님뿐이잖아요. 나를 사랑하기로 되어 있는 사람들은 어디 있죠?"

그 애의 얼굴을 바라보았다.

"젠장, 그들은 어디 있죠? 우리 엄마는 어디 있죠? 그 문제라면, 우리 아빠는요? 나한테 이런 일을 해주는 게 왜 항상 선생님 같은 사람들이냔 말예요? 왜 우리 부모는 한 번도 날 돌봐주지 않죠? 내가 그렇게 나쁜 앤가요?"

그러자 눈물이 그 애를 압도했다. 쉴라는 매고 있던 안전벨트 끈에 기대 소리 내어 엉엉 울었다.

나는 아무 말도 하지 않았다. 말이란 게 좋은 생각처럼 보일 때도 있지만 실제로 현실을 풀어갈 때는 그다지 도움이 되지 않는 법이다.

나는 이와 비슷한 경우를 기억하고 있었다. 이제 나는 세월을 거슬러 올라가 한밤중 차 안의 어둠 속이 아니라 대낮 작은 서고 안의 어둠 속에 있었다. 쉴라는 내 팔에 안겨 울고 있었다. 그 애는 워낙 오랫동안 사나운 작은 호랑이였기에 학기가 거의 다 끝나가고 있던 그때서야 처음으로 눈물을 흘렸다. 그 애는 그때도 눈물 아래에 놓인 끝없는 심연을 두려워했다.

쉴라는 정말 오랫동안 계속 울었다. 팔로 다리를 깍지 끼고는 누더기가 된 웃옷에 얼굴을 묻고 흐느꼈다. 나는 속도를 내어 어둠 속을 달리는 것 말고는 아무 말도 하지 않고 아무 행동도 취하지 않았다. 우리는 그때 산맥을 통과하고 있던 터라 길 양편에 선 아름드리 나무들이 휙휙 지나가고 있었다. 눈이 내리기 시작했다. 커다란 함박눈들이 헤드라이트 앞에서 펄펄 흩날리고 있었다. 늦은 밤과 어둠과 나무와 함박눈이 어우러져 딴 세상같이 불가사의한 분위기를 만들어냈다. 더 이상 어떤 것도 현실같이 느껴지지 않았다.

마침내 끝이 났다. 아직 훌쩍거리면서 딸꾹질을 하고 숨소리를 가다듬으려고 애를 쓰고는 있었지만, 쉴라는 드디어 울음을 그쳤다. 길고 무거운 침묵이 그 뒤를 따랐다. 온갖 생각들로 꽉 들어차 손으로 만질 수도 있을 것 같은 침묵이.

"그 남자애 생각이 나요. 제가 숲으로 데려갔던 그 애요." 이렇게 말하는 그 애의 목소리는 너무나 작았고 여전히 눈물의 자취가 남아 있었다.

나는 눈을 닦아내는 와이퍼 사이로 앞을 주시하며 아무 말도 하지 않았다. 쉴라를 우리 반으로 오게 만든 그 유괴 사건에 대해 쉴라가 무슨 이야기를 한 적은 한 번도 없었다. 자칫했으면 자신의 아동기를 정신병원에서 보내게 만들 뻔한 사건이었는데도, 쉴라가 지금까지 이야기했던 것들 중에서는 그 사건에 대한 암시조차 찾을 수 없었다.

"저는 자기 집 마당에서 노는 그 애를 지켜보곤 했어요. 그 마당에는 그네가 있었어요. 그 애 엄마가 그 애를 데리고 나와 태워주곤 했는데, 전 그걸 보고 있곤 했죠. 그 애는 코끼리 모양의 플라스틱 자동차도 가지고 있었어요. 그 애가 거기에 올라타면 그 애 아빠가 밀어주곤 했죠. 전 그것도 구경하곤 했어요. 그런데…… 하루는 그 애가 혼자 밖에 나왔더라구요. 그래서 내가 '너 나랑 같이 가지 않을래?' 하고 말했어요. 아니, 뭐, 그 비슷한 말이었어요. 지금은 정확하게 기억이 안 나요. 어쨌든 전 그 집 울타리 문의 빗장을 풀어 그 애를 나오게 했어요. 그러고는 숲 속으로 데려갔죠.

그 애를 해칠 작정을 했다고는 생각하지 않아요. 요만한 길이의 밧줄을 하나 갖고 있긴 했는데, 그건 그냥 기찻길 옆에 떨어져 있길래 주운 것뿐이에요. 특별히 무슨 의도가 있어서 그걸 가져갔던 건 아니었어요. 그냥 주워들고 있었던 것뿐이죠. 또 그 애를 해치고 싶었다는 기억도 없어요. 어쨌든 처음에는 아니었어요. 그 애를 데리고 숲 속으로 들어갔던 게 기억나요…… 그 애 바지를 내리게 했지요. 그 애 고추를 보고 싶었어요. 그게 기억나요. 그 애가 정말 지미 같다고 생각하던 게 기억나요. 그 애는 정말 지미 같았어요. 그러자 그 애가 미워졌어요. 토리, 그러고 나자 나는 마음속으로 생각하기 시작했어요…… 제 말은, 전 아직도 그 일을 어제 일처럼 기억하고 있다는 거예요. 그 꼬마 애를 보면서 어떤 생각을 했는지 정확히 기억나요. 그냥 너무 미웠어요. 그래서 생각했죠…… 내가 선생님한테 이 사실을 말하면 선생님은 나를 미워하겠지만…… 전 그 애를 죽이고 싶다고 생각했어요."

그러고는 말이 없었다. 쉴라는 고개를 숙인 채 무릎 위에 놓인 자기 손을 내려다보고 있었다. "난 정말 못된 계집애였어요. 우리 아빠가 말한 대로요."

나는 말하지 않았다.

쉴라가 쳐다보았다. "이제 절 미워하시죠?"

"아니."

"왜 아니죠? 난 그렇게 했을 거예요. 그날 그 애가 그렇게 운이 좋지 않았다면 난 그 애를 죽였을 거예요."

나는 시선을 도로에 두고 있었지만 곁눈질로 쉴라를 볼 수는 있었다. 계속 나를 빤히 쳐다보고 있던 그 애가 마침내 눈을 돌렸다.

"난 살인자예요."

"그 앤 죽지 않았어, 쉴라."

"그 애는 죽었을 거예요. 운이 좋아서 죽지 않은 거예요." 쉴라는 길게 한숨을 쉬었다. "난 절대로 이 일을 잊을 수 없어요. 누구한테도 말한 적이 없어요. 감히 누구한테도 말할 수 없었지만, 그 일은 언제나 내 마음속에 죽치고 앉아 있었죠. 그래서 아무리 좋은 일이 생겨도 마음속에 죽치고 앉은 이것에 잡아먹히고 말아요. 이렇게 생각하는 거예요. 난 정말 못됐어, 나쁜 일이 줄줄이 일어나도 하나도 이상할 게 없어, 난 그래도 싸, 내가 얼마나 나쁜 애면 친엄마까지도 참을 수가 없었겠어, 라고요."

"네 엄마는 그 일과 전혀 상관이 없어. 네 엄마가 널 떠난 건 네가 그 어린애를 데려가기 훨씬 전이야. 내가 굳이 설명을 해야 한다면 사실 그건 오히려 반대야. 네가 그런 짓을 했기 때문에 엄마가 널 떠났던 게 아니라, 엄마가 널 떠났기 때문에 네가 그런 짓을 저지른 거야."

"그러면 엄마는 그때 왜 날 떠났죠?"

"엄마 자신의 문제가 있었기 때문일 가능성이 커. 네 엄마는 어린 소녀였거든. 네 엄마가 널 낳은 건 겨우 열네 살 때야. 그거 알았니? 열네 살이었다는 것."

대답이 없었다.

"그러니까 널 떠났던 그날 밤에 네 엄마는 겨우 열여덟 살밖에 안 됐을 거야. 지금 너보다 한 살 반 정도 많은 나이지. 게다가 엄마는 돌봐야 할 아이가 둘이나 되고 남편은 감옥에 있었어."

쉴라는 아랫입술을 깨물더니 그걸 이빨로 질근질근 씹었다.

"내가 보기에, 네가 그 어린 소년을 해치려고 작정하지 않았던 것처럼 네 엄마도 널 버릴 작정을 했던 것 같지는 않아. 네 엄마는 그냥 상황에 짓눌려 있었을 거야. 워낙 끝간 데까지 밀려나 있어서 더 이상 한 가지도 감당할 수 없었겠지. 뒷좌석에서 까부는 어린 딸조차 말이야. 그리고 더 이상 싸울 기력도 없을 때 우리 대부분이 그렇듯이, 도망가고 만 거지."

쉴라는 조그맣게 비웃는 소리를 냈다. "그러고 보니 난 엄마 피를 물려받은 게 확실하군요, 그쵸? 언제나 자신의 문제에서 도망가는 걸

봐도."

"아, 아니야. 넌 엄마와 달라. 넌 더 강해. 훨씬 더."

"어째서요?"

"상황이 힘들어지면 너 역시 도망갈 수도 있겠지. 하지만 차이점은 넌 돌아온다는 거야."

쉴라는 잠시 생각에 잠기더니 천천히 고개를 끄덕였다.

"네, 그런 것 같아요."

27

나는 이 긴장된 모험이 펼쳐지는 동안 한 번도 멈추지 않고 차를 몰아 집으로 돌아오는 걸 상상했지만 새벽 한 시경이 되자 그 생각이 얼마나 어리석은지 분명히 깨달았다. 그래서 산맥을 빠져나와 네바다 평원의 광활한 평원으로 들어서자, 나는 밤늦게까지 접수 창구에 사람이 있다는 안내문을 내건 모텔이 있는지 열심히 살피다가, 드디어 어떤 도시 변두리에서 그런 모텔 하나를 찾아냈다.

방에 들어가자 나는 너무나 피곤해 얼굴에 간신히 물만 찍어바르고 곧바로 침대에 누웠다. 그러나 외모로 판단하건대 몇 주일 동안 뜨거운 물이라곤 구경도 못한 듯싶은 쉴라는 내 여행용 목욕 가방에서 샴푸와 린스를 꺼내 욕실로 사라지더니 내가 졸려서 도저히 더 이상 눈을 뜨지 못할 때까지 그곳에 있다가 나왔다.

그 애가 욕실에서 나와 자기 물건을 뒤적거리는 소리에 다시 잠이 깬 나는 누워서 그 애가 잠잘 준비를 하는 걸 지켜보았다.

"입을 만한 깨끗한 옷이 있으면 좋을 텐데. 하나같이 너무 더러워."
몇 마디 투덜거리던 그 애는 침대로 들어가 불을 껐다.

내 침대 옆의 구식 라디에이터가 어둠 속에서 쉭쉭 소리를 내며 한
숨을 토해냈다. 나는 동짓달 밤의 한기를 막으려고 담요를 바싹 끌어
당겼다.

쉴라가 침대에서 돌아누웠다. "잠이 안 와요." 그 애가 중얼거렸다.
"오늘 밤 우리가 얘기하던 것들이 계속 머릿속을 맴돌아요."

피식피식 소리를 내며 헐떡거리던 라디에이터가 다시 조용해졌다.

"아세요? 어떤 때는 우리 부모한테 정말 화가 나요. 난 그냥 어린애
였을 뿐이에요. 완전히 사기당한 기분이에요. 엄마, 아빠는 이 모든 것
에서 날 보호해줬어야 했어요."

"그래, 네 말이 맞아."

"지금은 이런 생각이 들어요. 그러니까…… 내가 그랬던 건 나로서
도 어쩔 수 없었을 거예요. 전 못말리는 애였죠. 그랬다는 걸 알아요.
하지만…… 그렇다고 우리 부모가 내게 했던 짓들을 당해야 할 만큼
은 아니었을 거예요."

훌륭해, 나는 생각했다.

⁂

쉴라는 그냥 놔두었으면 스물네 시간이라도 그대로 잤을 것이다.
또 진짜 침대에서 자보는 게 워낙 오랜만일 테니 푹 잘 필요가 있다는
것도 확실했다. 하지만 날씨가 나빠지고 있어서 빨리 출발하는 게 좋

겠다고 생각한 나는 오전 아홉 시 삼십 분경에 그 애를 깨웠다.

쉴라는 기진맥진이란 통행세를 물고 있었다. 기분은 전날 밤보다 가벼운 듯했지만 말은 별로 없었다. 한두 마디가 오가고 나면 다시 이야기가 시작되기까지 10분에서 15분 정도의 침묵이 흘렀다. 나는 계속 라디오를 틀어 기분을 전환했다.

"내가 낸 광고를 보고 편지를 보내왔던 그 여자를 보러 갔댔어요. 선생님은 이미 짐작했겠지만 그 여잔 우리 엄마가 아니었어요. 다행이었죠." 두 번째로 보는 엷은 미소였다. "그 여잔 그냥 또라이였어요. 선생님 말대로요."

내가 그 애를 보고 씩 웃었고, 쉴라는 어깨를 으쓱했다.

"그 밖에는 또 뭘 했었니?"

"아무것도요. 진짜예요. 그러니까…… 전 그래도 엄마를 찾을 수 있으리라는 희망을 포기하지 않았어요. 나도 캘리포니아에 있고 엄마도 캘리포니아 어딘가에 있을 거니까요. 그냥 계속 희망을 품고 있었던 거죠……" 쉴라는 고개를 돌려 차창 밖을 내다보았다. "진짜 끔찍했어요. 아무 데도 갈 곳이 없었어요. 돈도 거의 없었고요. 대부분 한데서 자야 했죠. 문간이나 짐짝 옆에서요. 수상한 사람들을 피하려고 애쓰면서요. 정말 추웠어요. 배도 고팠고……"

"왜 나한테 연락하지 않았니?"

내가 묻자, 그 애는 어깨를 으쓱했다.

"모르겠어요. 처음엔 선생님과 다시는 이야기하지 않겠다고 생각했죠. 선생님이 옳을 때는 선생님이 미워요. 선생님이 잔소리를 한다는 건 아녜요. 하지만 뭐랄까…… 은근히 그런 분위기를 풍기니까요. 게다가 돌아가고 싶지가 않았어요. 사실은 아직도 그래요."

침묵.

"이제 제가 어떻게 해야 한다고 생각해요? 아빠한테 돌아가요?" 쉴라가 물었다.

"응, 그래야겠지. 네가 정말로 어떻게 해야 하는지 내 생각을 알고 싶다면 말해주마. 그건 학교를 착실히 다니는 거야. 그러면 장학금을 탈 수 있을 거야. 아직 시간이 있어. 네 재능이면 받아들이고 싶어할 대학들이 많을 거야. 네가 고등학교를 마치고 곧바로 대학에 가고 싶지 않다고 말했던 거 알아. 하지만 쉴라야, 날 믿어. 난 대학이 네게 이상적인 환경일 수 있다고 생각해. 넌 대학을 좋아하게 될 거야. 네가 원하는 자유를 다 누릴 수 있으면서도 거긴 여전히 보호받는 환경이야. 네가 정말 하고 싶은 것만 공부할 수 있어. 네 정신이 나래를 펴게 할 수 있을 거야. 너한테는 그런 환경이 제일 좋아."

그 애는 한숨을 쉬었다. "네, 그렇겠죠."

❧

그러고 나서 쉴라는 잠이 들었다. 우리는 이제 마지막 240킬로미터를 남겨놓고 있었는데, 그동안 나는 줄곧 그 애를 어디로 돌아가게 하는 게 좋을지 궁리했다. 그 애 아빠는 쉴라가 오리란 걸 전혀 예상하지 못하고 있겠지만, 그렇다고 이 시점에서 제인이나 다른 사회복지 기관이 그 애를 붙잡아놓게 하고 싶지는 않았다. 내 아파트로 데려가서 그 애 아빠와 연락을 취하는 게 가장 최선일 듯싶었다. 다음 날은 추수감사절이니까 렌스태드 씨를 초대해서 모두에게 푸짐한 음식을 차려 내자는 생각을 하니 즐거웠다. 꽤 괜찮은 생각으로 여겨졌다.

쉴라는 우리 도시로 들어간다는 표지판이 있는 신호등 앞에 차를 멈췄을 때 깨어났다. 그 애는 바로 일어나 앉아 기지개를 펴고 얼굴을 비볐다. "휴, 돌아왔군요." 쉴라는 이렇게 말하며 창밖을 바라보았다. 그 어조만으로는 기쁜지 아닌지 구별이 가지 않았다. 나는 그 애에게 내 작전을 대략 설명했다.

"싫어요." 그 애가 말했다.

"싫어?"

"싫어요. 아빠 집으로 데려다주세요." 그 애가 나를 건너다보았다. "한 한 시간 동안 그냥 눈만 감고 누워 있었어요. 완전히 잠이 든 건 아니었거든요. 몇 번이고 곱씹어봤어요. 우리가 얘기했던 것들을요. 그러고 나서 결심했어요. 집에 가자고요."

나는 놀라면서 고개를 끄덕였다. "알았어."

"여름학교에서 제가 제프와 선생님이랑 일하던 그때 여름 기억나세요?"

"응."

"저, 언젠가 제가 선생님께 제 상황이 좋아질 수 있을 것 같냐고, 내 인생이 정상이 될 수 있을 것 같냐고 물었던 것 기억하세요? 그리고 선생님이 했던 말도요?"

나는 주저하며 기억을 되살리려 애썼다.

"전 기억해요. 왜냐하면 그걸 자세히 적어놨었거든요. 선생님은 내가 그런 일들에 길이 들어야 한다고 말했어요. 엄마가 날 떠났다는 걸 받아들여야 한다고 했어요. 어쩌면 일어났어야 했을 일일 수는 있겠지만, 그래도 그게 내 잘못은 아니라는 걸 인정해야 한다고요. 또 그때 선생님은 내가 용서하고 흘려보내야 한다고도 했어요."

나는 고개를 끄덕였다.

"음, 제 생각엔 제가 이제 첫 번째 것은 극복한 것 같아요. 그냥 여기 앉아서 그 문제에 대해 충분히 생각하고 나니, 이젠 더 이상 그게 내 잘못으로 느껴지지 않아요. 여전히 미칠 것처럼 마음이 아프긴 하지만요. 아직도 그런 일이 안 일어났길 바라지만 그 일은 일어났어요. 그리고 이제 그냥 엄마 자신에게 문제가 있었을 수 있다는 걸 알겠어요. 내가 그 문제의 일부였다는 건 그냥 운이 나빴기 때문이라는 것도요." 그 애는 잠시 깊은 생각에 잠겼다.

"그리고 우리 아빠의 경우도 마찬가지겠죠. 그게 무엇이든요. 어쨌든 전 이렇게 생각해요. 그걸 뛰어넘을 수는 없다, 밑으로 지나갈 수도 없다, 돌아갈 수도 없다, 지금까지는 그렇게 하려고 해왔지, 그러니까 갈 데까지 가보는 게 더 낫겠다고요." 다시 잠시 말이 끊겼다.

"이제 사물을 다르게 보고 있는 것 같아요. 이제 받아들일 수 있을 것 같아요."

"훌륭하구나."

지선으로 들어서는 도로 분기점에 이르러 잠깐 교차로에 서 있었지만, 쉴라가 더 이상 아무 말도 하지 않기에, 나는 액셀러레이터에 발을 얹고 브로드뷰로 가는 간선도로로 진입했다.

"있잖아요." 쉴라가 입을 열었다. "전 선생님이 흘려보내라고 했던 것에 대해서 많이 생각해봤어요. 받아들이고, 용서하고, 흘려보내라고 하셨죠. 받아들일 수는 있을 것 같아요. 용서까지도 할 수 있을 것 같아요. 하지만 흘려보내는 건 아무리 생각해도 잘 모르겠어요. '흘려보내는' 것이 뭘 뜻하는지 생각해보려고 해도 그냥 앞을 보고 살아가라는 뜻인가보다는 생각밖에 안 들어요. 과거보다는 미래를 생각하기 시작하는 거요."

"그래, 아마 그 뜻이 가장 적합하겠지."

잠시 생각에 잠겼던 쉴라가 다시 말을 이었다. "선생님도 아시겠지만, 전에는 제가 앞을 보며 살아왔다고 생각되지 않아요. 내가 기억하지도 못할 만큼 어릴 때도 전 항상 과거로 돌아가길 원했어요."

나는 고개를 끄덕였다.

"내가 태어났을 때 우리 엄마가 겨우 열네 살이었다면, 우리 아빠가 나랑 살 때 그랬던 것처럼 그때도 똑같이 술과 마약에 전 주정뱅이였다면, 아름다운 시절 같은 건 절대로 있을 수가 없었겠죠. 그러니까 진짜로 '돌아가는' 일 같은 건 절대 있을 수 없다는 걸 이제서야 깨닫다니 참 이상해요."

🐋

쉴라는 아버지에게로 돌아갔다. 나는 그 다음 날 그들에게, 이야기책의 말미를 장식할 법한 미국식 추수감사절 저녁 식사를 대접하지 못했다. 사실 쉴라를 그곳에 내려주고 나서 나는 3주 동안이나 쉴라를 다시 보지 못했다.

그러나 눈발이 흩날리는 어둠을 뚫고 캘리포니아에서 돌아오던 그 여정은 물리적인 차원 이상이었던 게 드러났다. 쉴라는 감히 다른 어둠들에서도 벗어났던 것이다. 우리가 크리스마스 바로 며칠 전에 다시 만났을 때 나는 아주 달라진 소녀를 발견했다. 편안하고 쾌활해진 그 애는 시내에서 내게 점심을 사주었고 학교에서 있었던 일들에 대해 떠들어댔다.

그 애의 새로운 학교나 교과과정이 특별히 인상적인 것은 아니었지만, 이전 해에 학교 교육을 제대로 못 받았던 것치고는 정말 너무나 뛰어나게 잘해내고 있었다. 나는 그 애가 라틴어 클럽에 가입했다는 얘기를 듣고 특히 기뻤다. 더 놀라웠던 건 그 애가 라틴어를 좋아한다고 거의 시인했다는 사실이다.

우리는 그날 밤의 여행이나 그 애 엄마나 그 애의 과거사에 대해서는 한 마디도 하지 않았다. 대신 우리는 크로와상을 먹고, 함께 크리스마스 쇼핑을 했으며, 공원에 있는 아이스링크에서 스케이트 타는 사람들을 구경했다. 나는 크리스마스 선물로 아가멤논의 가족을 다룬 아이스킬로스의 《오레스테이아》 3부작을 사주었다. 모친 살해와 용서를 다룬 그 고전이 쉴라에게 많은 걸 이야기해줄 수 있을 거라고 생각했기 때문이다. 그 애는 내게 아든 출판사 판 《안토니우스와 클레오파트라》를 사주었는데 날 위해 그 안에다 요약본을 굳이 끼워넣어주었다.

그 사이 나 자신의 삶은 예기치 못한 방향 전환을 하고 있었다. 나는 2주일 전 주말에 선데이 신문을 펼쳤다가 정서장애 아동을 위한 특수 학급에 학기 중간에 들어갈 수 있는 빈 자리가 난 걸 알았다. 그 학교는 옆 주(州)의 소도시에 있었다. 이상한 건 내가 그 당시 새로운 일자리를 찾고 있지 않았다는 점이다. 난 내가 샌드리 병원에 완벽하게 만족하고 있다고 생각했다. 그렇지만 그 광고를 보는 순간, 나는 다시 한번 아이들을 가르치는 교실로 돌아가고 싶다는 강렬한 요구를 느꼈다.

그 당시로서는 그 자리를 얻을 수 있을지 알 수 없었지만, 어쨌든 나는 쉴라에게 지원했다는 이야기를 해주었다. 쉴라는 내가 자기 학교와 라틴어 클럽 얘기를 들을 때와 똑같은 평온함으로 그 소식을 받아들였다. 그 애는 보수 좋은 민간병원 일자리를 포기하고 교실로 돌아가겠다는 내 선택을 어이없어했다. 쉴라에게는 돈이 점점 중요한 문제가 되어가고 있었기에, 내 행동 이면의 근본적인 이유를 이해하기 어려운 듯했지만, 그래도 내가 다시 교사가 된다고 생각하니 기쁜 것 같았다.

⁂

난 그 직장을 잡았고, 1월 초에는 내가 살던 곳에서 거의 320킬로미터나 떨어진 페킹이란 작은 도시로 옮겨갔다. 쉴라에게서는 이따금 소식이 왔다. 하지만 그 애는 편지 작가로서는 소질이 없는 편인 데다가 자주 써보내지도 않았고, 그나마 대개의 편지들이 전통적인 개념의 편지와 달랐다. 따라서 나는 일이 어떻게 되어가고 있는지 거의 알 수가 없었다. 내가 들은 바에 따르면 그 애는 학교와 자기 아버지에게 계속 잘 적응하고 있는 듯이 보였다. 쉴라의 아버지는 또다시 문제를 일으키지 않으려고 노력하고 있었다. 난 AA(익명의 알코올 중독자 모임, 정기적인 모임을 통해 서로에게 도움을 주려 노력함—옮긴이)에 관해 많은 걸 들었다. 쉴라는 알라틴(가족 중에 알코올 중독자가 있어 나쁜 영향을 받았던 청소년들의 모임으로, 서로의 행동을 변화시키기 위해 노력함—옮긴이)에 가입하여 거기서 클레어를 만났다. 열여덟 살로 쉴라와 같은 학교 졸업반인 클레어는 쉴라처럼 결손가정 출신은 아니었다. 사실 그 애는 테니스 교습이라든가 여름 캠프 같은 혜택을 받으면서 자란 아이였다. 그러나 그 이면에는 술에 전 부모와 학대의 세계가 가려져 있었다. 클레어와 쉴라는 다른 동년배들에게서는 찾을 수 없는 이해를 서로에게서 발견했고 그들의 우정은 점점 깊어갔다.

3월에 학교가 이틀 쉬어서 전에 살던 그 도시를 방문한 적이 있다.

쉴라의 집에 들렀다 우연히 클레어를 직접 만날 기회가 있었다. 그 애는 아주 긴 검은 머리에 얼굴을 올빼미같이 보이게 하는 안경을 낀 엄숙한 소녀였다. 사르트르나 생태학을 토론하기에 딱 좋은 사춘기의 끔찍한 진지함을 지니고 있던 그 애가 내게 어둡고 심각한 이야기를 던질 때마다 쉴라는 계속 맞장구를 쳤다. 처음으로 나는 자기 나름의 고유한 정체성을 창조하는, 지적이고 자기 생각을 분명하게 말하는 청소년으로서 쉴라의 모습을 보았다.

꿰

쉴라를 다시 만난 건 5월이었다. 우리는 그 도시에 있는 피자집에서 점심 약속을 했다. 나는 쉴라를 거의 알아보지 못할 뻔했다. 그 애는 점점 자라 마침내 나머지 머리와 비슷해진 앞머리를 부드럽고 어깨까지 오는 긴 단발머리와 함께 얼굴 뒤로 넘기고 있었다. 그리고 약간의 강조를 머리에 주었는데 그것이 본래의 금발을 돋보이게 해 아름다운 금발의 광택이 눈길을 끌었다. 펑크 스타일의 옷은 사라졌지만 그 애의 타고난 스타일 감각까지는 아니었다. 겹쳐 입은 티셔츠 두 장과 면 드레스와 데님 재킷이 사기 장신구들과 함께 잘 어울렸다. 그 애의 모습에는 패션쇼에서나 볼 수 있는 현대적인 세련됨이 있었다.

"와, 정말 멋지구나." 내가 말했다.

"네, 고마워요." 쉴라는 맞은편 의자를 꺼내 앉았다. "자유의 과시죠, 뭐. 졸업이 6일 남았거든요."

쉴라를 똑바로 쳐다보았다. 그 애는 졸업 후 자신의 계획을 잘 털어놓지 않고 있었다. 편지로 두어 번 물어봤지만 쉴라는 전혀 반응을 보이지 않았고 심지어 무슨 장학금을 신청했는지도 내게 말하지 않았다. 그럴수록 나는 더욱 호기심이 동해 뭔가 깜짝 놀랄 일을 기대하고 있었다. 나는 속으로 그 애가 특별히 우수한 대학의 입학 허가를 이미 받아놓고 아마 오늘 점심을 먹으며 말해주려나보다고 생각했다.

우리는 친근하게 이런저런 이야기들을 나누며 피자를 주문했고, 다시 좀 더 이야기를 나누었다. 쉴라는 클레어가 1지망이던 스탠퍼드 대학에서 입학을 허가받았다고 말했다. "너는?" 나는 더 이상 호기심을 참을 수가 없었다.

"네 계획은 뭐니?"

쉴라는 앞으로 몸을 기대고 팔짱을 낀 팔을 탁자에 올려놓은 채 나와 이야기를 나누고 있었는데 내가 이렇게 묻자 이제 고개를 숙였다. 그 애의 얼굴에는 웃음이 감돌았지만 한참 동안을 그냥 그대로 있었다. "이걸 어떻게 말해야 할까요, 토리?"

나는 기다렸다.

마침내 그 애가 날 쳐다봤다. "전 대학에 안 갈 거예요. 3주 전에 맥도날드에서 일자리를 얻었어요. 그리고 학교를 졸업하면 상근직으로 일하게 돼요."

"맥도날드? 하느님 맙소사, 쉴라, 맥도날드라구?" 나는 깜짝 놀랐다.

"쉬이." 그 애는 손을 내밀어 내 입술에 댔다. "여기 사람들 모두가 알게 그러지 마세요."

"농담이겠지, 응? 너 날 놀리고 있구나."

그 애는 고개를 흔들었다. "아니에요, 토리. 농담이 아니에요."

"너같이 머리 좋은 애가 먹고살려고 햄버거나 나른다구? 오, 쉴라,

정말 믿어지지가 않는구나."

"전 햄버거가 좋아요."

"하지만 쉴라······" 난 항의했다.

그 애의 얼굴에는 여전히 엷은 웃음이 감돌고 있었다.

"자, 엄마. 난 내 식으로 할 거예요."

"난 네 엄마가 아냐. 내 아이라면 이렇게 날 속일 수가 없어."

"선생님은 제 엄마예요. 누군가가 우리 엄마라면 그건 선생님이었어요. 선생님을 엄마처럼 사랑하니까요. 또 선생님도 날 사랑하는 걸 알아요." 그 애는 따뜻한 웃음을 보냈다. "그리고 엄마, 이제 내가 성장하도록 엄마가 날 놔줘야 할 때예요. 대학은 나중에요. 어쩌면요. 나중 일이야 누가 알겠어요. 하지만 지금은 햄버거여야 돼요."

"오, 쉴라, 제발. 사실이 아니지?"

"나무라지 마세요. 네? 예전처럼 말해주세요. '쉴라, 네가 하고 싶은 게 무엇이든, 그건 좋은 거야. 난 여기 있어, 네가 원한다면. 네 뒤엔 내가 있어'라고요. 제게 그렇게 말해주세요."

나는 그 애를 바라보았다. 나는 회청색을 띤 피자집의 흐릿한 불빛 속에서 한참 동안을 그렇게 바라보고 있었다. 그리고는 한숨을 쉬고 씩 웃었다.

"좋아. 네가 옳다고 생각하면 그렇게 해. 난 널 믿어."

"고마워요, 엄마."

맺는말

피자집에서의 그날 이후 10여 년이 흘렀다. 이제 쉴라는 내가 그 애의 담임선생이던 시절의 내 나이보다 더 나이를 먹었다. 쉴라는 아직도 패스트푸드 업계에서 일하고 있다. 그렇지만 더 이상 햄버거는 나르지 않는다. 예상 밖으로 빈틈없는 사업 감각을 지닌 쉴라는 이제 자기 지점의 지배인이 되었고 얼마 안 있어 그 분야에서 가장 젊은 프랜차이즈 소유자 중 한 사람이 되리라는 기대를 모으고 있다.

비록 그 애는 성공했지만 난 아직도 내가 그 애를 위해 선택했다면 이것은 아니었을 거라고 말할 수밖에 없다. 쉴라의 모든 재능이 햄버거에게 바쳐졌다는 것을 나로서는 아직도 받아들이기가 좀 힘들다. 말장난을 할 때, 쉴라는 자기가 일을 게걸스럽게 즐긴다고 말한다. 그 애는 나의 당혹도 게걸스럽게 즐기는 것 같다. 하지만 이건 아마도 아주좋은 신호이리라. 이제 쉴라는 자기 자신이 되었고 그런 현재의 자신을 편안하게 생각하고 있다. 그 애의 결정, 그 애의 계획, 그 애의 자기가치는 이제 나나 또는 다른 누구의 승인을 필요로 하지 않는다.

물론 쉴라는 아직도 이따금 어려움을 겪곤 한다. 워낙 학대받고 결핍된 아동기를 거친 터라 그런 체험들이 간혹 표면에 떠오르지 않으리라 기대하는 게 오히려 비현실적일 것이다. 이것은 그 애의 대인 관계에서 가장 현저하게 나타난다. 그 애는 분명하게 한계가 그어진 관계, 특히 사사로운 문제가 침입할 여지가 전혀 없는 직업 관계에서는 확실히 잘해나가는 것 같다. 하지만 사생활에서는 계속 어려움을 겪었고, 특히나 남자들과 가까운 관계 맺기를 어려워했다. 그러나 대체로 보면 그 애는 대단히 안정되고 자신감 있는 젊은 여성으로 성장했다.

이 책을 끝맺는 가장 좋은 방법은 내가 쉴라에게서 받은 마지막 '엄마에게' 편지를 보여주는 것이리라. 쉴라는 자신의 십대 중반기 몇 해 동안 썼던 일기장을 보관해왔는데 내게 보냈던 것과 똑같은 '엄마에게' 편지들을 그 안에 옮겨 적어놓았다. 몇 해 전 그 애는 옛날 일기장을 우연히 발견하고 그 편지들을 다 읽은 뒤 그에 관해 얘기하는 편지를 내게 보내왔다. 그 편지의 뒤에 이런 편지가 붙어 있었다.

엄마에게,

상황이 아주 좋아졌어요. 전 훌륭한 직장을 잡았고 아파트와 마이크란 이름의 개도 있어요. 미안해요, 이제 더 이상 엄마 생각을 많이 하지 않아요. 그럴려고는 하지만 그냥 그럴 시간이 없어요. 엄마가 날 알지 못하게 돼서 정말 유감스러워요. 그랬다면 엄마는 날 좋아했을 거예요. 날 자랑스럽게 여겼을 거예요.

사랑해요, 쉴라가.

옮긴이 **이수정**

경희대 치대와 서울대 보건대학원을 졸업하고 현재 영국 맨체스타에 거주하고 있다.
옮긴 책으로는,《밖에서 더 잘 크는 아이들》,《세상에서 가장 외로운 곰인형》,
《당신의 자녀는 하나뿐입니다》 등이 있다.

한 아이 2
토리 헤이든 지음·이수정 옮김

1판 1쇄 펴낸날 1998년 2월 15일 | **2판 14쇄 펴낸날** 2022년 5월 25일
펴낸이 이충호 조경숙 | **펴낸곳** 길벗어린이㈜ | **등록번호** 제10-1227호 | **등록일자** 1995년 11월 6일
주소 04000 서울시 마포구 월드컵북로 45 에스디타워비엔씨 2F
대표전화 02-6353-3700 | **팩스** 02-6353-3702 | **홈페이지** www.gilbutkid.co.kr
편집 송지현 임하나 이현성 황설경 김지원 | **디자인** 김연수 송윤정
마케팅 호종민 신윤아 김서연 이가윤 이승윤 강경선 | **총무·제작** 최유리 임희영 김혜윤
ISBN 978-89-5582-512-1 03370

아름드리미디어 는 길벗어린이㈜의 청소년·단행본 브랜드입니다.